日本新能源产业发展研究

白秋菊　著

中国财经出版传媒集团
中国财政经济出版社

图书在版编目（CIP）数据

日本新能源产业发展研究 /白秋菊著 .—北京：中国财政经济出版社，2018. 10

ISBN 978 - 7 - 5095 - 8449 - 1

Ⅰ. ①日… Ⅱ. ①白… Ⅲ. ①新能源 - 产业发展 - 研究 - 日本 Ⅳ. ①F431. 362

中国版本图书馆 CIP 数据核字（2018）第 1879947 号

责任编辑：马 真　　　　责任校对：张 凡

封面设计：孙俪铭

中国财政经济出版社 出版

URL：http：//www. cfeph. cn

E - mail：cfeph @ cfeph. cn

社址：北京市海淀区阜成路甲 28 号 邮政编码：100142

营销中心电话：010 - 88191537 北京财经书店电话：64033436 84041336

北京财经印刷厂印刷 各地新华书店经销

787 × 1092 毫米 16 开 13. 5 印张 222 000 字

2018 年 12 月第 1 版 2018 年 12 月北京第 1 次印刷

定价：60. 00 元

ISBN 978 - 7 - 5095 - 8449 - 1

（图书出现印装问题，本社负责调换）

本社质量投诉电话：010 - 88190744

打击盗版举报热线：010 - 88191661 QQ：2242791300

前言

能源是人类生存、经济发展、社会进步必不可缺的资源。自工业革命以来，全球能源需求量持续迅猛增长，能源被无止境地开发和利用。其高开采、高消耗和高污染造成的能源匮乏、环境污染问题日益凸显。在这样一个能源匮乏以及环境污染的双约束背景下，具有资源分布广泛，几乎取之不尽、用之不竭，并且对环境污染很小特点的新能源，其发展无疑是解决两大约束问题的最佳方案。新能源作为传统能源的替代品，又很好地解决了环境污染问题。当今，地球上的大部分国家都已开启了由传统化石能源向新能源转型的模式。

在全世界研究和发展新能源的国家当中，日本属于较早的国家之一，其发展成效也闻名世界。20世纪70年代，日本国内使用的燃料以石油为主，进口的能源总量占到了总能源消耗量的89.9%，随后，突如其来的石油危机导致了原油价格的高涨和石油供给的不稳定，同时也重创了日本的经济。以此为契机，日本开始积极地发展新能源产业，并制定了相关的产业扶持政策。日本不仅推进了相关法律法规的制定，同时研发引进了最尖端的设备，实现了世界最高水平的能源效率化。积极发展的日本新能源产业不仅强化了能源安全，同时也减缓了气候变化。

改革开放以来，中国的经济增速基本呈现快跑态势，对能源的需求与日俱增。由此导致的传统能源的枯竭、环境的污染等问题对中国经济持续健康发展提出了严峻挑战。而传统能源对环境造成污染后，清理污染所付出的代价极其高昂。因此，中国开始重视新能源的发展，并制定了相关的政策法规促进其积极发展。可以说，中国能源消费结构变革、经济增长持续发展、低碳社会建立的必然要求是新能源产业的发展。

日本新能源产业发展研究为中国提供了借鉴模式。通过系统、深入地研究日本新能源产业发展的概况、作用，尤其是对经济的推动作用以及政策体系，可以总结出日本新能源产业发展过程中的优点和不足之处。中国可以借鉴这些结论，及早采取相应措施对中国能源战略做出调整，做到未雨绸缪，少走弯路。科学合理地发展新能源产业，建立资源节约型社会，对于中国现阶段的社会主义建设具有重要的战略意义。

本书一共分为7章。第一章主要介绍了本书的研究背景和意义、国内外文献综述、研究方法、主要内容、写作框架以及创新与不足之处。通过梳理国内外关于新能源产业发展的文献资料，总结国内外新能源产业发展的相关理论和实践经验，提出了本书的研究思路和框架，确定了选用的研究方法。

第二章是本书的理论基础，首先对能源、新能源和新能源产业进行了概念的界定。其次对与新能源产业发展相关的理论进行了归纳总结。

第三章探析了世界一次能源消费结构变化、世界新能源产业的发展现状以及世界新能源发展趋势在内的世界新能源发展概况。

第四章研究了日本新能源产业发展概况及作用。首先介绍了日本能源消费、供给结构的变化，在此基础上将新能源产业细分为五大产业，即核能、太阳能、风能、水能和地热能，并详细地分析和总结了各产业发展的历程和现状。最后从发电、供热、交通和经济效果4个方面研究和验证了日本新能源产业产生的作用。

第五章进行了日本新能源消费与经济增长关系的实证研究。本章用实证方法考察了新能源消费与经济增长之间的关系，并得出了新能源消费是促进日本经济增长的一大要素的结论。本章分为两节，为了把握包含新能源消费和传统能源消费在内的总能源消费与日本经济增长之间的关系，在第一节中研究了日本总能源消费与经济增长之间的关系，并得出了总能源消费、资本存量和劳动力投入对经济增长促进作用的排名情况。在此基础上，在第二节中将总能源消费细分为新能源消费和传统能源消费，考察了新能源消费、传统能源消费与经济增长之间的关系，并比较了新能源消费和传统能源消费对经济增长影响作用的大小。

第六章研究了日本新能源产业发展政策。本章从日本新能源产业政策具有的特点及具体实施内容这两方面展开了研究。其中，政策实施的内容包含了法律制度、研发支持、财政补贴、税收融资、RPS制度和FIT制度。其中对日本的财政补贴进行了详细的分类和汇总。尤其对2012年后引入，并对日本新能源产业发展产生积极推动作用的FIT制度，进行了具体分析和研究。在此基础上得出日本FIT制度是推进新能源产业快速发展的原因。

第七章是日本新能源产业发展的成效以及对中国的启示。本章首先对日本新能源产业发展的成效和问题进行了研究，在此基础上，提出了解决现有问题的根本性的建议。其次对中国新能源产业发展的概况进行了介绍，并提出了其发展中的问题。最后，在借鉴日本新能源产业发展成功经验的基础上，提出了对中国新能源产业发展具有参考性的启示。

通过对日本新能源产业发展进行系统、深入的研究之后，本书得出的结论有以下几点：第一，通过建立模型，利用实证方法分析的结果表明，新能源消费对经济增长有积极的促进作用。因此，得出新能源产业发展已经成为日本新的经济增长点之一的结论。同时通过实证结果可知，与传统能源消费对经济增长的影响程度相比，新能源消费的影响程度仍然薄弱。第二，从实践演变的经验启示来看，日本新能源产业发展的演变历程表明，政策的有力支持是对一国新能源产业发展最为重要的因素。因此，选择、制定、实施、完善一套有效、可持续的政策体系至关重要。根据比较总结，本书得出日本新能源政策的三大特点，即明确发展目标、注重制定计划和实施完整体系。第三，通过分析日本新能源产业的发展历程和发展政策，总结了日本在该产业方面所拥有的成功经验以及不足之处。这对中国新能源产业发展起到了一定的启示作用。其中，最有代表性的政策是日本的 FIT 制度。日本从 2012 年开始导入 FIT 制度，该制度极大程度地推动了日本新能源产业的发展。而中国最早导入 FIT 制度是在 2009 年，迄今为止，FIT 制度对中国新能源产业的发展起到的促进作用，并未像日本那样明显。因此，借鉴日本 FIT 制度成功的经验，改善中国 FIT 制度的现状并解决其存在的问题，是快速推进中国新能源产业发展的有效方法之一。

作者

2018 年 10 月

目 录

1

绪　　论

1.1　研究背景和研究意义

1.1.1　研究背景

1.1.1.1　全球背景

当今，能源转型革命席卷全球。世界上的大部分国家，都在经历着由化石能源向新能源转型的过程。无论是发达国家还是发展中国家都面临着同样的危机，即能源匮乏与环境污染。

第一，能源匮乏。能源对于人类的生存和发展来说，是必不可少的物质基础，能源决定了诸多因素的发展速度和发展方式，例如，社会和经济等。能源既可以推动社会进步、加快经济发展，同时也影响生存环境。一个国家能源革命的先发制人和经济发展的速度，有着紧密的联系。当今，全球一次能源供应的比例中，传统能源即石油、煤炭以及天然气约占90%，这说明新能源的占比仍然偏低。据美国能源署（EIA）的调查统计，现在世界能源的年需求量大约为100亿吨石油相当量，如果按近年来年均增长率为1.2%计算的话，2025年世界能源年需求量将达到137亿吨石油相当量。根据BP能源统计年鉴2017数据可知，2016年石油和天然气的消费量均大幅度大于其生产量。例如，2016年全球石油消费增长160万桶/日，近12年来平均以1.3%的增速上升。然而，2016年全球石油产量仅增长40万桶/日。2016年全球天然气的消费量增加了630亿立方米，近11年来以2.2%的增速上升，同样，2016年全球天然气产量仅增加了210亿立方米。根据相关专家的研究预测，如果世界持续以现有速度发展的话，一次能源将在100年之内枯竭①。

第二，环境污染。环境污染同样是一个刻不容缓的问题。随着工业的飞速发展，化石能源开采除了面临枯竭之外，其产生的排放物对环境污染的问题也是愈演愈烈。近年来中国雾霾天气频发，由于其主要成分包含PM2.5（可吸入肺部颗粒物）和PM10（可吸入颗粒物），严重地危害了社会的经济发展和人民的健康生活。在很多国家，减少当地的空气污染以及污染带来的健康问题是其新能源发展的关键驱动因素。例如，中国政府在2017年初宣布将投资2.5万亿元人民币来支持新能源产业发展，并治理中国现阶段的煤炭火电造成的大量空气污染问题。

关于减排最早达成的共识是在1997年12月。在日本的京都，《京都议定书》的签署，标志着人类在减排问题上首次达成了共识。其达成目的是，为了防止气候改变对人类造成的伤害，需将大气中的温室气体含量稳定在一个水平之内。《京都议定书》是人类历史长河中第一次以法规的形式制约温室气体排放的条约。2005年2月16日，《京都议定书》正式生效，到2005年8月，全球已有142个国家和地区签订该议定书。另外，继《京都议定书》之后第二份具有法律约束力的气候协议为《巴黎协定》，该协定于2015年12月12日在巴黎达成，这意味着气候变化新的里程碑的诞生。截至2016年6月29日，有178个缔约方签署了该协定，并于2016年11月4日正式生效。关于减排的主要目标为，将全球平均气温升高控制在2摄氏度之内的基础目标以及1.5摄氏度之内的努力目标。

第三，新能源代替传统能源、减少环境污染。在这样一个能源匮乏以及环境污染的大背景下，新能源产业的发展无疑是解决这两个约束问题的最佳方案。新能源从用途方面来说，完全可以替代传统能源，同时其碳排放接近于零的特点彻底解决了环境污染的难题。因此，新能源产业的发展开始受到各个国家的青睐和重视。世界各国都将新能源开发与应用列入国家能源安全的长远期规划中，许多发达国家，例如日本、美国、英国、德国等对新能源研发、利用的促进力度持续加大。新能源产业政策作为公共政策的重要组成部分之一，近年来被众多国家所追捧。最近几年，新能源的开发又上升到了新的台阶，尤其是以美国为代表的页岩气、中国为代表的可燃冰等的开发给全球能源注入了崭

① BP. "Statistical Review of World Energy June 2017". [Online]. Available at https: //www.bp.com/en/global/corporate/energy－economics/statistical－review－of－world－energy.html. [2017－6－16].

新的活力。这些关键性的突破，给解决能源匮乏问题带来了新的希望。

1.1.1.2 日本背景

在全世界研究和发展新能源的国家中，日本是属于较早的国家之一，其发展成效也闻名世界。日本国土面积狭小，仅为37.79万平方公里，而中国的国土面积是日本国土面积的25.5倍左右。日本资源匮乏，以石油、天然气和煤炭为主的能源供给的90%以上依赖海外进口，对外依赖程度远远高于其他发达国家，能源供应结构相对脆弱。然而，人口高密度、资源匮乏的日本在长达31年间持续保持着世界第二大经济体的水平（1978～2009年），同时对环境的保护效果也非常显著，成功地将“经济发展和环境保护”两大目标保持协调共进。20世纪70年代，日本国内使用的燃料以石油为主，进口一次能源总量占总能源消耗量的89.9%，随后，突如其来的石油危机导致了原油价格的高涨和石油供给的不稳定，同时也重创了日本经济。日本为了稳定能源供给，降低石油依存度，开始大力推进煤炭、天然气和石油等传统能源的替代能源的发展。自此，日本开始积极地发展新能源产业，并制定了相关的产业扶持政策。日本在发展新能源产业的过程中，法律法规的制定是首当其冲，同时也研发引进了最尖端的设备，实现了世界最高水平的能源效率化。日本发展新能源产业的意义如下。

第一，保障能源安全。近年来，世界能源需求不断加大，化石燃料的市场价格随之出现波动。由于新兴国家经济发展的崛起，全球化石燃料使用的增加导致能源价格不断攀升。此外，化石燃料丰富的地域常常伴有政治和民族纷争，预计该地区今后难以持续提供稳定的能源供应。在此背景下，新能源的优势更为凸显。新能源是日本国产的能源，无须依赖进口，尤其是新能源中的太阳能和风能的利用对于每个国家来说都是公平的，不存在类似于传统能源在地域上有储量分配的差异。因此，新能源的发展对于保障能源安全来说，是其重要的路径之一。经历了2011年的东日本大地震之后，日本更加重视除核能之外的新能源的推动和发展。特别在资源能源厅设置了“综合资源能源调查会基本政策分科会”这样一个部门，专门用来讨论现行的能源基本计划。该部门将能源种类的多样化和地域分散化作为能源安全的重要保障前提。将新能源种类的发展比例控制在一定范围，例如，由于现在太阳能发电占据市场份额明显高于其他新能源，日本则降低对太阳能发电的补贴力度，减少其补贴种类，转而加大、加强对其他新能源种类的补贴力度。与此同时，该机构所采取的将新能源分布在日本国内各个地区的做法，也有利于促进地域经济的发展。近些年，通过日本政府、产业、学校联合进行技术开发及社会的鼎力相助，以及国民的支持理解，日本新能源产业在技术研发和利用方面都取得了很大的成就。现在，日本已成为新能源研发利用范围最广和单位 GDP 增长能耗最小的国家之一。

第二，减排效果明显。近年来地球温暖化问题被全世界所关注，能源消费所产生的 CO_2 占据了日本温室效应气体的大部分。传统能源和新能源在工厂制造发电设备时均会产生 CO_2。所不同的是，传统能源成为产品之后，该产品在利用过程中，仍然会源源不断地产生 CO_2。与此相对应，新能源作为自然的能源，成为产品后发电时产生的 CO_2 很少。日本在新能源的减排方面，很好的一个例子就是切实完成了《京都议定书》第一承诺期的73%的减排目标[①]。如图1－1所示，相对于传统能源发电的519～975g－CO_2/KWH[②]的高排放，太阳能发电是17～48g－CO_2/KWH，风能发电是25～34g－CO_2/KWH，地热发电是15g－CO_2/KWH，水能发电是11g－CO_2/KWH。从以上数据可知，在同等发电程度下，相对于火力发电的 CO_2 排放量来说，新能源的 CO_2 排放量微乎其微。

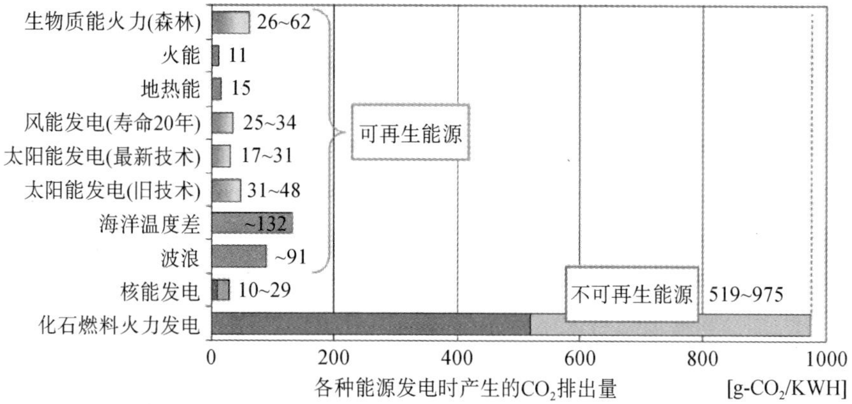

图 1－1　日本可再生能源和不可再生能源发电的 CO_2 排放量比较

资料来源：2017 日本能源白皮书（平成 28 年度エネルギーに関する年次報告（エネルギー白書2017）），第 130 页。

---

① 日本在《京都议定书》第一承诺期（2008～2012 年）内，规定的目标是温室气体排放量较基准年度的 1990 年减少 8.2%，日本已切实完成了 6% 的减排目标。未能完成全部目标的原因为，2011 年 3 月东日本大地震后，核电站的陆续检查和关闭导致了传统能源的使用量再次上升，减排难度增加。

② KWH：kilowatt－hour 的缩写，千瓦时。KWH 是一个能量的量度单位，表示一件功率为 1000 瓦的电器在使用一小时之后所消耗的能量。

日本对新能源的研发早，扶持力度大，发展水平至今仍处于世界前列。日本新能源产业在其发展过程中，具备完善的指导方针和基本原则，周密的推广大纲和行动方案。因此，日本新能源产业持续发展的同时，带动了相关产业的发展，并取得了良好的经济效果。

改革开放以来，中国经济发展的步伐加快，对能源的需求增大，直接引发了传统能源的枯竭、环境的污染等问题。以上一系列的问题严重地影响了中国经济的持续健康发展。另外，传统能源在消耗过程中对环境造成污染后，清理污染所付出的代价高昂。世界上污染最严重的城市，有 7 个在中国。2013 年、2014 年、2015 年和 2017 年的总理记者会上，李克强总理均强调了治理雾霾的重要性以及坚定决心，并将“坚决打好蓝天保卫战”写入了 2017 年的政府工作报告中。习近平总书记在十九大报告中提出“我们要建设的现代化是人与自然和谐共生的现代化”，同时习总书记将能源改革要求的其中一项任务确定为，建立多元化的能源供给结构，大力发展新能源产业。因此，中国开始注重新能源的开发和利用，并制定了相关的政策法规促进其积极发展。可以说，中国能源消费结构变革、经济增长持续发展、低碳社会建立的必然要求是新能源产业发展。

日本新能源产业发展的研究为中国提供了借鉴模式。通过系统、深入地研究日本新能源产业发展的概况、作用，尤其是对经济的推动作用，以及政策体系，可以总结出日本新能源产业在发展过程中的特点和优缺点。中国可以借鉴这些优缺点，及早采取相应措施对中国能源战略做出调整，做到未雨绸缪，少走弯路。科学合理地发展新能源产业，建立资源节约型社会，对于中国现阶段的社会主义建设具有重要的战略意义。

1.1.2 研究意义

1.1.2.1 理论意义

第一，新能源产业的发展研究，对该产业的理论体系有一定的充实作用。本书以国内外新能源产业相关的诸多理论成果为基础，利用规范分析和实证分析相结合的方法，系统、深入地研究了日本新能源产业发展的概况、作用，尤其是对经济的推动作用以及政策体系。并通过改进传统柯布—道格拉斯生产函数模型，将日本总能源消费（包含新能源消费和传统能源消费）作为资本存量、劳动力投入以外的单个外生变量引入到柯布—道格拉斯生产函数模型中，建立起一个以国内实际生产总值为因变量，总能源消费、实际资本存量和劳动力投入为自变量的生产函数。在此基础上，进一步将总能源消费细分成新能源消费和传统能源消费两个变量，并运用 Eviews 8.0 软件对两个变量与经济增长之间的关系进行了平稳、协整、因果和误差修正等的实证分析。

第二，关于日本新能源产业发展的实证研究结果，可能对中国科学发展观的贯彻和实施，对“十三五”规划中新能源产业包含的各个新能源目标的实现，对新能源产业创新能力的提升等方面有一定的理论参考价值。

1.1.2.2　现实意义

第一，为了促进一国能源安全、能源结构优化，减轻环境污染，达到经济和生态双赢的必经之路就是发展新能源产业。同时，发展新能源产业也是建设环境友好型、资源节约型以及实现现代化目标的重要保障。

第二，本书利用实证方法研究分析了新能源消费与经济增长之间的关系，得出了新能源产业发展已经成为日本新的经济增长点之一的结论。然而，与传统能源消费对经济增长的影响程度相比，新能源消费的影响程度仍然薄弱。结合实证部分得出的协整方程可知，随着日本新能源消费的增加，其对经济增长带来的促进作用会越来越大。日本政府应该从长期角度来扶持新能源产业，直到其影响程度大于传统能源为止。因此，该结论对日本能源以及新能源政策的制定和完善，提供了一定的借鉴和参考意义。

第三，通过对日本新能源产业发展进行了比较全面、系统、深入的研究，探析了其发展的成熟经验和不足之处，并提出了完善其发展的有效对策和建议。该研究对决策者提供了一定的参考价值，在新能源产业发展方面起到一定的推动作用，做出积极的贡献。这对促进日本新能源产业持续发展具有一定的现实意义。

第四，通过系统、深入地研究日本新能源产业发展的概况、作用，尤其是对经济的推动作用以及政策体系，可以总结出日本新能源产业发展过程中的优点和不足之处。中国可以借鉴这些经验，及早采取相应措施对中国能源战略做出调整，做到未雨绸缪，少走弯路。因此，该研究对中国新能源产业发展有积极的启示意义。

1.2 国内外文献综述

1.2.1 国外文献综述

有关新能源的研究是从20世纪70年代开始起步并逐步增加，在相关的研究当中，实证研究占据少数，大部分是关于政策方面的研究。关于新能源产业的国外文献综述，分成以下5个部分进行论析。首先以发展新能源的重要性作为开端，其次对新能源在发展过程中重视市场机制和政策法规的研究进行总结阐述，进而对在政策法规中最为流行且取得显著成果的两种新能源激励制度，即FIT[①]制度与RPS[②]制度，给予提炼和归纳，最后对新能源与经济增长关系的文献进行整理，为了考察包含新能源在内的总能源的情况，还对总能源[③]与经济增长关系的部分研究给予了关注。

1.2.1.1 发展新能源重要性的研究

Chakravorty等学者（1997）认为，IPCC[④]在相关研究中因没有考虑新能源的因素，导致其估计的碳排放水平偏高。为了弥补上述空缺，Chakravorty等（1997）将太阳能作为主要能源，即传统能源基本上被太阳能所替代，构建了以经济增长、能源技术进步为外生变量的动态模型，并模拟出未来能源消费结构和碳排放水平的情境模式。根据该结果，作者建议应加大对太阳能研发投入的力度，同时实施促进新能源技术研发的政策。Sokona等学者（1999）认为尽管全球新能源产业发展相对较晚，然而该产业拥有巨大的发展潜力，其原因为新能源既可以替代传统能源，又可以减少环境污染，是全球经济可持续发展的必要前提和保障。

A. Malaki等学者（2009）利用近年全球能源消费对环境、气候影响的相关数据，进行了量化分析，得到了以下结论：保持全球经济持续发展又降低环

① FIT：Feed - in Tariff的缩写，固定价格收购制度，其发源地为欧洲。FIT是一项推进新能源应用的政策措施。FIT制度在本书6.2.6节有专门论析。

② RPS：Renewable Portfolio Standards的缩写，强制上网配额制度。RPS是一项推进新能源应用的政策措施。RPS制度在本书6.2.5节有专门论析。

③ 本章中的总能源统称为能源。

④ IPCC：Intergovernmental Panel of Climate Change的缩写，联合国政府间气候变化专门委员会。

境污染程度的唯一出路是改变能源消费结构，用新能源逐步替代传统能源。Tocch Leonilde（2016）研究了拉齐奥的可再生能源发展战略，认为可再生能源的生产和发展，促进了拉齐奥地区的绿色经济复苏并创造了绿色就业机会，同时也加速了该地区向低碳经济过渡的进程。

1.2.1.2 新能源发展过程中重视市场机制的研究

在研究新能源产业发展的诸多国家和地区当中，美国和欧洲相对来说更加重视市场机制所产生的作用。

Suani（1999）提出人们在使用生物质能的过程中，会出现多种问题，为了克服这些问题，保证生物质能的快速发展，建议在生物质能产品的市场价格形成过程中加入外部性因素。

Morthorst（2000）认为欧洲能源政策的发展趋势是电力工业自由化和减少温室气体排放。而温室气体的达标与新能源技术水平的发展状态有着直接联系。为了促进技术水平的提升，必须对新能源技术采用额外支付的模式。现在比较流行的是绿色证书市场，该市场的确立促进了新能源技术的发展，也使得丹麦政府的财政补贴压力得以减轻。Catherine（2003）等学者提出了通过实施价格竞标来签署发电合同的政策，这可以有效降低可再生能源的发电成本。其原理在于价格竞标可以形成竞争性市场，该市场引导可再生能源的生产成本和电价逐步降低。

Reyer Gerlagh 和 Bob van der Zwaan（2006）对减少碳排放的政策工具进行了比较分析，总结了当今世界主要有五大类相关的政策工具：能源补贴、燃料税、碳税、可再生能源配额和能源生产碳强度配额。从成本最低的角度来考虑，减少碳排放最经济合算的结论是利用碳税来支持解决可再生能源发展的配额制度。Pablo 和 del Rio（2008）对西班牙的风能和太阳能的发展情况进行了分析，并建议该国应重视市场机制在新能源领域所产生的作用，同时提出应制定更多的优惠政策以促进新能源的进一步发展。

Laura Díaz Anadón（2012）分析比较了 3 个不同国家在能源革新方面的激励性政策，3 个国家分别是美国、英国和中国，并指出了即使实施同样的政策，由于国家目标和环境差异（商业参与、制度集中程度的不同）的原因，其效果会有很大不同。

1.2.1.3 新能源发展过程中重视政策法规的研究

新能源产业在发展过程中，绝大部分的研究是关于政策法规，说明各个国家在新能源产业的发展过程中，在政策重要性的认可方面达成了共识。

关于产业政策的概念，最早提出的国家是日本。小宫隆太郎和奥野正宽等（1988）在其编著的《日本的产业政策》一书中，对政府工作关于新能源产业发展所产生的影响进行了论述，提出了在新能源产业发展过程中，政府干预是非常重要且必要的。政府可以通过制定税收政策、给予财政补贴等多种方式来促进新能源产业的发展。

Lawrence 等学者（1995）从消费的角度进行分析，提出政府在制定政策时，要对公共利益进行考虑。另外，由于新能源产业具有开发初期的两大特点，即技术不成熟与开发成本高，因此政府应对该产业进行扶持，给予税收方面的优惠等。Wiser（1998）等学者提出政府在支持新能源发展的过程中，尤其是在制定政策的过程中，要结合本国的实际情况，考虑产业发展稳定性等多项内容，否则制定出的政策可能会抑制新能源产业的发展。他们同时建议政府，若想将投资风险降到最低，必须采取必要的财政保障措施，进而达到真正促进新能源产业发展的目标。Hillring（1998）对新能源中的生物质能进行了深入研究，提出政府应加大技术上的投入，支持生物质能产业的发展。同时需加大生物质能产品信息的宣传力度，制定有效的行政措施。Rave（1999）认为想要形成有效的投资市场，离不开金融机构的大力投资，政府部门应行使好自身职能，引导外部资金进入新能源产业，为该产业发展提供足够的资金支持，同时从政策角度入手，做到对整体政策环境的优化。因此，新能源产业的长远建设离不开政府的参与，更取决于政府能否给新能源产业提供良好的发展环境。

Daryll（2000）从现实意义和实际作用入手，讨论了新能源政策的制定和实施对新能源产业发展产生作用的大小，并在此基础上建立了 POLYSYS 模型。该模型的主要作用是详细分析生物质能产业与经济发展间的关系。Soubbotina 等学者（2000）就丹麦风能发电行业发展缓慢的问题进行了考察分析，他们认为，导致该国风能发电行业发展缓慢的原因在于政府未能对风能发电企业未来可能面临的风险给予足够的保障，制度上还存在着较多问题。Graham（2003）等学者同样认为政府相关政策的制定实施是可再生能源得以飞速发展的前提条件，政府应加大技术性投入，为该产业发展贡献力量，同时应增强财政补贴和税收优惠等相关力度，解决可再生能源在利用过程中各个环节的资金问题。Mitchell 和 Connor（2004）对英国制定的能源政策进行评价，认为可再生燃料义务、非化石燃料义务等政策的实施属于制度上的新突破，为英国的新能源产业注入了新的活力。英国政府提出的能源发展目标需建立在以往政策经验教训的基础上，方能实现。Weidou 和 Johansson（2004）对中国实际情况进行了探究，提出了中国当前制定的能源政策与中国经济的可持续发展并不相适应，对此，他们提出了符合中国经济可持续发展的新能源政策和建议。Reiche 和 Bechberger（2004）采用欧盟地区国家的新能源使用情况进行分析，总结了一些成功案例，并进行了深入探究，具体为：保障投资者的利益、规划长期保障制度、针对不同的技术实施不同的保障措施、加大投资力度、减少地区对发展新能源电力的抵制。在此基础上，进一步得出这些国家可再生能源发展的成功与各个国家使用的政策工具有着直接联系，且当前欧盟各国实行的政策工具尚不统一的结论。Komor 和 Bazilian（2005）则认为过去制定的政策不成熟、不完善，可再生能源政策的整体建构并不明晰，导致难以采取有效的评估方法评价这些政策是否有效。Komor 和 Bazilian（2005）提出在制定可再生能源政策时，应在遵循发展目标的基础上，结合实际情况，设立整体框架结构，并对政策中应该含有的具体内容进行总结。Nemet 和 Kammen（2007）通过收集数据发现，美国能源部门研发投资的资金支持力度普遍下降，在风能和太阳能方面更为严重，与公共部门相比，私人领域投资下降更多。然而风险资本和燃料电池创新的相关投资却在增加，进而得出研发投资在现有的基础上增加 5 ~ 10 倍是切实可行的。

Lewis Joanna 和 Ryan Wiser 等学者（2006）在比较了不同国家在风轮机产业的能源政策、各项扶持政策后，分析了各个国家制定的新能源政策对其风轮机产业所产生的影响，最终得出只有将风能发电市场的扶持政策和激励政策有效结合在一起，才能使产业的支撑力度得以提升，进而使风能发电市场获得更好发展的结论。Rolf Wüstenhagen 和 Michael Bilharz（2006）结合德国可再生能源的实际发展情况，提出了德国在对法律法规进行改革后，优化了可再生能源的整体发展环境。同时，电力供应法的重新调整也再次促进了可再生能源在电力方面的利用，为德国达成可再生能源利用目标奠定了坚实的基础。Martine A. Uyterlinde 和 Martin Junginger 等学者（2007）对新能源研发、利用情况进行了探究。通过构建模型的方式，掌握了政府干预对新能源发展的影响程度。他们提出当政府的支持力度增加时，新能源电力成本会明显降低，进而得出政府加大财政投入力度对新能源的发展尤为关键的结论。Vera 和 Langlois（2007）认为能源指数体系可以帮助政策制定者分析经济、能源和环境之间的问题，进而在协调三方关系的基础上制定出更加合适的发展战略，做到在维护环境的前提下，实现经济和能源的量化发展。Tai - chen Chien 等学者（2007）在分析可再生能源使用与技术效率之间的关系时，使用了数据包络分析法（DEA），提出了只有提升技术效率，可再生能源的发展速度才能得以提升。

Joshua Meltzer（2011）分析了福岛核事故对日本后续政策制定所产生的影响，进而分析了日本的电力构成，指出了日本能源政策面临的问题并给出了相应的解决对策。Bettina. B. F. Wittneben（2012）针对福岛核事故对英国和美国产生的影响进行了分析，进而指出了英、德做出完全相反决定的原因。Rainer Hinrichs - Rahlwes（2013）分析了可再生能源的利用是否可以提高能源安全和降低碳排放的原理及其必要性。他认为，将可再生能源和核能结合起来制定适当的政策是国家可持续发展非常必要的举措。Schirmer 和 Matthias（2014）研究了越南现阶段的能源需求概况，得出该国能源需求每天的增长速度为12% ~16%的结论。Schirmer 和 Matthias（2014）以生物质能为例，从法律法规和财政税收等方面分析了越南生物质能的发展现状，认为越南必须加快可再生能源发展的速度。

Vidadili Nurtaj、Suleymanov、Elchin 和 Cihan Bulut（2017）认为阿塞拜疆共和国虽然是石油产出国，然而由于石油的枯竭性和对环境的污染性，该国仍需通过对可再生能源的转变来推动其能源的可持续发展，并就该国现状提出了相应的政策框架。

1.2.1.4 新能源代表性推进制度的研究——FIT 和 RPS

在推动新能源快速发展的进程中，各国选择的制度多为 FIT（固定价格收购制度）或 RPS 制度（强制上网配额制度）。而各国的发展经验证明，这两种制度在推动新能源发展过程中确实是功不可没。

Berry（2001）对欧盟成员国在发展新能源产业方面所采用的 RPS 制度的政策经验进行了论述，并比较了其各自的特点，进而探讨和评价了这些成员国实行 RPS 的具体措施和模式。Menanteau 和 Finon 等（2003）提出在 RPS 和 FIT 两种制度下，政府非常重视技术进步。并提出了在考虑市场结构和市场绩效的影响下以及当绿色证书市场由理论变为实践的情况下，FIT 制度优于 RPS 制度的结论。Judith Lipp（2007）认为，无论是 FIT 制度还是 RPS 制度的实践，丹麦、德国和英国是当今世界的领袖国家，进而得出了一个国家新能源产业发展成功与否的主要因素为新能源相关政策的制定和实施，并在实施过程中给予相关制度及时的完善和改革等结论。

Magali A. Delmas 等学者（2011）对过去 10 年里美国各个州所制定、实施、完善的可再生能源政策进行了研究，同时对其中的 RPS 制度和 MGPO（消费者自由选择权利）制度的有效性进行了评估。其结论是 MGPO 在促进可再生能源装机容量方面发挥着重要的作用，而 RPS 对可再生能源的投资产生了消极影响。Solangi，K. H. 和 Islam，M. R. Saidur R. 等（2011）评述了具有代表性的国家所实施的太阳能政策，具体国家有美国、加拿大、德国、中国、马来西亚和巴基斯坦等。并提出了 FIT 和 RPS 在这些国家中对激励太阳能的发展和使用产生了积极的作用。

大平佳男（2016）介绍了日本可再生能源发展的路径和动向，并比较了日本的 RPS 制度和 FIT 制度，特别关注了垄断情况下电力市场和可再生能源的利用状况，得出了日本的 FIT 制度较 RPS 制度更加符合当今日本电力市场以及消费者的意愿，因此日本用 FIT 制度取代 RPS 制度是明确选择的结论。植田和弘与山家公雄（2017）总体分析了日本可再生能源政策的评价和课题，其中对日本选择 FIT 制度替代 RPS 制度的原因给予了详细的说明，并对 FIT 制度最新更正的部分进行了总结归纳，进而提出了日本要实现 2030 年新能源发电占总电力的 22% ~24% 目标的政策建议。

日本在新能源政策研究当中，最受关注的是 RPS 制度和 FIT 制度。随着 2012 年后 FIT 制度取代 RPS 制度之后，日本学者对两者进行比较的研究逐渐增多。

1.2.1.5 新能源与经济增长关系研究

（1）能源与经济增长关系

从 20 世纪 70 年代开始，关于能源与经济关系的研究中，能源消费仅被看成资本的一部分，所以，当选取柯布—道格拉斯生产函数模型来研究能源与经济增长之间的关系时，并未将能源消费作为单独变量放入模型中。众所周知，石油危机的发生直接导致了全球性经济危机的弥漫，可以说能源对经济的影响力非常强大，严重地制约了全球经济的可持续发展。

罗马俱乐部中的 Donella、Dennis 和 Jorgen 等（1972）发表了震撼世界的著名研究报告——《增长的极限》，提出了“零增长理论”的对策。该报告指出了能源消费对世界人口以及经济发展的影响和制约，在未来由于能源短缺和匮乏问题将导致全球经济发展停滞，环境污染严重，人民生活水平下降，最后将会给人类带来毁灭性的打击。相对于以上罗马俱乐部的结论，Nordhaus William D.（1973a）提出了反对意见，他认为《增长的极限》中的假设部分值得探讨，将假设部分中技术进步改为持续的技术进步，人口增长改为人口下降，那么结论就会完全不同。紧接着，Nordhaus 又做出了一系列有关新能源的研究来说明与罗马俱乐部不同的观点。罗马俱乐部在 1992 年出版的《超越极限》一书中，再一次对全世界发出危机告示。该书在《增长的极限》的基础上指出，虽然技术在不断进步，人类越来越重视保护环境，然而由于传统能源的匮乏、消耗以及其造成的环境污染，这些问题给不断发展的社会和经济带来巨大的不便，可以说增长才是超越极限的根本原因。

总之，上述报告具备了较强的参考作用，然而其理论框架并未将现实情况一并考虑在内，仅仅使用自然科学方法进行了预测，没有从微观的角度来考虑问题，无法较好地判断出经济变量之间存在的影响、变化以及适应的过程，进而衡量经济变量对整个社会系统的作用。因此，必须在经济分析框架的基础上，考虑能源结构变化对社会的影响。

此后，计量经济学等学科方面的发展使得实证分析方法不断完善。利用实证研究法得出的研究成果也在不断扩充。在此背景下，国外学者开始利用实证方法，使用能源和经济增长的相关数据，对两者之间的关系进行研究。其中，能源作为与资本、劳动并列的变量进行的实证研究开始踊跃出现。具有代表性的文献如下。

在早期，Kraft，J. 和 Kraft，A.（1978）基于线性回归方法进行了能源与经济的研究，取得了一些研究成果。学者们使用能源消费量和经济产出量作为核心变量，研究美国能源与经济增长之间的关系，并运用 1947 ~ 1974 年的数据进行了实证分析。他们发现美国能源消费量并不是国民生产总值（GNP）的格兰杰原因，而国民生产总值则是能源消费量的格兰杰原因。此后，Yu 和 Hwang（1984）以及 Yu 和 Choi 等学者（1985）也基于线性回归方法对菲律宾、韩国等国家的能源消费与经济增长之间的格兰杰因果关系进行研究所得出的结论为，由于不同的国家具有不同的国情，导致了各个国家的能源消费与经济增长之间的格兰杰因果关系也不相同。

Stern（1993）采用 1947 ~ 1990 年的数据，运用向量自回归（VAR）模型，采用美国的实际数据，对能源消费与经济增长之间的关系进行了验证，指出了对美国经济增长、能源消费产生影响的具体原因。Masih（1997）对巴基斯坦、印度尼西亚和印度等亚洲国家的经济产出与能源消费之间的关系进行了探究，得出了以下结论：能源消费量与经济增长之间存在长期协整关系的国家有巴基斯坦和印度；而菲律宾、新加坡和马来西亚的能源消费与经济增长之间并没有显著的长期影响关系。基于此，他们认为不同国家的能源消费和经济增长之间的关系与当地的经济产出水平相关。R. H. Rasche 和 J. A. Tatom（1997）首次将能源作为单独要素引入柯布—道格拉斯生产函数，来进一步探究能源消费和经济增长之间的相互关系，其结果表明，随着人类社会对能源的不断需求，能源的不可再生性限制了该需求。人们不得不减少对传统能源的需求，这直接导致了经济无法实现持续增长的目标。

Asafu - Adjaye（2000）对印度、印度尼西亚、泰国和菲律宾等多个国家的能源消费与经济增长间的关系进行分析发现，在国情存在明显差异的各个国家中，能源消费和经济增长间的关系也存在差异。在印度与印度尼西亚，能源消费均是经济增长的格兰杰原因；在泰国和菲律宾，能源消费与经济增长互为格兰杰原因。Lee（2005）为了研究发展中国家的能源消费量和经济增长之间的关系，选取了 18 个发展中国家 26 年间的数据（1975 ~ 2001 年）进行统计分析，得出了以上国家能源消费量对经济增长存在着单向格兰杰因果关系的结论。因此，Lee（2005）认为在这些国家实施能源保护政策会制约其经济的发展。

Mehrzad Zamani（2007）针对多个石油输出国，研究了其能源产出对经济增长的影响关系，并得出了以上国家具有相同点的结论，即经济增长是能源产出的格兰杰原因。Lee 和 Chang 等学者（2008）以亚洲的 16 个国家作为研究对象，基于 32 年（1971 ~ 2002 年）的经济数据，建立了包含资本投入、劳动力投入等多变量的经济模型，并进一步使用面板分析方法对经济增长与能源消费间的关系进行了实证研究。结果表明，就短期而言，亚洲各国的能源消费与经济增长间的格兰杰因果关系并不显著。但随着时间的推移，这种关系形式可能会发生变动。因此，亚洲 16 个国家能源消费量的减少在短期内不会对经济发展产生显著影响，然而，如果要保证经济的长期稳定发展，这些国家必须制定有效的长期能源政策。Xing - Ping Zhang 等学者（2009）采用中国的经济增长数据、能源利用数据等进行研究，并构建了经济增长模型，对存在于模型当中的能源消费量、经济产出量等指标的相关关系进行了论证，得出了中国产量与能源消费之间存在的关系为单项因果关系，CO_2 排放量和能源消费对经济增长不存在因果关系的结论。所以，中国可以制定和实施新能源政策以及减排政策，根据实证结果可知，这些政策并不会影响经济增长。

（2）新能源与经济增长关系

新能源产业是一个新的学科，产生于 20 世纪 70 年代，该产业的研究很多，然而其实证分析的研究较少，相对来说，政策的研究占了多数。

Nordhaus（1973b）为了探析美国未来 100 年能源的配置及利用情况，使用宏观动态模型进行了模拟估算，在此基础上，探讨了适合美国经济可持续发展的能源选择情况。将取代化石能源的技术称为“替代技术”（backstop technology），并将核能技术视为替代技术并引入其模型，得出了未来核能将成为传统能源的主要替代能源的结论。Nordhaus（1974）在上文的基础上进一步研究了核能、太阳能和风能等各种新能源的可能使用年限，得出的结论是从长远角度来考虑，经济发展不会由于传统化石能源的枯竭而停滞。Nordhaus 的研究结论明显优于罗马俱乐部的研究结论，其具有科学性和进步性，然而该分析仍然受时代方面和技术方面的局限，无法脱离时代背景的制约。另一不足点为除核能之外并没有考虑其他可再生能源利用的可能性。此后，学者们开始陆续将太阳能、风能等新能源引入经济模型。

Manne 和 Richels（1992）基于可计算的一般均衡模型，即 CGE 模型（Computable General Equilibrium）分析了零碳能源技术的重要作用。并预测到 21 世纪 40 年代至 50 年代期间，新能源将代替传统能源成为主导能源，同时提出了国家应该大力发展新能源以推动国家经济持续稳定增长的建议。虽然上述学者都对新能源问题进行了研究，但是其主要研究对象仍然是气候问题，之后的研究才真正将新能源作为一个重要变量引入了经济分析。Gastaldo 和 Ragot（1996）将能源分为可再生能源和不可再生能源，将不可再生能源作为单独变量放入生产函数。研究结果表明，由于不可再生能源的匮乏性，假设不可再生能源对经济增长的影响作用越大，人们在能源消耗方面会更加节省不可再生能源，导致的结果是经济增长率下降。同年，Norman 将技术进步放入经济增长模型当中，认为技术进步可以抵消不可再生能源的约束作用，能够提高其利用率。其结果是可以突破不可再生能源数量的局限性，并可以实现经济的可持续增长。

Tahvonen 和 Salo（2001）在论文中提到，可再生能源从远古时期被人类开始使用，也是人类最初使用的能源种类。之后随着社会的进步，化石能源代替可再生能源逐渐兴起。而当今可再生能源重新受到重视，被各个国家积极开发并利用，其占能源消费比例不断增加，逐渐代替化石能源成为未来主要能源种类。学者们在论文中构建了内生技术进步的动态最优化模型，并在文中推导出平衡经济增长路径下可再生能源与不可再生能源的发展路径，即时间 t 的泛函。研究结果验证了可再生能源的使用与国民收入之间确实存在着“U 型”曲线关系。该文最大的创新点是，在模型中不可再生能源和可再生能源存在各自相对应的发展路径，两条路径并不冲突。即两种能源并非是简单的相互替换，是可以同时存在的，而这个结论更符合现实情境。Grimaud 和 Rouge（2003）在研究能源系统和经济增长之间的关系时，提出了能源系统的作用不该局限于传统能源，应将风能、太阳能等新能源放入考察的范围。Valente（2005）提出了可再生能源对于经济可持续发展是一种保障，可再生能源在总能源消费中的占比越大，该保障程度越大的结论。

Apergis 和 Payne（2010a）为了研究欧亚的可再生能源消费和经济增长之间的相互关系，以 15 个国家为例，并采用了 15 年的数据（1992 ~ 2007 年），利用面板协整技术和面板格兰杰因果检验方法进行了研究，得出的结论是可再生能源既可以降低碳排放，同时也可以带动经济增长。

也有部分学者将可再生能源和传统能源引入生产函数，根据内生增长模型研究分析经济动态过程。

Giuseppe（2006）研究了技术进步对某些经济变量的影响关系，例如，经济增长率和可再生能源的生产成本等。研究结论为如果不同能源技术壁垒的问题可以得到解决的话，可再生能源占能源消费的比重将逐渐增加，这将从根源上解决经济社会对传统资源的依赖。建议国家制定相关的政策法规，提高可再生能源的使用效率，减少对传统能源的开采量，则经济体将会保持持续稳定发展。Simone、Pulselli 和 Pulselli（2009）的研究表明，增大可再生能源的投资，完善其补贴机制，改善能源消费结构是经济持续增长的唯一路径。Sadorsky（2009b）以新兴经济体国家（中国和印度为代表）为研究对象，得出两个结论：第一，收入的提高和可再生能源的消费成正比例增长；如果用弹性系数来比较的话，电力消费与收入之间的弹性系数较小，且低于可再生能源消费与收入之间的弹性系数。这意味着，这些国家收入增加所促进的可再生能源消费增量要大于相应的电力消费增量。第二，随着电价的上涨，可再生能源消费量逐渐增加。因此作者推测未来发展中国家随着经济的持续发展，其可再生能源的消费保持加速增长态势。

以上研究的目的各不相同，结论趋于一致，即随着技术的不断进步、资源的稀缺、传统能源的供小于求，新能源的开发利用会越来越受到重视，其消费比例逐渐高于传统能源，终将会发展到以新能源为主的生态文明时代。

1.2.2 国内文献综述

国内文献综述根据不同的研究，重点分为以下 4 部分：新能源发展国际经验研究、国内新能源发展概况和路径研究、国内新能源政策研究以及新能源与经济增长关系研究。

1.2.2.1 新能源发展国际经验研究

国内学者对新能源发展的国际经验从不同角度进行了研究，例如，财政补贴、法律法规、税收政策以及战略规划等。以下文献具有代表性的意义。

过启渊（1985）介绍了美国的新能源发展战略。美国新能源的种类具体包括：太阳能、风能、地热能、生物质能、核能以及合成燃料等。陈幼松（1993）分析并比较了20世纪70年代末至90年代期间，各国的新能源发展状况。具体分为两类，在补贴方面有：德国的太阳能补贴、丹麦的风能发电补贴并网；在政策法规方面有：美国的政策法规、瑞士的节能法案等。李水清（1994）对英国1994年的新能源白皮书《新能源和再生能源：英国未来展望》进行了详细解读，重点介绍了其现状、政策与战略计划部分。

吴杰和顾梦迪（2006）提出了美国促进可再生能源开发利用的主要方式是财政激励。具体有减税、各种补贴、优惠贷款、信托基金等措施。通过这些财政激励措施，美国可再生能源产品的成本逐渐降低，市场得以进一步扩大。范玲玲（2007）指出，美国从1978年实施了《能源税收法》之后，对新能源扶持的政策力度和范围就不断加大，具体有财政补贴、减税等。黄玲和张映红（2010）通过对德国新能源发展的现状、原因和经验的研究，认为在近10年内，在新能源产业发展引领的国家中，德国无疑占据了第一位。根据德国的经验，对中国新能源产业发展提出了建议。雷鸣（2009）对日本的新能源发展战略进行了探究，并且针对其制定的政策体系以及法律法规进行了详细的梳理，并对日本和中国的节能及新能源发展提出了相应的建议。赵刚（2009）以德国为对象，分析了该国生物质能和风能发电的政策法规，具体有：以生物质能为例的财政补贴、税收减免和关税政策等；以风能为例的上网电价政策等，并提出了德国需加大支持中小企业的创新力度，加强产学研合作和国际合作等建议。高静（2009）对奥巴马政府构建的新能源政策进行了研究，总结出该政策的目标是美国将占领新能源技术的制高点，保证新能源和节能减排领域的领导权和话语权，并提炼出四大特点：提高能耗、节能减排、发展清洁能源并在此基础上给予消费者补贴。

黄玲和张映红（2010）总结了德国将新能源发展纳入国家基本国策后，对中国产生的积极启示。中国需将政策与市场两只手并用发展新能源，在市场方面需要制定合理有序的市场竞争政策。曹玲（2010）从政策的制定实施、效果评价出发，系统地研究了日本新能源发展目标与规划、政策法规、财政税收等政策内容。在此基础上，对中国的新能源发展提出了部分启示。杨泽伟（2010）研究了《2009 年美国清洁能源与安全法》，具体分析了当时该法案的制定目标和内容等，并从中提取了对中国有益的部分，为中国优化政策提出了相关建议。罗涛（2010）详细地论析了德国的新能源利用，如发电、发热制冷以及交通，同时也对新能源政策法规进行了归纳。他发现较其他国家，德国的法律法规是高度健全且有启示意义的，进而指出中国新能源立法的不足，并总结出相应的政策建议。陈海嵩（2009）研究了日本新能源立法的现状和基本措施，发现日本存在立法执行力不足的缺陷，并提出中国要借鉴日本的发展经验，在推进新能源产业发展时，应注重法律的引导和促进，而并非强制。

罗国强和叶泉等（2011）研究了法国构建的新能源产业发展体系，并分析了该体系对法国新能源发展产生的具体影响，在发现其具备积极的作用以后，提取了对中国新能源发展的有益部分。黄德明和黄晓燕（2011）对《欧盟第三次能源改革方案》进行了探究，从背景、内容等多个角度入手展开了分析，并提出欧盟能源改革目标实现的关键就是新能源产业的快速发展。杨泽伟（2011）对英国、法国、美国等国构建的新能源法律制度进行了探究，其中包括欧盟第三次能源改革方案、英国低碳过渡方案、《2009 年美国清洁能源与安全法》和可再生能源促进政策等，并提出了中国新能源法律和政策的不足之处进而给出了相应的建议。郭超英（2011）分析了美国、日本和德国的新能源产业发展政策以及所取得的瞩目成就。在此基础上，应用产业经济学的理论探析了中国新能源产业的发展路径与政策，得出了中国新能源产业政策的核心内容是财政、金融、税收、外贸以及技术政策，进而对中国新能源产业发展提出了相应的政策建议。姚梦媛（2011）研究并比较了美国、欧盟、日本以及印度的新能源政策，并从政府工具的视角，研究了法律、经济及信息工具对新能源发展的作用机制，进而对中国现今的新能源发展政策做了分析与评价，提出了政策选择和创新的建议。

吕江（2012）为了探究英国新能源发展的特色，对英国新能源的政策、法律法规进行了论析，并对欧洲和美国关于新能源立法的异同点进行了总结。陈柳钦（2012）为了对中国能源长远建设提出建设性意见，专门深入研究了欧盟 2020 年能源新战略的制定框架、背景和五大优先目标。在此基础上，对中国提出了以下建议：高度关注能源安全的战略地位，重视能源外交和强化内部的自身建设。陈钢（2012）以美国和德国为研究对象，深入地探析了该国新能源产业补贴政策的特点和内容，并对其具体模式进行了理论分析。潘文轩和吴佳强（2012）从新能源税收角度出发，分析了各个国家相关政策的成功经验，具体的国家有：美国、英国、丹麦和印度等。并提出了在新能源产业发展过程中，税收政策发挥着重要的作用。在此基础上，分析了中国新能源税收状况和不足之处，进而具体提出了中国税收制度应在以下两方面进行完善和调整，第一是增值税政策；第二是开征碳税政策。

1.2.2.2 国内新能源发展状况和路径研究

（1）国内新能源发展状况

唐恒和董洁等（2003）对江苏省的新能源专利现状进行了研究，具体有太阳能和洁净煤气化的技术专利，并通过对比的方式了解了江苏省的这些技术与发达国家技术水平的差距，得出了江苏省地方政府对新能源专利的扶持力度较低的结论。因此，建议该省应加大地方政府对新能源专利的扶持力度，例如通过鼓励原创性发明专利而提高专利实施率等。

史丹和杨丹辉（2012）指出中国的新能源产业在国际分工领域，其优势仅仅停留在价格和规模方面。杨凤华（2014）分析了江苏省等沿海地区的新能源产业状况，发现了其优势和劣势。优势是江苏省等沿海地区由于其地理位置具有优厚的资源禀赋，例如风能资源。另外，除风能之外，太阳能、生物质能和核能也取得了显著的成效。劣势是自主研发、创新能力不足，高技术依靠海外市场，高端技术人员极度缺乏等。张建三和张艳贺（2014）研究了天津市新能源产业发展状况，采用 SWOT 分析和波特的物理模型对该地区新能源产业进行了研究，发现了该产业面临的问题并提出了相应的对策。杨飞虎和河源明（2016）研究了江西省新能源的发展状况，发现除水能外，风能、太阳能、生物质能和地热能的开发利用率较低的现状，并提出在经济可持续发展和能源快速转型的背景下，积极发展新能源产业是江西省必然选择的结论。

（2）国内新能源发展路径

朱世伟（1990）研究了中国新能源产业的发展，具体分析了新能源的定义、特征、分类、地位和作用。并在分析发达国家新能源发展情况的基础上，对中国新能源产业的未来发展做出了宏观规划。尹炼（1993）探析了新能源产业在中国整体经济发展中占据重要地位的必要性，并主张国家应该提高新能源的战略地位和加大宣传力度，进而提出为了提高新能源的地位，在市场经济的大背景下，应构建多种支持性政策，用于支持新能源产业的发展。

钱伯章（2010）对世界各国构建的可再生能源发展计划进行了探究，分析这些计划产生的真实作用，并提出了各国新能源产业的发展前景。在此基础上，对中国长期的新能源发展目标提出了建设性的意见。刘志雄和王玥（2012）比较了中国与发达国家在新能源消费方面的现状，得出了中国较发达国家依然落后的结论，并提出了中国在发展新能源过程中，应加强技术投入力度，实现能源使用率的提升。刘若霞和李宇飞（2015）在比较了中国新能源现状和国际新能源发展经验之后，提出了以下观点：中国首先应从体制进行改革，扩大对新能源的投入，鼓励创新，通过技术进步提高其使用效率，进而降低成本。付实（2015）通过层次分析（APH）模型，分析了中国西部的新能源发展现状，得出了风能处于及格水平，而太阳能发电和生物质能处于不合格水平的结论并提出了具体建议：政府需加大对西部新能源的扶持力度，一是新能源发电强制配额制度应尽快落实；二是相关企业间的兼并和整合刻不容缓。

1.2.2.3 国内新能源政策研究

肖英（2007）对全球新能源技术的发展情况进行了总结，重点对新能源技术垄断的形成原因进行了分析，并从政策角度入手，提出了优化中国新能源产业发展的基本路径。朱志刚（2008）在其著作当中提出了中国应从财税政策体系入手，加大对政策的完善程度，构建起符合中国特色的税收体系，为可再生能源产业的发展提供保障。张亮（2009）对中国新能源产业在发展过程中所面临的资金问题进行了总结与分析，并从投资与融资两个角度提出了解决资金缺口的有效方式。宋双勇（2010）结合中国多年来的制度变化情况，对中国新能源投资补贴、税收优惠政策的变动趋势进行了总结，并对当前制度中存在的问题进行了分析，提出了相关建议。

杜伟杰和陈钢等（2011）结合中国新能源产业的发展现状，论述了加强政策补贴的必要性，并对具体的补贴模式进行了探讨，提出了中国应继续从法律层面入手，加强制度上的保障，改进消费补贴手段等建议。张倩（2011）从概念入手，对新能源产业共性技术进行解释，分析了中国在创建共性技术平台时面临的主要问题。并从多个层面入手，提出了改进、优化方案，为中国新能源产业共性技术平台的构建指明方向。邢少文（2011）对中国实行的财政补贴政策进行了整理，对其中存在的问题进行了总结，并提出这些问题的存在会导致补贴的正向作用被大幅度削弱，某些问题的存在甚至会对中国新能源产业的发展产生负面作用。樊长在和何雨格（2012）对政府担保融资和公共风险资本进行介绍，并结合中国企业的实际情况，提出真正适合中国企业发展的担保模式。刘兰剑和董涛（2012）在整理已有资料的基础上，对中国各项支持政策的实施效果进行评价，提出了当前制定的政策还存在着一些不足，并从优化机制、加强投资等方面入手，提出了优化思路。尹硕等学者（2013）通过和一些国家比较，得出了中国新能源产业发展滞后的原因，主要归结于相关政策的力度不足，各地区盲目跟风，地方政府政绩驱动等因素导致了各地区新能源产业的趋同，建议从新能源的顶层设计开始，降低各地区政府对追逐资源红利的积极性，完善新能源开发、生产以及利用体系。邵琳（2014）比较了中国、日本、韩国新能源产业的政策，例如，财政税收、法律法规等，并在借鉴日本、韩国成功经验的基础上，提出了符合中国新能源发展的建议。

丁芸（2016）分析了财税政策在推动新能源发展时产生的作用机制，对现有的财税政策进行了整理和审视，进而提出了中国财税政策需完善及改革的具体建议。

1.2.2.4　新能源与经济增长关系研究

（1）能源与经济增长关系

经济的持续发展离不开对能源的不断需求，而能源无限制的开采和利用引发的能源安全、能源匮乏和环境问题日益凸显。因此，能源消费与经济增长间具体关系的研究开始备受重视。尽管中国学者对能源与经济关系的研究起步晚，然而在借鉴了国外相关的研究方法和经验的基础上，对中国能源消费和经济发展之间的关系进行了大量的研究，其中优秀的成果众多。中国学者在研究能源消费与经济增长间的关系时，基本上采用协整分析方法和格兰杰因果关系分析方法，具有代表性的文献如下。

卢卡斯的内生经济增长模型是以人力资本为变量展开研究，而王海建（2000）对其进行改进，将能源消费作为一个单独变量加入到该模型中进行实证分析。通过计算得出了经济增长模型的长期均衡增长解，并提出了在保证经济平稳、能源安全的条件下，有关能源消费问题的相关政策建议。刘红玫和陶全（2002）以中国大中型企业（规模为年能源消耗在万吨标准煤以上）为研究对象，利用该企业历年能源消费数据，对中国整体国民经济以及工业部门的发展态势进行了深入的研究，得到的结论是从1996年开始传统能源消费量逐渐减少，同时电力消费水平却不断上升。陈燕武和吴承业（2003）等以中国台湾为研究对象，基于44年（1954～1997年）的能源消费和经济产出数据，建立向量自回归模型对台湾地区经济增长与能源消费间的相互关系进行了实证分析，得出的结论是该地区的能源消费与经济增长之间有显著的长期影响关系。韩智勇和魏一鸣（2004）等研究了中国能源消费与经济增长之间的具体关系，学者们选取了23年（1978~2000年）的能源消费与经济产出数据，建立了协整模型，进行了格兰杰因果关系检验。

刘朝明和曾胜（2006）等学者引入能源因素，改进了柯布—道格拉斯生产函数，得到了研究能源消费与经济产量关系的新经济增长模型，结果表明，中国能源消费与经济产量间互相影响。刘朝明和曾胜（2006）认为中国能源消费与经济总量并不具备长期均衡关系，然而两者间互为格兰杰原因。汪旭晖和刘勇（2007）对中国能源消费与经济产量之间的协整关系进行了实证研究，基于28年（1978~2005年）的相关数据（能源消费与经济产出数据），他们发现中国能源消费对经济增长有着显著的长期影响。徐小斌和李传昭（2008）采用了1986~2005年间中国东部的10个省市、西部的12个省市区的能源消费量与经济产出数据，运用有关面板数据协整建模的理论方法，进行了单位根检验、平稳性检验和格兰杰因果关系检验，得到的结论是：关于能源消费和经济增长之间的关系，在地理位置方面，东部地区远超西部地区。王会青和谷志红等学者（2009）以北京市为研究对象，基于27年（1980~2006年）的能源消费与经济产出的数据，得出了格兰杰因果检验的结果。即在北京地区，以上两个变量之间互为格兰杰因果关系。

尽管中国学者在对能源消费与经济增长的关系进行研究时，根据不同的研究方法得出的结论不尽相同，但是结论的方向是一致的，即能源消费与经济增长有密切的关系，且存在相互影响的作用。

（2）新能源与经济增长关系

吕重犁（2010）基于18年（1990~2007年）的数据计算了中国、日本新能源的经济贡献率并比较了两国间的差异。他指出，两国的新能源消费均对经济增长有促进作用，然而，从新能源消费对经济的贡献率来考察的话，日本明显低于中国。林琳（2012）基于福建省32年（1978~2009年）的数据，构建了新能源消费与经济增长的量化分析模型，结果表明，新能源消费与经济增长有着显著的长期稳定的均衡关系，且经济增长是新能源消费的格兰杰原因。郭四代（2012）建立了加入能源消费变量的柯布—道格拉斯生产函数，对中国新能源消费与经济增长间的关系进行了实证分析，并利用岭回归分析方法测算了传统能源和新能源对经济增长的贡献率。他认为中国新能源消费与经济增长存在正相关关系，两个变量互为格兰杰原因，而且新能源消费比传统能源消费更能促进中国经济的稳步增长。张宪昌（2014）使用 1991 ~ 2011 年的数据，利用 VAR 模型，经过脉冲和方差的实证分析，对中国新能源消费与经济增长之间的关系进行了研究，其结论是新能源产业已经成为拉动经济增长的因素之一，然而其拉动影响力仍然小于传统能源，因此建议政府在政策方面给予新能源产业更大力度的扶持。

黄韬（2016）基于 24 年（1991 ~ 2014 年）的数据对中国新能源消费与经济增长间的关系进行了实证研究。他指出，在长期，中国新能源消费与经济增长之间存在着稳定的均衡关系，经济增长是新能源消费的格兰杰原因。然而，由于新能源处于起步初期，其规模还未形成产业集聚效应，因此，现阶段新能源消费并不能显著地提升经济发展水平。同时他还提出了与国内相关的诸多研究所不同的一个新观点，即新能源消费并不是经济增长的因果关系。蔡华和陈庆杰（2017）利用中国 1994 ~ 2015 年的数据，采用将能源消费与新能源消费两个变量加入柯布—道格拉斯函数的模型，并建立了协整检验和误差修正模型，其结论是：经济增长与新能源消费之间存在着长期的协整关系，而短期的波动在其内在均衡的作用机制下最终会趋于平衡。

综合以上国外文献和国内文献比较可知国内外学者研究的异同。首先相异的地方有以下 3 点。一是欧洲、美国和日本的新能源产业起步较早，相关研究成果较为成熟，有较高的前瞻性。相关成果可以为新能源产业后起的国家提供以下参考：政策的理论研究、政策的制定实施以及政策的修改完善等。二是国外学者重视市场机制的研究较多，国内在这方面的研究较少。三是在研究政策法规的种类中，国外对 FIT 制度和 RPS 制度的研究非常多，说明该制度在国外已被实施并且取得了良好的效果。而国内在该方面的研究不多，也说明了中国虽然从 2009 年开始实施 FIT 制度，然而其推动新能源发展的效果并不显著。其次，国内外研究的共同之处有以下 3 点：一是关于政府推动新能源产业发展所产生的重要性方面，基本达成了共识。因此在研究新能源相关的文献中，关于政策法规的研究占据了大多数。二是国内外在研究新能源与经济增长方面的实证方法基本相同，得出的结果也趋于一致，即国内外的新能源消费与经济增长之间的关系密切。三是国内外在研究方法方面，都比较重视局部分析，注重个案研究，有精细化和微观化的研究特征。

通过以上国内外的文献综述可知，21 世纪之后，新能源产业相关的研究在中国成为了一个热点，优秀成果也较多。虽然国内外学者研究的出发点、角度、应用的理论和实证方法并不相同，然而大部分研究却达成了以下两个普遍的共识：第一，发展新能源产业对于一个国家，无论从能源角度、环境角度，还是经济持续稳定发展的角度均是最优选择。第二，在诸多新能源产业推动政策当中，在国内外最被认可且部分国家已经取得了良好效果的两大政策为 RPS 制度和 FIT 制度。而这两个制度根据各个国家的条件、环境的不同，其利用的优先顺序和利用的效果也不同。

1.3　研究方法、主要内容和写作框架

1.3.1　研究方法

本书首先对与新能源产业发展相关的文献进行了检索与查阅，之后进行了详细分类。在众多学者研究的基础上，对日本新能源产业发展进行了全面、系统、深入的研究。选用的具体研究方法如下。

（1）历史分析与调查研究法。日本新能源产业的发展历程为本书提供了大量的数据和事实。通过对日本新能源产业的发展概况、作用和政策体系的研究，找出其发展的优缺点、发展变化规律以及发展走向。利用该研究成果为中国新能源产业发展研究提供一些借鉴。

（2）实证分析法。其一是理论模型分析方法。在理论模型分析方面，本书根据新能源消费与经济增长所表现出来的依存关系，运用了西方经济学和计量经济学等相关理论进行了研究。在研究总能源消费与经济增长间的关系时，以柯布—道格拉斯生产函数模型为基础，将总能源消费作为一个独立的内生变量引入生产函数，研究了包含新能源消费和传统能源消费在内的总能源消费、实际资本存量和劳动力投入量对实际 GDP 增长的影响。其二是计量经济学方法。运用 ADF 检验方法判断各种时间序列是否平稳，利用 JJ 协整检验法对各项序列间的协整性进行了分析，探索各变量之间是否具有长期均衡关系。通过格兰杰因果关系检验法对各自变量与因变量的关系进行了检验分析，并利用误差修正模型研究了变量间是否存在着可以通过短期调整实现长期均衡关系的可能性。

（3）规范分析法。本书运用产业经济学、环境经济学、循环经济学等经济学学科的相关理论分析判断了日本新能源产业发展进程中的概况、作用和政策等因素，进而探寻了日本新能源产业发展过程中的成功经验和不足之处。

1.3.2 主要内容

本书在梳理国内外新能源产业发展相关研究成果的基础上，全面、系统和深入地分析了日本新能源产业发展的概况、作用和相关政策等。根据其发展过程中存在的经验、实绩以及不足，对其发展过程中遇到的问题提出了政策建议。同时借鉴日本新能源产业发展的率先性和成功点，对中国新能源产业发展提出了可参考性的建议。

（1）第一章和第二章是本书的研究基础。第一章主要介绍了本书的研究背景和意义、国内外文献综述、研究方法、主要内容、写作框架以及创新之处与不足。通过梳理国内外关于新能源产业发展的文献资料，总结出国内外新能源产业发展的相关理论和实践经验，提出了本书的研究思路和框架，确定了选用的研究方法。

（2）第二章是本书的理论基础，首先对能源、新能源和新能源产业进行了概念的界定，然后对新能源产业发展的相关理论进行了总结归纳。

（3）第三章探析了世界一次能源消费结构变化、新能源产业的发展现状以及发展趋势在内的世界新能源发展概况。

（4）第四章研究了日本新能源产业发展概况及作用。首先介绍了日本能源消费、供给结构的变化，在此基础上将新能源产业细分为五大产业，即核能、太阳能、风能、水能和地热能，详细地分析和总结了各产业发展的历程和现状。最后从发电、发热、交通和经济效果 4 个方面研究和验证了日本新能源产业产生的作用。

（5）第五章为日本新能源消费与经济增长关系的实证研究。本章用实证方法考察了新能源消费与经济增长之间的关系，并得出了新能源消费是促进日本经济增长的一大要素的结论。本章分为两节，为了把握包含新能源消费和传统能源消费在内的总能源消费与日本经济增长的关系，在第一节中研究了日本总能源消费与经济增长之间的关系，并得出了总能源消费、资本存量和劳动力投入对经济增长促进作用的排名情况。在此基础上，在第二节中将总能源消费细分为新能源消费和传统能源消费，考察了新能源消费、传统能源消费与经济增长之间的关系，并比较了新能源消费和传统能源消费对经济增长影响作用的大小。

（6）第六章研究了日本新能源产业发展政策。本章从日本新能源产业政策具有的特点和具体实施内容这两方面展开了研究。其中，政策实施的内容包含了法律制度、研发支持、财政补贴、税收融资、RPS 制度和 FIT 制度。并且对日本的财政补贴进行了详细的分类和汇总。尤其对2012年后引入，并对日本新能源产业发展产生积极推动作用的FIT制度，进行了具体的分析和研究。在此基础上得出日本FIT制度是推进其新能源产业快速发展的原因。

（7）第七章是日本新能源产业发展的成效以及对中国的启示。本章首先对日本新能源产业发展的成效和问题进行了研究，在此基础上，提出了解决现有问题的根本性的建议。其次对中国新能源产业发展的概况进行了介绍，并提出了其发展障碍。最后，在借鉴日本新能源产业发展成功经验的基础上，提出了对中国新能源产业发展具有参考性的启示。

1.3.3 写作框架

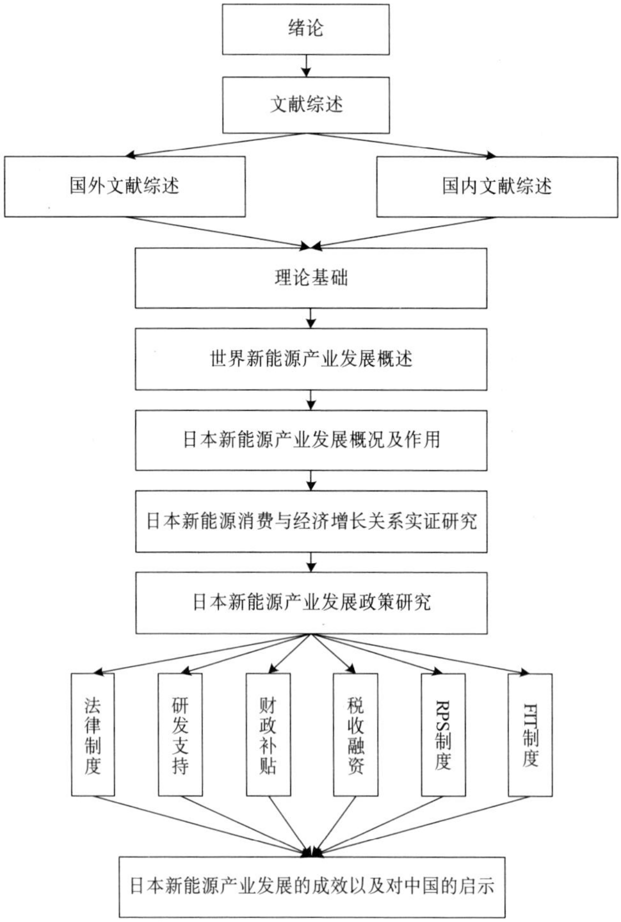

图1-2 本书写作框架图

1.4 创新之处与不足

1.4.1 可能创新之处

（1）通过建立模型，应用实证方法得出新能源产业发展已经成为日本新的经济增长点之一的结论。

根据对文献的大量查阅，发现国内外关于日本新能源产业发展的研究，大多数以政策性研究为主，关于日本新能源消费与经济增长之间关系的实证研究数量甚微。本书通过对日本新能源产业发展的系统研究，期望其中的实证研究部分能填补上述研究空缺。为了考察日本总能源消费（新能源消费和传统能源消费）与日本经济增长之间的关系，本书将日本总能源消费作为资本存量、劳动力投入以外的单个外生变量引入柯布—道格拉斯生产函数模型中，建立起一个以国内实际生产总值为因变量，总能源消费、实际资本存量和劳动力投入为自变量的生产函数。在此基础上，进一步将总能源消费细分成新能源消费和传统能源消费两个变量，并运用 Eviews 8.0 软件对两个变量与经济增长之间的关系进行了平稳、协整、因果和误差修正等实证分析。结果表明，新能源消费对经济增长有积极的促进作用。因此，得出新能源产业发展已经成为日本新的经济增长点之一的结论。同时通过实证结果可知，与传统能源消费对经济增长的影响程度相比，新能源消费的影响程度仍然薄弱。

（2）通过系统深入地研究日本 FIT 制度的细则，得到了中国 FIT 制度需要修正和完善的地方，进而可推动中国新能源产业持续快速发展。

关于日本新能源产业政策的研究诸多，迄今为止很少出现通过系统、深入地分析日本 FIT 制度（从实施的 2012 年到最新更新的 2017 年）而得出中国 FIT 制度具体需要改进的研究。本书通过分析日本新能源产业的发展历程和发展政策，总结了日本在该产业方面所拥有的成功经验以及不足之处。这对中国新能源产业发展起到了一定的启示作用。其中，重点研究了 FIT 制度。日本从 2012 年开始推行 FIT 制度，迄今为止 6 年来，该制度极大程度地推动了日本新能源产业的发展。而中国从 2009 年导入 FIT 制度以来，该制度对中国新能源产业发展所起到的促进作用，并未像日本一样明显。通过研究发现，日本 FIT 制度的很多细则都是中国 FIT 制度所需要参考的，例如日本的电费单中专门有新能源电费收费这一项，基于此，电力用户明确知道自己每个月电力费用支出的多少比例是用于新能源发电。而中国的电力用户对自己所承担并每月支付的新能源发电费用一无所知，甚至都不知道有该费用的构成。因此，通过本书详细、系统地研究日本 FIT 制度成功的经验，得出了中国现有 FIT 制度所存在的诸多问题，并给出了相关改善建议。

（3）根据研究日本新能源产业的发展路径可知，日本新能源产业政策是推动日本新能源产业发展的重要因素，并得出了该政策的三大特点。

从实践演变的经验启示来看，日本新能源产业发展的演变历程表明了政策的有力支持是对一国新能源产业发展最为重要的因素。因此，选择、制定、实施和完善一套有效、可持续的政策体系至关重要。根据比较总结，本书得出日本新能源产业之所以持续快速发展，这源于日本新能源产业政策的三大特点，即明确发展目标、注重制定计划和实施完整的体系。

1.4.2 研究不足之处

（1）实证数据的欠缺。由于资本存量数据的欠缺，实证部分所用数据的选取（1970～2011 年）未能达到最新年度。永续盘存法是国内外普遍使用的计算资本存量的方法，在实际查找有关日本资本存量计算的文献时，并未发现其使用永续盘存法来计算该指标。取而代之的是，日本相关机构根据各个部门（细化为 39 个部门）分别求出其资本存量，然后进行直接加总而得出日本资本总存量。参考日本的计算方法，计算日本资本存量的工作量太过庞大，因此直接选取日本政府现有的资本存量数据。而资本存量的最新数据是到 2011 年。

日本的经济发展从第二次世界大战后至今，经历了大致 5 个阶段。第一个阶段是第二次世界大战后经济的恢复期（1946～1954 年），第二个阶段是经济高速增长期（1955～1973 年），第三个阶段是经济低速增长期（1974～1990 年），第四个阶段是经济长期停滞期（1991～2001 年），第五个阶段是经济缓慢增长期（2002 年至今）。

本书的实证部分由于数据的局限性只研究了日本经济发展中的 3 个阶段。在今后的学习和研究中，将 5 个阶段的数据整理收集，探析日本能源消费及新能源消费对日本经济增长的长期影响。

（2）受写作时间、日文相关文献查找的困难性、已有科研成果的有限性等因素的限制，对中国新能源产业在发展过程中遇到的问题所提出的启示不够全面。该部分也是今后笔者深入研究和努力的方向。

（3）由于本书仅关注了日本新能源产业发展研究，对日本传统能源的技术进步、使用效率的提高、推动经济发展的作用未能展开充分研究。该部分也是今后笔者深入研究和努力的方向。

1.5 本章小结

本章首先分析了日本新能源产业发展研究的背景和意义。对国内外新能源产业发展研究的相关文献进行了整理和分类。其中，国外文献种类具体分为：发展新能源的重要性、新能源发展过程中重视市场机制的研究、新能源发展过程中重视政策法规的研究、新能源代表性推进制度的研究——FIT 和 RPS。国内文献种类具体有：新能源发展的国际经验、国内新能源发展状况和路径的研究、国内新能源政策的研究以及新能源与经济增长关系。比较国内外的研究结论可知，虽然国内外学者研究的出发点、角度、应用的理论和实证方法并不相同，然而大部分研究却达成了共识。即新能源产业的发展与经济之间关系密切；新能源产业政策对新能源产业发展的推动作用极其重大；在新能源产业政策当中，RPS 和 FIT 是最为有效的两大制度。另外，对论文研究的具体方法，写作框架、各章节的主要内容，可能的创新点以及研究的不足之处进行了论析。

2 理论基础

2.1 相关概念的界定

2.1.1 能源

“能源对人类的生存与发展有着巨大的影响力并且为人类生存提供物质基础，而持续的开拓和利用新的能源种类及创新能源的转化方式，会推动人类不断地向新水平前行”①。

人类的能源开拓与利用分为5个阶段。第一阶段是100多万年前，人类将动植物的“生物能”转换为人体必需的“机械能”，其转换方式为原始人类通过收集植物和捕猎小动物来完成。第二阶段是1万多年之前，将肌肉的“机械能”转化为“热能”，即人类发明了钻木取火。人类利用火源，达到了烧烤食物、取暖和照明，以至冶炼矿石，制造铁器、青铜器等程度，这使人类物质文明发生了巨大的飞跃。第三阶段是18世纪后半叶，人类实现了把“热能”转换成“机械能”，即蒸汽机的发明使得煤替代了木材成为工农业生产的原动力，蒸汽机的出现使得手工业生产迅速发展为机器大生产。第四阶段是19世纪70年代，实现了“机械能”向“电能”转换。即第一台发电机的出现，宣

① 李方正．新能源［M］．北京：化学工业出版社，2008：1。

告了现代人类物质文明的诞生。第五阶段是新能源的产生。太阳能、风能等新能源实现了向“电能”和“热能”的转换。

2.1.1.1 能源的概念

关于能源概念的解释颇多，目前约有20多种。以下列举了部分具有代表性的解释观点。在《大英百科全书》中，能源的概念被解释为：能源是一个术语，其包含的种类范围几乎覆盖了所有燃料，例如阳光、水和风等。人类通过各种转换方式，使得能源提供其所需的能量；美国的《科学技术百科全书》中解释到，能源具有创造力，是创造热、光的主要来源；在《日本大百科全书》中提到，能源是指电能、光能、机械能和热能拥有一个共同的载体。从中国的著作来看，主要将能源看成是：经过特殊形式转化后，成为人类所需的任何形式的资源，例如光、热和动力等。即能源是一种相互之间可以转换的多种形式的能量源泉。

2.1.1.2 能源的分类

能源根据不同的标准，可以分为以下几大类（见表2－1）。

表2－1 能源的分类

分类标准	类型	主要能源
能量来源	地球本身蕴藏的能源	通常指与地球内部的热能有关的能源和与原子核反应有关的能源，如原子核能、地热能等
	直接或间接来自地球外部天体的能源	直接来自外部天体：太阳能
		间接来自外部天体：煤炭、石油、天然气、水能、风能等
	地球与其他天体间的相互作用而产生的能量	海洋能（潮汐能）
基本形态	一次能源	煤炭、石油、天然气、生物质能、水能、核燃料以及太阳能、地热能、海洋能（潮汐能）等
	二次能源	煤气、焦炭、汽油、煤油、电力、热能、氢能等
可再生性	不可再生能源	煤、石油、天然气、核能等
	可再生能源	风能、水能、太阳能、生物质能、地热能、海洋能（潮汐能）等

续表

分类标准	类型	主要能源
使用类型	传统能源	煤、石油、天然气等
	新能源	太阳能、水能、核能、地热能、生物质能、海洋能（潮汐能）等
是否对环境造成污染	非清洁能源	煤和石油
	清洁能源	风能、水能、核能、太阳能、天然气、地热能以及海洋能（潮汐能）等

资料来源：郭四代．中国新能源消费与经济增长关系的实证研究［D］．中国地质大学（北京）．2012（6）：第10页。

根据基本形态的不同，能源可分为一次能源与二次能源。一次能源的概念为，不改变基本形态，从自然界中直接获取的能源。二次能源是指通过加工后的一次能源所转换成的另一种形态的能源。

从能源是否具有可再生性来看，分为可再生和不可再生能源。可再生能源是能够循环利用，不断得到补充的一次能源。可再生能源的能量巨大，取之不尽，用之不竭，是解决能源枯竭问题的源泉。因为技术水平和成本的原因，可再生能源的利用并未普及，仍处于开发阶段。其种类包括：风能、水能、太阳能、生物质能、地热能、海洋能（潮汐能）等。不可再生能源是经过开发利用之后，不能重复再生的自然资源。不能重复再生是在短期内无法恢复，由此，不可再生能源又被称为不可更新能源或消耗性能源。

能源使用的类型有两种，分别是传统能源和新能源。传统能源是指现阶段技术水平成熟且被人们广泛应用的能源。传统能源和新能源是相对而言的，与开发使用时间的长短无关。例如，太阳能和风能开发利用的历史悠久，但由于近些年才开始被人们所重视、研究及扩大利用范围，所以属于新能源的范畴。现在的传统能源也曾是之前的非传统能源，而现在的非传统能源也将成为传统能源。

新能源与可再生能源的区别在于，新能源包含了可再生能源与不可再生能源。另外，关于核能，核聚变的能量要高于核裂变的能量至少5倍，而核聚变的燃料，即重氢（氘）来源丰富，普遍存在于海水中。因此，现阶段核能是否属于可再生能源的范畴，尚存在争议。

2.1.2　新能源

目前，世界各国都面临着能源开发利用的转折点，也可称为第三次能源大转换时期。第一次转换是煤炭代替木材，第二次是石油、天然气取代煤炭，第三次是新能源代替石油、煤炭和天然气成为主要能源。从能源的发展历程中可以发现，三次大的能源革命均是高效能源代替传统能源，均促进了社会的快速发展。

2.1.2.1 新能源的概念

在1978年联合国举行的第33届大会第148号决议中，新能源和可再生能源的名称首次被提出。其后，1981年8月10日至21日，联合国召开了能源会议。该会议对新能源和可再生能源的定义进行了新的概括，即新能源是利用新材料、新技术开发的能源；可再生能源是用之不竭、不断产生的能源。新能源主要包括传统生物质能、大型水能及可再生能源（小水能、现代生物质能、风能、太阳能、地热能和生物质燃料等），其特点是资源分布广泛，几乎取之不尽、用之不竭，并且对环境的污染很小。世界新能源网中对新能源进行了如下定义：新能源的所有种类，其产生源泉均来自于太阳或地球内部深处所形成的地热能，种类主要有太阳能、水能、风能等具体的能源形式，新能源包括了所有的可再生能源以及核能①。

国务院于2012年印发的《“十二五”国家战略性新兴产业发展规划》（国发〔2012〕28号）和2016年印发的《“十三五”国家战略性新兴产业发展规划》（国发〔2016〕67号）中明确规定了新能源利用的范围为：核能、风能、太阳能发电和热利用、页岩气、生物质能发电、地热和低温能、沼气、生物质气化、生物燃料和海洋能等。综上定义，新能源是以新材料、新技术为基础，处于积极研究开发阶段，尚未被大规模利用的能源。

2.1.2.2 新能源的分类

图2-1是新能源的分类。新能源包含了不可再生能源和可再生能源。其中，不可再生能源包含了非化石能源，即核能；非常规化石能源，即页岩气和可燃冰。与此相对应的是，可再生能源包含的是太阳能、风能、地热能、地温能、海洋能、氢能以及非传统用途的生物质能。因此，新能源包含了可再生能源。

---

① 陈昭玖，翁贞林．新能源经济学［M］．北京：清华大学出版社，2015：5-6。

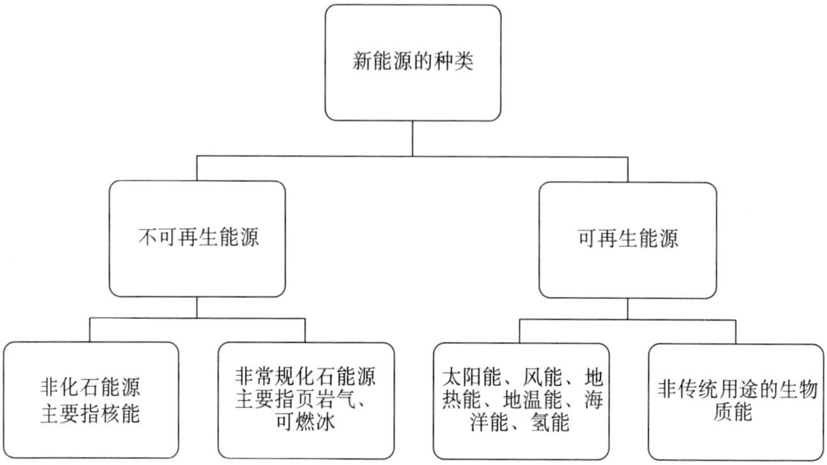

图 2－1　新能源的分类

第一，核能。核能又被称为原子能，顾名思义，指通过转化原子质量，从原子核释放的能量。核能分为核裂变能和核聚变能两种。核裂变的资源主要有铀和钍，核聚变的资源有氘和氚。据统计，1 千克铀 235 完全裂变时产生的能量约相当于 2500 吨煤，核聚变能量可高出 5～10 倍的核裂变能量，大量存在于海水中的重氢（氘）对于核聚变过程来说是最合适的燃料，其来源丰富。所以，核聚变被称之为核能中的新能源。核能发电的原理是，核燃料裂变过程中会释放出巨大的热能，通过热能转换为电能。核反应堆和蒸汽发生器可产生类似于火力发电中锅炉的作用，从而实现以核能代替矿物燃料燃烧所产生的化学能。

其优点有释放的能量巨大、成本较低。缺点是安全隐患问题。在多次核泄漏事故发生以后，核能的作用和危害开始被重新审视。

第二，太阳能。太阳能是太阳内部通过不断的核聚变产生的能量。因为其安全性和环保性，科学家们将其公认为是未来人类最理想最合适的能源。资料显示：太阳能每分钟射向地球的能量等于人类一年所消耗的总能量。等同于燃烧 500 多万吨煤时散出的热量。而太阳能一年可释放 170 万亿吨煤的热量，现在全世界一年耗用的能量不到其万分之一。

太阳能利用的优点有：来源普遍、对环境无害、能量总量巨大和能量供应长久。其存在的问题是：能量流密度低下导致到达地球的能量分散、受昼夜及天气影响供应不稳定和利用效率低而成本高。太阳能的主要利用方式有两种：第一种是太阳能热利用。太阳能热利用的原理是光—热转换，即把太阳能转换为热能。太阳能热技术是通过阳光聚合，发挥其能量产生蒸汽、电力和热水。使用原理是把太阳能转换为热能加以利用。太阳能热水器已经是一种技术成熟且被广泛应用的新能源产品。因为利用广泛，所以其热水供应效用在减少传统能源消耗方面起到了很大的作用。第二种是太阳能发电。太阳能发电是太阳能发电板或太阳能发电电池通过光—电转换把太阳能转换为电能，因其经济性较高，太阳能发电正在成为全球新能源发展中增长最快的产业。

第三，风能。风能是一种自然现象，它是由太阳热辐射引起的。到达地球的太阳能的 2% 左右可以转化为风能，其总量非常庞大。全球的风能约有 2.74×10^9 MW①，其中可用的风能约为全球水能总量的 10 倍左右。风能的利用方式有风能提水和风能发电，其中风能发电为其主要利用形式。

风能的优点有：对环境无害、储量大和分布广。缺点是：能量密度低、不稳定、噪音大，且对地理位置要求严格。

第四，水能。水能是指河川径流相对于某一基准面而产生的势能。其作用原理为从水源的高位向低位处引水，在重力的作用下形成的水压冲击水轮机，然后带动发电机，进而产生电能。在太阳能的作用下，水不断地被蒸发和冷却，所以水能是一种可再生能源。由于矿物燃料的价格攀升及储量下降等因素，水能作为其替代资源是非常重要且前景广阔的。水能主要用于发电，根据年发电量估算的话，全球可开发的水能源为 9.8×10^{12} KWH；根据装机容量估算的话为 22.6×10^8 KW。

水能发电所依赖的条件为：当地的水文条件、自然地势条件以及气候条件。但相对来说成本较低，具备可再生能力，优势也较为突出。

第五，生物质能。通过光合作用形成的各种有机体（包括所有的微生物和动植物）被称为生物质。以生物质作为载体，将太阳能以化学能的形式存在于生物质中，则称之为生物质能。其来源是绿色植物的光合作用，在光合作用下生物质能可完成各种形态的转变，例如可转换为固态、液态以及气态燃料。生物质能是唯一的可再生碳源。同时生物质在生长过程中会吸收空气里的 CO_2，又有利于废物利用，所以被各国作为新能源之一大力发展。生物质能的产生根源是光合作用，现阶段受技术、观念等因素的影响，利用率偏低。根据生物质能的来源，其种类可划分为：生活污水、农业资源、城市固体废物、畜禽粪便以及沼气。生物质能在世界能源中排名第四，仅次于煤炭、石油和天

① MW：MegaWatt 的缩写，兆瓦。MW 是一种表示功率的单位，常用来指发电机组在额定情况下单位时间内能够发出的电量。

然气。

生物质能的优点有可再生性、低污染性、相关技术成熟、总类广泛、便于就地利用，且利用形式丰富。缺点是利用率低。

第六，地热能。来自地球深处，由地球放射性物质的衰变产生的热能称为地热能。存在的形式为热力，是火山爆发和地震的引致能量。该热量通过地下水的深处循环和深处的热岩浆侵入地壳后带至地球表层。直接抽取其能量来使用热源是最简单和最合乎成本效益的方法。地热能用于发电、供暖、务农、水疗以及工业利用。地热能发电的原理就是地热能转换为机械能，然后再转变为电能。

地热能的优点与太阳能和风能相比较，其可靠的稳定性最为突出，因此被称为煤炭、石油和天然气的最好替代品。其问题在于开发的认识、技术的不足，不能充分利用，浪费严重。在地热能开发和利用的过程中，会产生一系列的问题，例如，水污染、热污染、空气污染、土壤污染和地面沉降等严重的环境污染问题。

第七，海洋能。海洋能指的是蕴藏在海洋中的能源，其包含了潮汐能、海水盐差能以及波浪能等种类。潮汐能来自于太阳和月亮对地球的引力变化。按照储存方式对海洋能进行划分，可以分为化学能、热能和机械能。而开发海洋能的主要目的就是发电。海洋能被称为“蓝色的油田”，据联合国教科文组织估计，世界海洋能可再生总量为766亿KW。

海洋能是太阳能的接收体和存储器，优点是资源丰富。然而在发展中具有缺乏整体规划、技术研发不足、市场化运作难度大以及相关扶持政策少等缺点。

第八，氢能。氢能是指氢元素燃烧、发生化学反应或核聚变时释放的能量。氢是地球上排名第三、宇宙中最丰富的元素。绝大部分的氢以化合物形态存在于水中，只有少量的存在于空气中，如果将水中全部的氢提炼成功，会得到15亿吨的总产量。其产生的热量相当于地球上化石燃料的9000倍，且环保、清洁、无污染。氢有三大优点：发热值高，氢的发热值约为汽油的3倍；燃烧性能好，在3%~97%的范围内均可燃；循环性能高，燃烧后生成的水可循环重新制造氢。氢的利用方式包含直接作为燃料提供热能；在电力发动机中做工；制造燃料电池；通过催化剂进行化学反应生产电能；通过氢的热核反应释放出核能等。

20世纪90年代以来，发达国家对氢能进行了大量的研究。2003年11月

20日在华盛顿宣告成立《氢经济国际伙伴计划》，参加的国家有美国、俄罗斯、中国、欧盟委员会以及日本等国家。这标志着国际社会在氢经济问题上达成了共识。

第九，页岩气。页岩气是非常规天然气，普遍存在于富有机质泥页岩及其夹层中，存在方式为吸附或游离态。在对页岩气进行开采时需要大量的水资源，通过将水、沙子和化学药剂混合后，一同注入页岩井下，从而加大井下压力，使页岩气溢出。现在只有以美国为主的北美洲取得了工业开采成功。世界能源研究机构对各国的资源储备情况进行调查后提出，中国有着世界第一的页岩气储量，在页岩气资源上具备显著的优势地位。然而从页岩气在中国的分布情况来看，大部分是分布在水资源较为短缺的地带，这种缺陷会影响到开采过程中水资源的注入情况，导致开采环节受到阻碍，对页岩气的全部开采将会是一个重大难题。

在美国对页岩气的实际开采当中，因对水的需求量巨大和开采后对污染水的处理难度极大，即会造成水资源短缺和水污染的双重问题。根据 WRI 的调查，在美国运用的页岩气开采工艺中，对水资源的需求量非常巨大，要想使页岩气溢出，向井内灌输的水量必须要达到700 万升以上。且在开采后部分水会回流，然而由于这部分水中含有化学物质，不可挪作他用，只可以在下次水力压裂时使用。需要注意的是，必须要做到对回流水的及时处理，如果其与地表水相混合，就有污染水源的可能性，导致饮用该水源的居民生命健康受损。许多储量大的页岩气资源都位于水资源匮乏地区。中国的页岩气储备资源大部分位于北方，集中在四川盆地和塔里木盆地，这些区域的水资源较为匮乏，导致页岩气开采面临巨大挑战。

第十，可燃冰。可燃冰是在高压低温条件下，天然气与水作用形成的结晶物质。其资源储量丰富并广泛分布于全球的大洋海域，并存在于深海沉积物中，学名为天然气水合物。据统计，全世界可燃冰所包含的有机碳的总资源量是全球已知煤、石油和天然气总量的 2 倍。其主要成分是甲烷，燃烧后零污染，目前还未进行商业开发。

可燃冰的特点是燃烧值和清洁性高。因其具有很高的压缩程度，1 立方米的可燃冰分解可产生 164 立方米的天然气，并且与传统天然气相比，可燃冰天然气燃烧时释放的能量更强。与石油、煤炭等资源相比，在能量释放上也具备明显优势。同时由于其具备清洁属性，且能够做到对环境的保护，各国已经将可燃冰列入到了石油、天然气的替代能源行列，从整体趋势来看，该能源的未来发展前景良好。

2017 年 5 月 18 日 10 时，中国的可燃冰首次试采成功。中国科技工作者正式开启了“可燃冰时代”大门，而中国的该资源储存量相当于千亿吨石油。这意味着中国在可燃冰的开采上已处于“领跑”状态。作为中国能源开发的新突破，可燃冰对能源生产、能源消费也产生了重要影响。南海是中国可燃冰的主要存在区域，目前探明的可燃冰资源储存量的 80% 左右都存在于南海地区，相当于 1.5 亿吨石油储量。如果按照中国目前的能源使用情况进行估算，当前的可燃冰储量可以为中国提供 100 年以上的能源支持用量。可燃冰作为一种替代能源，对维护中国战略安全起到了积极的作用。如果能够实现完全的商业开发，其巨大的储量所带来的经济效益也非常可观，对中国经济发展会产生巨大的推动力。

从 20 世纪 80 年代初起，很多国家将可燃冰开采列入国家能源中长期发展规划，并制定了详细的实施计划。例如中国、美国、日本、韩国、加拿大和印度等。对可燃冰的试采，全球范围内没有成熟经验可用。中国在可燃冰的开采方面起步晚，然而进展飞速，如果中国能够继续保持“领跑”的态势，就可以在未来能源格局中抢占战略制高点。在这次试采以后，中国已经在技术上有了新的突破，具备了开采的能力，但是在商业化、民用化等角度还存在一些问题，想要完全实现经济可行还需要克服一些障碍。如进一步降低开采和运输成本、降低对矿藏周边的环境影响等。

以上 10 种新能源是 21 世纪利用和开发的主要类型。根据新能源商业化的进展程度，本书选取以下 6 大种类作为研究对象，即核能、水能、太阳能、风能、地热能和生物质能。

2.1.3　新能源产业

新能源产业主要是源于新能源的发现和利用，形成的相关企业或单位科研、实验、推广、应用及其生产、经营活动的集合，是将太阳能、风能、生物质能等非传统能源产业化的一种高新技术产业。“十三五”时期，新能源产业重点发展新一代核能、太阳能发电发热、风能、地热能以及生物质能等新能源。新能源产业包括了诸多下设产业，如核能产业、太阳能产业、风能产业、水能产业、地热能产业以及生物质能产业等。

积极发展新能源产业，有利于逐步调整能源结构，实现节能环保和可持续发展；有利于促进消费、增加投资，提升一国制造能力和产业国际竞争力，培育新生的经济增长点；有利于改变过去过分依赖传统能源和能源的经济发展方式，形成新的低投入、低消耗、高产出和高效益的经济发展模式。

2.2 新能源产业发展相关理论

传统的经济模式导致全球气候变暖，由于经济的持续发展，资源面临枯竭，环境受到污染。为了实现人类可持续发展的目标，必然要改变传统经济增长模式，建立兼顾经济发展与环境双赢的新框架。1962 年，美国生态学家切尔·卡逊（Rachel Carson）的《寂静的春天》发表后，在全球引起了轰动。在该作品中，作者指出了由于人类滥用农药，给全球生态环境带来了严重的污染。并强调人类在社会和经济发展过程中，应该规避观念误区，实现经济、社会的可持续发展。此外，在 1972 年，美国学者巴巴拉·沃德（Barbara Ward）、雷内·杜博斯（Rene Dubos）的作品，即《只有一个地球》发表，使得人类能够立足全新视角来认识生存和环境之间的关系。上述的观点也引发了人们对于经济发展与环境保护之间问题的探讨，使人类意识到经济发展和生态平衡兼顾的重要性。

2.2.1 低碳经济理论

2003 年，在英国政府白皮书《我们能源的未来——创建低碳经济》当中，低碳经济的概念被首次提了出来。低碳经济是指在经济发展过程中，强调低污染、低排放和低能耗的经济发展模式。低碳经济观点的提出也证实了继农业、工业文明之后，人类在经济发展上取得的又一巨大进步。低碳经济的实质是能源高效利用、清洁能源开发、追求绿色 GDP。核心是能源技术和减排技术创新、产业结构和制度创新以及人类生存发展观念的根本性转变。

在进行低碳经济的概念认定方面，目前解释有多种，本书将两种最为典型的总结如下。英国知名的环境专家鲁宾斯德在研究中，对低碳经济做出了如下的概念认定：低碳经济是目前主流的经济发展模式，立足于既有的市场经济机制，利用现有的制度框架以及相应的政策措施，在经济发展过程中采取更多高能效、可再生和节能减排技术的综合运用，进而在经济发展的同时，实现低能耗、低排放和高能效的经济模式的转型。此外还有一种观点认为，低碳经济是指在经济发展的进程中，实现最少温室气体的排放，从而达到最优的经济产出。同时对于经济发展进程中的二氧化碳排放量，所采取的公式如下：

二氧化碳排放 = 人口 × 人均 GDP × 单位 GDP 能源消耗 × 单位能耗碳排放量

通过对公式的分析可知，要想实现更低的碳排放，第一点是要有效地进行人口管控，限制人口增长；第二点是降低单位能耗碳排放量。在燃料的使用上，尽可能使用清洁或低碳能源来代替传统能源。而新能源在降低单位能耗碳排放量方面，发挥了举足轻重的作用[①]。

低碳经济是在经济发展的进程中，实现低污染、低能耗、低排放的绿色经济，在实现方面的对策如下：首先是提高能源利用效率和节约能源使用。主要应用的领域有交通、建筑和工业。其次是改变燃料使用类型。采取天然气取代煤炭资源；从传统能源到新能源。最理想的低碳经济是能够充分实现新能源经济的发展（太阳能经济和风能经济等），既保证了经济增长、降低了能耗，同时又减少了污染排放。

正确理解低碳经济需要注意 3 点：第一，低碳经济是相对于高碳经济而言的，因此发展低碳经济的关键在于降低碳排放强度，减少二氧化碳排放量。第二，低碳经济是相对于新能源而言的，因此发展低碳经济的必要途径是加快新能源替代传统能源的进程。即通过新能源来取代传统能源，保证了经济增长的同时又实现了碳排放的降低。第三，低碳经济是相对于碳排放量而言的，所以人们要加快高碳消费倾向的变革，提高能源利用效率。在此基础上减缓碳足迹，实现低碳生活[②]。

低碳经济是一种新的经济发展形态，其理论基础包含了以下 3 种理论。

2.2.1.1 增长极限理论

增长极限理论在关于未来世界的发展研究方面，具有重要的指导意义。1968 年 4 月以麦多斯（Meadows）为首的，来自美国、德国、挪威等国家的科学家组成了一个非正式的国际著名学术团体，即“罗马俱乐部”。上述的学者们在 1972 年发表了报告，即《增长的极限》。该报告表明了地球有限论的观点，并对结果进行了预测。得出的结论是，人类必须重视全球物质平衡，为了实现该平衡，目前最有效的方式是遏制和停滞发展。报告中展现了对未来世界发展的忧虑。该报告的观点不仅深刻、新颖，而且和全人类未来发展命运有密

---

① 崔奕．低碳经济引发的可再生能源思考［J］．生态经济．2010（5）：64 －67。

② 李克国．低碳经济概论［M］．北京：中国环境科学出版社，2011：6 －7。

切关系。西方媒体认为该报告是一个“70 年代爆炸性的杰作”。而“增长极限理论”就是在该报告中所诞生的，增长极限理论也称“零增长”理论。麦多斯把人口增长、粮食供应、资本投资、环境污染和资源耗竭看作是影响经济增长的 5 个主要因素。他认为这 5 种影响因素都呈指数增长。人口增长引起粮食需要的增长，经济增长引起不可再生自然资源耗竭速度的加快和环境污染程度的加重。

麦多斯用下式来表述这一观点：$M = g(1 + r)^n$

该公式中，g 为某一增长因素的基期数量，r 为每一期的增长率，M 为第 n 期数量。麦多斯认为，指数增长的最好表现形式是倍增时间，即这些因素增长一倍所需时间。然而，按照目前经济发展的模式、资源消耗的进度，资源耗尽是必然的结果。“零增长”理论得出了到 2100 年，全球资源将面临枯竭的结果。该理论的提出，促使人们必须正确认识到经济增长和人口的飞速扩展、环境污染以及资源使用之间的相互关系，并需要综合考虑上述因素的交叉影响。虽然该理论有一定的悲观性，但确实对人类现行经济活动提出了警告。

2.2.1.2 “脱钩”理论

在最初的经济发展时期，人类的经济发展对于自然环境有着较高的需求和依存度，这也直接导致了生态环境被严重破坏。为此，该现象引发了学者对于生态与经济发展之间规律问题的探讨，从而产生了资源环境压力减轻的相应对策论述，进而催生了“脱钩”（Delink）理论的出现。“脱钩”理论最初是针对新兴市场和欧美成熟市场之间的一种依赖关系而言的。新兴市场在发展初期对欧美成熟市场的依赖性较强，而随着新兴市场各方面的不断发展，例如经济基础、社会体制和企业质量等，新兴市场已具备了相应的能力和技术来实现和欧美经济的“脱钩”。而社会经济领域最初引入“脱钩”的观点是在 1966 年。通过该理论的引入，旨在就经济发展以及环境、资源关系问题进行论述。随着“脱钩”理论的深入发展，近年来，该理论在能源市场、农业以及低碳乃至循环经济领域也都有较为广泛的应用。“脱钩”理论是指在市场发展初级阶段，物质消耗的增长速度与经济增长的速度成正比，即同比增长。而发展到了一定的阶段后，二者呈反比例变化，出现了倒 U 型的理论。

为实现低碳经济，既要进行资源的高效应用，同时也要关注生产效率的变革，努力做到以最低的能耗，获取更高的经济收益。把“脱钩”理论进一步引入经济增长与能源消耗、二氧化碳排放的关系上来看，就是指经济增长与化石能源消耗脱钩的经济，即经济持续正增长的同时，环境压力出现零增长甚至负增长，经济发展与环境压力之间开始“脱钩”。近年来，欧洲一些国家基于“脱钩”理论，提出了“资源生产率”“环境生产率”等观点，强调既要重视生产效率改善，同时还要降低碳排放。同时指出，在21世纪上半叶，要实现生态经济效率从“倍数4”[①] 到“倍数10”的发展目标。然而对于发展中国家而言，想要在现阶段实现“脱钩”则有较大的压力[②]。

2.2.1.3　库兹涅茨曲线（过山车发展理论）

1955年美国经济学家库兹涅茨提出一个著名的假说，即在经济发展过程中，收入差距先扩大再缩小，这一收入差距和人均收入之间的倒U型关系被称为库兹涅茨曲线。1992年，格罗斯曼（Grossman）及克鲁格（Krueger）等学者，针对66个国家和地区进行了调研，结合14种空气污染物（1979～1990年）、水污染物（1977～1988年）的变化情况展开了深入研究。他们得到的结论为：污染物的变化和人均收入水平之间的关系实际上就是一个倒U型的关系，并在此基础上，提出了环境库兹涅茨曲线（EKC）。其中，人均收入的指标用人均GDP来表示，而环境质量的指标为各种典型污染物的人均排放量。环境库兹涅茨曲线见图2－2。

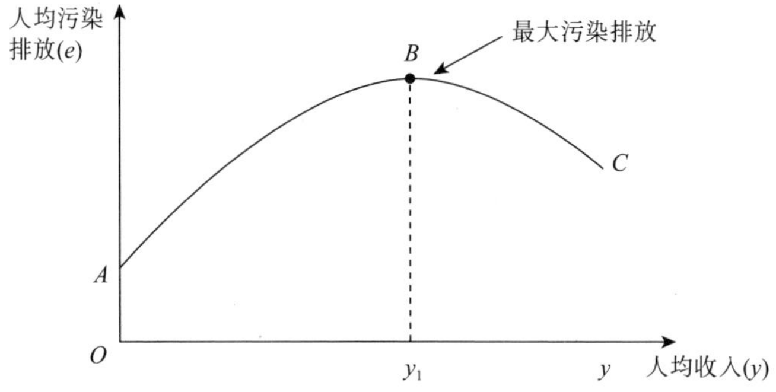

图2－2　环境库兹涅茨曲线

环境库兹涅茨曲线也称“过山车”发展理论。其公式为：

---

① “倍数4”是指经济增长比现在增加一倍，而物质消耗和污染排放减少一半的目标。

② 红光．日本钢铁产业低碳化发展研究［M］．北京：人民出版社，1984：57。

$$e = \alpha y$$

式中的 e 代表污染物的人均排放量；α 为排污系数，代表收入产生的污染排放；y 代表人均收入。e 与 y 之间存在着倒 U 型曲线的关系。该曲线有一个内在假设，即 α 伴随着经济的不断发展，处于持续降低的状态，从而保证了当经济增长到一定阶段后，随着收入水平的不断提高，最终污染排放量将持续降低。α 的下降取决于经济活动消耗的资源、能源以及排放污染物的下降；污染治理、生态保护的投入增加和居民的环境意识提高等因素。然而环境的自净能力是有限的，一旦超过临界值，污染排放与人均收入之间将不再是倒 U 型的关系，污染排放在到达最高点后呈继续上升态势。该理论实际上描绘了低碳经济发展的形态特征，要求人们在进行生产的同时，应该拥有在超出环境自净能力之前就要采取相应举措的觉悟。

2.2.2 循环经济学理论

循环经济，本质上是一种生态经济。该理论强调了人类在经济社会活动中，并非是采取机械论规律，而应该是基于自然生态学规律对其进行指导。和传统经济发展模式对比而言，循环经济强调的是低能耗、低排放、循环能源应用，这和传统模式存在明显差异。即相对于传统经济的“资源—产品—废弃物”的流程，“高开采、低利用、高排放”的特征，循环经济为“资源—产品—再生资源”的流程，“低开采、高利用、低排放”的特征。为此循环经济强调的是实现能源以及原材料的合理开采、可持续和循环使用，要求人们在进行经济活动的同时，也要关注环境保护问题，确保经济发展取得一定成效的同时，不会对自然以及生态环境带来不良的影响。

循环经济萌芽起源悠久，1904 年，俄罗斯思想家 B. H. 维尔纳茨基提出了这样的观点，随着人类的生存、发展，人类不仅要对社会发展负责，同时也必须重视环境，向整个生物群体的命运负责。第二次世界大战后，在 F. A. Harpeir 和 F. A. Pearson 的《世界的饥饿》中，提到了人口、耕地和食物问题，引发了人类对环境的关注。1949 年 W. Vogtd 所著的《生存之道》提出了人口膨胀、食物短缺、饥饿和贫困等问题。在 1954 年汤普森编著的《人口问题》，以及 1956 年郝茨勒撰写的《世界人口危机》之中，均提出了人口膨胀问题，建议人类更加关注自身的生存和发展。

1966 年美国经济学家肯尼斯·鲍尔丁提出了“宇宙飞船理论”。他指出，地球就相当于一艘在宇宙中航行的太空船，在航行的过程中需要不断地使用资源。如果资源运用不合理、肆意浪费，则必然会导致该飞船最终因资源枯竭而走向毁灭。应该说，循环经济最早的代表观点就是“宇宙飞船理论”。鲍尔丁认为过去属于“牧童经济”，即对地球资源的开发和利用无止境无顾忌，而人类面临的是“航天员经济”。按照“宇宙飞船理论”对经济发展提出了新的3点要求。首先，人类和自然环境之间，二者应该是一种双向互动的关系。其次在进行生产的过程中，通过全新生产方式的运用，能够使生产可能带来的环境危害程度降到最低。最后，在发展的同时，要实现经济以及生态效益的平衡发展。进而鲍尔丁引入了“循环经济”的概念，主要指在人、自然资源和科学技术的大系统内，在资源投入、企业生产、产品消费及其废弃的全过程中，把传统的依赖资源消耗的线形增长经济，转变为依靠生态型资源循环来发展的经济。“宇宙飞船理论”的提出，为循环经济观点的出现奠定了基础。循环经济倡导的是一种人与自然的和谐发展，在经济、社会以及人类发展的同时，还必须关注生态环境保护，既要重视经济效益，又要确保社会效益，更要关注生态效益，实现3种效益的统一。

罗马俱乐部于1968年提出了人类经济增长极限的观点，又在1972年发表了研究报告，即《增长的极限》。该报告得出了地球上的资源和能源是有限的，增长不能无所限制的结论。该报告结合人类发展进程中，经济增长给人类以及环境带来的负面影响进行了分析，最终提出了零增长理论的观点。其中，该报告的第三章详细地说明了资源循环问题。1980年世界自然及自然资源保护联盟的作品，即《世界自然保护战略》出版，该战略中也明确提出了可持续发展的生命资源保护问题。

1990年，英国环境经济学家大卫·皮尔斯、图奈在其作品《自然资源和环境经济学》里，首次使用了循环经济（Circular Economy）一词。并试图基于可持续发展的原则来实现资源管理机制的构建，同时在此基础上提出了一个物质流动模型。1999年，T. Cooper博士在《Journal of Sustainable Product Design》上发表了“创造一种为可持续生产设计服务的经济基础设施”一文。该文立足于产业视角对循环经济进行了深入的论析，并指出，任何生产进程中或消费后产生的废弃物都应该被应用到相应的其他生产领域，该模式称为循环经济。

在循环经济思想的引导下，相关理论陆续被提出。其中，最为知名的是“零增长理论”（罗马俱乐部）、“稳态经济理论”（戴利）、“福利经济指标体系理论”（托宾）、“环境使用税理论”（柯尔姆）、“消费限制理论”（库普斯）

和"资源高价理论(库普斯)等。

循环经济所遵循的基本原则是3R，也就是"Reduce（减量化）""Reuse（再利用）"和"Recycle（再循环）"。减量化是减少资源利用量及废物排放量；再利用是努力回收、利用废弃物；再循环是大力实施物料的循环利用系统。循环经济的成功实施可以取得以下效果：资源和能源得到了高效和持久利用的同时，经济发展过程中对环境造成的负面影响显著减少。"减量化、再利用、再循环"三原则中的每一个原则都对成功达成循环经济的发展目标有重要的意义。减量化是从输入视角提出的理念，再利用则是立足于过程进行管控，而再循环适用于输出端，因此这3方面的原则存在先后次序，即顺序不能随意变更。

循环经济的引入为工业化进程中的经济转型提供了必要的理论指导。然而，要想实现兼顾经济发展和生态环境双赢的发展目标，则需要有漫长的实现历程。循环经济强调基于生态系统的基本规律来进行经济系统的构建，促使经济系统能够和自然生态系统保持和谐发展，并在此基础上实现经济的长期发展。为此循环经济并非只是简单的经济增长模式，也是一种有效的污染治理模式，同时也是一种战略，即在实现经济发展的同时，兼顾资源节约以及环境保护，实现三者协调发展的一体化战略。

2.2.3 可持续发展理论

第二次世界大战后，人类步入了全新的历史发展阶段。工业化以及城市化的持续发展，促使社会发展及经济发展都实现了飞速的进步。与此同时，也带来了资源枯竭、环境破坏等严重问题。这些问题引发了人类对于发展的反思，逐步形成了"可持续发展观"。可持续发展（Sustainable Development）的概念，其起源是生态学，指的是通过合理的战略管控，达成资源的优化利用。目前在经济学、社会学等多个领域中，可持续发展都得到了广泛的利用。

可持续发展概念的提出，源于1972年联合国第一次人类环境大会发表的报告，即《增长的极限——"罗马俱乐部"关于人类困境》的报告。该报告指出，人类需要改变单纯地追求经济增长模式的习惯，要重视经济、社会以及人口、环境的协调发展，在此基础上再进行经济发展目标的制定。而早在1980年，"可持续发展"一词首次出现在国际自然保护同盟编著的《世界自然资源保护大纲》。该大纲的主要内容为：要求人类在发展的进程中，重视自然、社会以及生态、经济间的关系，立足于可持续发展视角进行发展战略的制定。美国学者布朗于1981年完成其专著《建设一个可持续发展的社会》。该专著明确地提出了可持续发展的基本理念是要重视对人口增长的合理管控，要实现对资源的合理保护，节约能源，同时要重视对可再生能源的有效开发。

在联合国世界环境与发展委员会于1987年发布的《我们共同的未来》当中，首次针对可持续发展概念做出了明确的认定：在进行可持续发展期间，既要重视当前社会生产、消费所需的资源，同时也要关注子孙后代所需资源储量等问题。这一解释也获得了国际社会的共同认可。联合国粮农组织（FAO）于1988年针对农业发展也提出了可持续发展的观点，并出台了《21世纪行动议程》以及《里约环境与发展宣言》，号召各成员国制定适合本国的“可持续发展”战略。从此，可持续发展得到了各国的普遍认可。

“可持续发展”指的是能够充分满足当前经济发展的需求，同时重视环境的保护，不会给子孙后代带来损害的发展模式。其核心为发展，要求实现人口管控，重视人口素质改善和环境保护，在实现可持续资源利用的同时，也要确保生产、发展的需求得以满足。唯有实现可持续，才可称为真正的发展。另外，“可持续发展纲领”在1992年举办的联合国环境与发展大会上得到各个国家的共识与承认。目前，全球各个国家均加大了对可持续发展战略的认同力度。

基于可持续发展理论的观点可知，“可持续发展”包含了以下要素，即“需要”和对“需要的限制”。“需要”是指满足基本生活水平的需要，而“需要的限制”是指限制资源的滥用，杜绝对子孙后代所需资源的提前消费。在可持续发展的进程中，涵盖了经济、生态以及社会3方面的可持续发展。同时，可持续发展坚持公平性、持续性和共同性的三大原则，并要求人类在发展中讲究经济效率、追求社会公平和关注生态和谐，最终达到人的全面发展。可持续发展理论将环境问题与发展问题有机地结合在一起，崇尚共同发展、协调发展、公平发展、高效发展和多维发展，可持续发展理论是有关经济社会发展的全面性战略。

2.2.4 生态经济理论

生态经济学（Ecological Economics），又称环境经济学，其前身被称为污染经济学或公害经济学，它是生态学和经济学融合而成的交叉学科。生态经济学，是研究生态系统和经济系统的复合系统结构、功能及其运动规律的学科，是生态学和经济学相结合而形成的一门边缘学科。生态经济学观点是在 1969 年出现的，始于美国经济学家肯尼斯鲍尔丁的著作《一种科学——生态经济学》。而后，最早采取投入—产出分析法来进行工业污染物处理，把污染物处理部门列为单独部门的是美国经济学家列昂捷夫，他认为进行污染处理的费用也应该被纳入生产成本范畴。同时，他也是最先运用定量分析方式来探讨污染对工业生产影响的学者。联合国环境规划署于 1980 年召开了主题为“人口、资源、环境和发展”会议，并在会议上指出，全球各个国家在进行发展战略制定的过程中，要切实重视经济与生态保护的协调发展。另外，在环境规划署 1981 年发表的《环境状况报告》中，环境规划署将“环境经济”（即生态经济）列为了该报告的第一项主题。从此，生态经济理论越来越受到学者们的重视，该理论研究的主要内容有：生态经济基本理论、生态经济管理、生态经济区规划和优化模型以及生态经济史等四大领域。

2.2.5 绿色经济理论

绿色经济（Green Economy）是产业经济为适应人类环保与健康需要而产生并表现出来的一种发展状态。它是以市场为导向、以传统产业经济为基础，以经济、环境和谐为目的而发展起来的一种新的经济形式。早在 1989 年，英国经济学家皮尔斯在《绿色经济蓝皮书》中第一次提出了“绿色经济”的概念。帕斯特（Postel）和雅可布（Jacobs）等学者于 20 世纪 90 年代提出了绿色经济学，强调经济学中的三大生产要素（劳动、土地和人造资本）的范围应予以扩展，应加入社会组织资本（SOC），并扩充了劳动、土地和资本的定义：劳动资本扩充为健康、知识和动机等；土地资本扩充为生态资本或自然资本；人造资本也称为制造资本，其原意维持不变；社会组织资本是指地方居民小区、商业团体、工会乃至国家的法律、政治组织以及国际的环保条约等。根据英国绿色经济研究所（GRI）的定义，绿色经济学是一种支持人类与自然的和谐互动，并尝试同时满足双方需要的经济学方法。绿色经济理论包括一系列处理人与环境内在相互关系的思想。绿色经济学家指出，经济基础应该和生态环境之间存在着必然的关联性。而目前绿色经济的发展，也成为气候变化、贫困以及资源损失等多重问题解决的有效方式。在进行绿色经济发展上，要秉承“开发需求、降低成本、加大动力、协调一致、宏观有控”的五大原则展开，而且绿色经济并不仅仅局限于一个地区或一个国家，其范围已覆盖至全球。

2.2.6 低碳、循环、生态和绿色经济的异同

进入21世纪以来，追求经济和环境的双赢发展目标在全球已达成了共识。涉及经济发展和环境保护的相关理论不断涌现，其中最有代表性的是低碳经济、循环经济、生态经济和绿色经济。

表2-2汇总了以上四大理论的异同。首先提出时间最早的是生态经济，始于1969年美国的肯尼斯·鲍尔丁的著作《一种科学——生态经济学》；绿色经济始于1989年英国的皮尔斯的著作《绿色经济蓝皮书》；循环经济于1996年在德国的《循环经济和废弃物管理法》中被提出；低碳经济是相对比较新的一个理论，于2003年在英国政府白皮书《英国能源的未来——创建低碳经济》中被首次提出。其次，四大经济理论的相同点是理念、支撑点和追求的三方面。最后从侧重点、突破口和核心的三个角度对四大经济理论的不同点进行了分析。

表2-2　生态经济、绿色经济、循环经济和低碳经济的比较

首次提出时间与出处	相同点			不同点		
	理念	支撑点	追求	侧重点	突破口	核心
生态经济：鲍尔丁（美）：《一门科学——生态经济学》．1969	新的价值观念和消费观念：如良性循环、生态修复以及和谐相处，摒弃奢侈之风，提倡绿色和循环消费	绿色科技和生态经济伦理：注重绿色科学技术、经济发展要建立在与自然共生、与生态和谐相处的伦理基础上	环境友好和可持续发展：考虑生态系统的承载能力、自净能力，实现人与自然的和谐	生态学、经济系统和生态系统的有机结合	创造人与环境的依存关系、实现可持续发展	生态经济学、可持续发展
绿色经济：皮尔斯（英）：《绿色经济蓝皮书》．1989				关爱生命、技术核心、兼顾物质与精神需求	绿色分配、保证最低收入人群消费	以人为本、和谐共存
循环经济：德国《循环经济和废弃物管理法》．1996				物质循环、3R原则、倡导节约与再利用	资源有限利用，生存环境改善	物质循环、提高效能
低碳经济：英国《英国能源的未来——创建低碳经济》．2003				降低碳排放量，清洁能源与提高能源效率	减少碳排放、维持温度、保存生存环境	技术、能源、制度以及价值观念创新

资料来源：杨美蓉．循环经济、绿色经济、生态经济和低碳经济［J］．中国集体经济．2009（3）：72-73。

2.3　本章小结

本章是本书的理论基础部分，第一节对能源、新能源以及新能源产业的概念和分类等进行了论析，可知现阶段新能源的种类约有10种，而进入商业化进展阶段的只有6种。因此本书的研究对象为现阶段已进入商业化的6种新能源，即核能、水能、太阳能、风能、地热能和生物质能。第二节总结了关于新能源产业发展研究的相关理论。一共有六大理论，分别是低碳经济理论、循环经济理论、可持续发展理论、生态经济理论、绿色经济理论以及清洁生产理论，并在最后一节对比了低碳、循环、生态和绿色经济的异同。其中低碳经济理论的基础又包含以下4种理论：增长极限理论、生态足迹理论、“脱钩”发展理论和“过山车”发展理论。本章为日本新能源产业发展研究奠定了理论基础，提供了研究方法。

3

世界新能源产业发展概述

自从 1750 年工业革命之后，世界经济增长在很大程度上依赖于化石燃料。由于化石燃料开采的有限性，许多国家开始重视新能源的开发和利用，从而确保了经济的可持续发展。1990～2015 年，全球新能源产业发展迅速，在此期间，全球一次能源强度年均减少率为 1.5%，2015 年的能源强度较 1990 年降低了 30% 以上。

从世界新能源的装机容量和发电量来看，包含大规模水能发电的新能源（核能除外）的装机容量占世界全体发电设备装机容量的 37%，其发电量占世界全体的 24%。2005～2015 年，风能装机容量增加了 7 倍多，太阳能装机容量急速增加了 40 倍左右。风能发电和太阳能发电等新能源在世界能源市场上，已经成为主流。2016 年的新能源（包括所有水能发电，核能除外）的新增装机容量创新纪录，共计 161GW，较 2015 年增长约 9%。其中，太阳能发电占比最高，约为 47%；随后是风能发电，占比约 34%；其次是水能发电，占 15.5% 左右。从新增装机的投资额来说，至 2016 年年底，已经是连续第 5 年新能源（包括所有水能发电，核能除外）是化石能源的两倍，达到了 2498 美元。而发展中国家的新增装机容量多于发达国家，尤其是中国，在过去 8 年间，是新能源发电和供热的最大发展国①。

① "GSR Highlights 2017: Highlights of the REN21 Renewables 2017 Global Status Report in Perspective". [Online]. 7－8. Available at http://www.ren21.net/wp－content/uploads/2017/06/GSR2017_ Highlights _ Chinese.pdf. 2018－1－25.

从世界新能源的减排效果来看，2015 年，新能源发电（大型水能发电和核能除外）从 10.3% 上升到 11.3%，和传统能源发电相比较，减少了 17 亿吨 CO_2排放量。国际能源机构（IEA）的最新数据也表明，2016 年，在温室气体排放量连续第 3 个年头保持不变的情况下，全球经济产出增长了约 3.1%，其主要原因是全球能源在向新能源领域转型。

从世界新能源的技术成本来看，其成本在不断下降，尤其是在电力利用方面尤为显著。在一些国家①，新能源发电成本已降至 0.05 美元甚至更低，较同一国家的化石能源发电和核电更为低廉。

3.1　世界一次能源消费结构变化

3.1.1　一次能源消费结构

全球一次能源消费增长缓慢，能源消费势头转向新能源，新能源消费占总能源消费的比例逐步上升，同时 CO_2排放量增速减缓。一次能源消费增长率从 2014 年开始显著下降，2014 ~ 2016 年分别为 1%、0.9% 和 1%。相比之下，这 3 年的增长率仅为过去 10 年中平均增长率的一半。其中中国（47MTOE②）和印度（39MTOE）的一次能源消费总增量约占全球需求增长的一半。同时，能源消费导致的 CO_2排放量仅增加了 0.1%，2014 ~ 2016 年是 1981 ~ 1983 年以来平均碳排放增速最慢的 3 年。这与 10 年前碳排放每年 2.5% 的增长产生了强烈对比。

在全球都重视发展新能源的大环境下，新能源产业呈快速发展状态。根据 BP 公司提供的《Statistical Review of World Energy June 2017》数据显示，新能源消费占总能源消费的比例也在逐步上升。具体来说，新能源占总能源消费的比例 2015 ~ 2016 年呈上升态势，从 13.98% 上升至 14.48%，与此相对应的传统能源占总能源消费的比例在 2015 年和 2016 年呈现下降趋势，从 86.02% 下降为 85.52%。以上数据说明，尽管全球能源消费还是以传统能源为主，但新能源占总能源消费的比例在持续上升，传统能源占总能源消费的比例在不断下降。

① 一些国家具体包括：丹麦、埃及、印度和墨西哥。

② MTOE：Million Tonnes of Oil Equivalent 的简写，百万吨石油相当量。

在传统能源当中，石油仍然是全球最重要的燃料，占所有能源消费的1/3。2016 年全球石油消费量为 4418.2 百万吨，较 2015 年增长了 1.8%，这是连续第 2 年高于其 10 年平均增速（1.2%）。天然气消费量为 3204.1MTOE，较 2015 年增长了 1.8%，低于 2.3% 的 10 年平均水平。煤炭消费量为 3732MTOE，较 2015 年减少了 1.4%。石油、天然气和煤炭在一次能源中的消费占比分别为 33.2%、24.1% 和 28.1%。其中煤炭达到自 2004 年以来的最低水平。

由于天然气和新能源的可获得性日益增加，同时来自政府和社会的压力促使能源结构向更清洁和更低碳方向转变，在此背景下，煤炭正在经历深刻的变革。全球煤炭消费逐年下降，有些国家甚至开始了“去煤炭化”运动，其中最有代表性的是英国①。

3.1.2　新能源消费结构

新能源消费量在一次能源消费比例中，呈现持续增长态势。根据图 3-1 的 2015～2016 年世界能源消费量变动图可知，2016 年新能源消费量为 1922MTOE，较 2015 年增长了约 4.9%。其中，核能消费量从 2015 年的 582.7MTOE 增加到了 2016 年的 592.1MTOE，增长了近 1.6%。水能消费量从 2015 年的 883.2MTOE 增加为 910.3MTOE，增长率约为 3%，其他可再生能源（太阳能、风能、地热能）消费量从 2015 年的 366.7MTOE 增长至 419.6MTOE，增长了约 14.4%。从以上数据可以看出，新能源的消费增速迅猛，说明了新能源的发展处于快速增长阶段。

在全球新能源的增长当中，最快的是太阳能和风能。截止到 2016 年年底，风能发电的累计导入量接近 5 亿 KW，加上太阳能发电共约 8 亿 KW，总额是核能的两倍。如图 3-2 所示，BP 公司选取了 67 个国家作为调查对象。风能生产国比例从 15% 上升至 75% 花费了 20 年时间，而太阳能只用了 10 年时间。核能的比例达到 50% 左右就处于停滞不前的状态。这说明相比于核能，风能和太阳能的技术转让不受制于复杂的安全限制，因此发展更快。

① 随着 2015 年最低炭价的上调，英国加速了去煤炭化的进程。在关闭了最后 3 个煤矿之后，英国的煤炭消费回落至约 200 年前的水平，并在 2017 年 4 月发电行业迎来了首个无煤发电日。

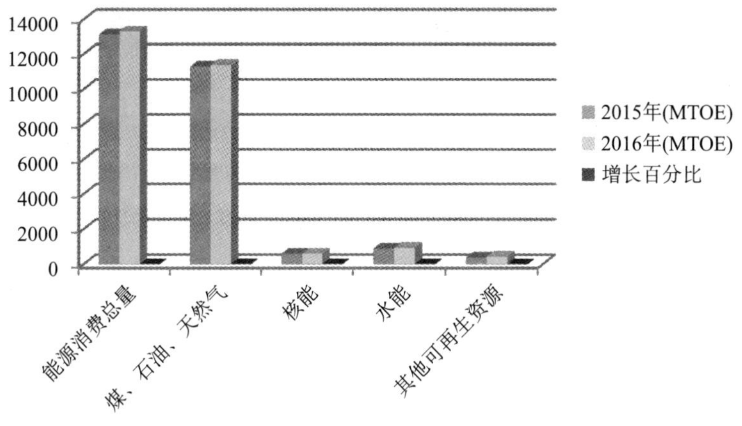

图 3-1 2015~2016 年世界能源消费量变动图

资料来源：BP 公司《Statistical Review of World Energy June 2017》。

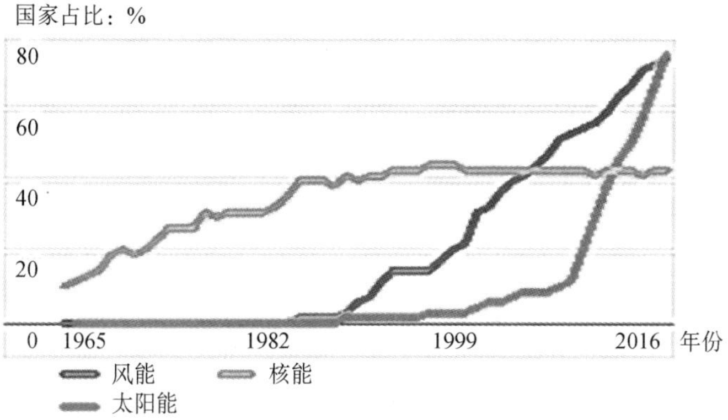

图 3-2 67 个国家平均发电技术分布图

资料来源：2017 日本能源白皮书（平成 28 年度エネルギーに関する年次報告（エネルギー白書 2017）），第 158 页。

从图 3-1 可以看出，新能源在一次能源中占比较低。导致这种情况出现的原因既与国家政策、国家重视度有关，还与成本因素有着较大的关系。大多数的新能源开采对技术的要求均较高，所耗用的成本也相对较高，尤其是像风能、太阳能对技术有着特殊要求的能源，耗用的成本将会更高。根据 IEA 的预测，随着技术水平和新能源领域竞争性的提升，将使当前高成本的现象得以缓解。

根据 IEA 做出的预测可以看出，新能源的发电总量将会呈现逐年上升的趋势。国际能源署对各国的能源拥有情况和开采情况进行研究后提出：在未来

30年内，核能、水力之外的新能源发电量会迅速增加，增速要远远高于其他燃料的发电，并基本保持在年增速6%左右。另外，新能源到2030年提供的世界总电力将达到4.4%，其中80%的电力由生物质能所提供。

3.2　世界新能源产业的发展现状

新能源是能源供应体系的重要组成部分。目前，全球新能源开发利用规模正随着应用成本的快速下降而不断扩大，发展新能源已成为各个国家的战略重点，同时也是推动经济发展、应对气候变化的主要发展方式。

3.2.1　核能

1942年，美国在芝加哥建立了第一座核反应堆；1954年，世界第一个反应堆在苏联建成并正式投入启用；1956年，美国的核电站开始投入运行。核电站迄今已发展70多年。核电产业的建设分为5个阶段，分别是起步阶段、快速发展阶段、停滞阶段、复苏阶段以及发展低缓阶段。20世纪50~60年代为起步阶段，70~80年代为快速发展阶段，在这个时期发生了三厘岛核电厂事故和切尔诺贝利核电站事故，之后核电的发展基本处于停滞阶段。进入21世纪之后，世界能源价格不断上涨，核电进入复苏阶段。不过由于2011年日本福岛核泄漏事件的发生，核能进入新一轮发展低缓阶段。核电技术在产业发展的过程中实现了从第一代到第三代的跨越，第四代核能开发的目标是在2030年前后开发出新一代核能系统，该系统在安全性、经济性、可持续发展、防核扩散、防恐怖袭击等方面都具有创新性和竞争性。

当前，世界上大部分国家都在利用核能发电，核能发电在部分国家中已占有很大的比重。根据IAEA①的最新报告，如表3-1所示，截止到2017年12月，全世界共有448座核反应堆正在运行，净装机总容量达到386657MW，发电量达到2441331.24GWH。其中，美国拥有100座反应堆居世界第一位；第二位是法国，拥有58座；第三位是日本，拥有43座；第四位是俄罗斯，拥有37座；第五位是中国，拥有36座。在2017年全球各国核能净装机容量的排名方面，美国依然是第一位，为100351MW；法国仍然是第二位，为63130MW；

① IAEA：International Atomic Endegy Agency的缩写，国际原子能机构。

日本仍然是第三位，为40290MW；中国是第四位，为31384MW；俄罗斯是第五位，为26528MW。在2017年全球各国核能发电量方面，排名前5位的分别是美国、法国、中国、俄罗斯和韩国，其发电量分别为804.87TWH①、386.45TWH、197.83TWH、184.05TWH和154.31TWH。在2017年全球各国核能国内发电份额方面，排名前5位的分别是法国、斯洛伐克、乌克兰、比利时和匈牙利，其发电份额分别为72.3%、54.1%、52.3%、51.7%和51.3%。不难发现，日本的反应堆数目和净装机容量在世界排名居于前3位，然而其核能发电量（世界第17名）以及核能发电份额位居世界倒数第二，这是因为福岛核事故之后日本的反应堆陆续进行定期的安全检查，并非全部投入使用。

无论是反应堆、净装机容量、发电量的数目还是国内发电份额，法国都占到世界的前两位，说明法国非常重视核电的发展。

表3-1　　2017年全球各国核能发电量分布

排名	国家	座数	国家	净装机容量（MW）	国家	发电量（TWH）	国家	各国核电份额（%）
1	美国	100	美国	100351	美国	804.87	法国	72.3
2	法国	58	法国	63130	法国	386.45	斯洛伐克	54.1
3	日本	43	日本	40290	中国	197.83	乌克兰	52.3
4	俄罗斯	37	中国	31384	俄罗斯	184.05	比利时	51.7
5	中国	36	俄罗斯	26528	韩国	154.31	匈牙利	51.3
6	韩国	25	韩国	23077	加拿大	95.65	瑞典	40.0
7	印度	22	加拿大	13554	德国	80.07	斯洛文尼亚	35.2
8	加拿大	19	乌克兰	13107	乌克兰	76.08	保加利亚	35.0
9	乌克兰	15	德国	10799	英国	65.15	瑞士	34.4
10	英国	15	瑞典	9740	瑞典	60.65	芬兰	33.7
11	瑞典	10	英国	8918	西班牙	56.10	亚美尼亚	31.4
12	德国	8	西班牙	7121	比利时	41.43	韩国	30.3
13	比利时	7	印度	6240	印度	35.01	捷克共和国	29.4
14	西班牙	7	比利时	5913	捷克共和国	22.73	西班牙	21.4
15	捷克共和国	6	捷克共和国	3930	芬兰	22.28	英国	20.4

① TWH：Terawatt－hours的缩写，发电量的单位，太瓦时。

续表

排名	国家	座数	国家	净装机容量（MW）	国家	发电量（TWH）	国家	各国核电份额（%）
16	瑞士	5	瑞士	3333	瑞士	20.30	美国	19.7
17	斯洛伐克	4	芬兰	2764	日本	17.54	俄罗斯	17.1
18	匈牙利	4	保加利亚	1926	南非	15.21	罗马尼亚	17.1
19	芬兰	4	匈牙利	1889	匈牙利	15.18	加拿大	15.6
20	巴基斯坦	4	巴西	1884	保加利亚	15.08	德国	13.1

资料来源：IAEA PRIS①。

全球核能发电量的变化趋势图可见图 3－3。在核能迄今发展的历史当中，最高点为 2006 年，发电量为 2806.1TWH，居于第二高点的是 2010 年，2766.1TWH。这说明在 21 世纪的核能复苏阶段中，核能发电达到了迄今最高点。然而由于 2011 年日本福岛核事故给世界核电发展带来了重创，德国、瑞士在同年的 3 月底也宣布将会逐步放弃核电。日本政府从 2011 年 5 月开始，对所有核电机组进行停机检修和压力测试。之后的一年内，日本的 50 台核电

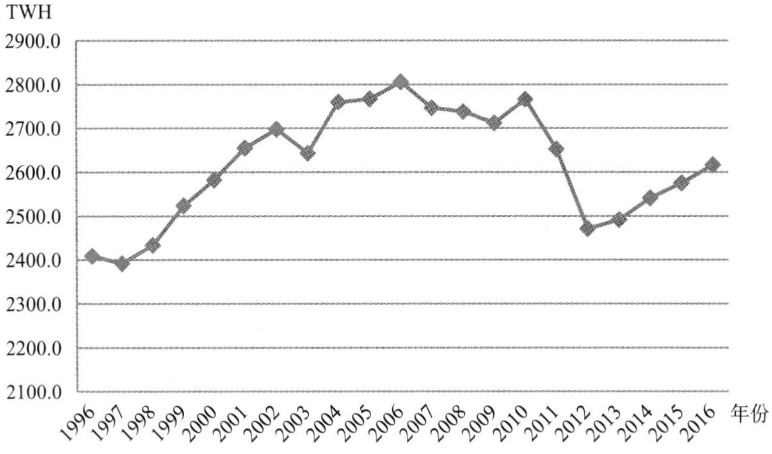

图 3－3　全球核能发电量变化趋势图

资料来源：BP 公司《Statistical Review of World Energy June 2017》。

① PRIS（The Power Reactor Information System）．［Online］．Available at https：//www. iaea. org/PRIS/WorldStatistics/OperationalReactorsByCountry. aspx. 2017－12－19.

机组陆续全部停运。因此，2012 年的全球核能发电值急剧下落，仅为 2471.7TWH，是 1999 年以来的历史最低点。从 2012 年最低点之后，核能开始进入缓慢复苏阶段，2016 年达到 2616.5TWH，该数值仅回到了 2000 年的发展水平。日本福岛核电站事故之后，世界更加关注核能的安全性，随着第四代核能系统的开发，核能在保证安全性能的前提下，与其他新能源相比发电成本低廉的优势使其仍然保持一个持续发展的趋势。

3.2.2 太阳能

太阳能的利用主要以太阳能发电为主。太阳能发电的技术一共发展了 3 代：第一代是晶硅电池发电，第二代是薄膜电池发电，第三代是聚光太阳能发电。1954 年，美国首次发明了单晶硅太阳能电池，这是第一次在技术上实现了将太阳能转化为电能，之后太阳能电池发电效率持续提高，生产规模不断扩大。

近年来，由于传统能源匮乏，价格高涨；气候变暖，生态环境恶化等问题，可持续发展观念在世界各国不断深入人心，各国政府开始重视和支持发展新能源，在技术进步和政府激励政策的驱动下，太阳能产业得到了飞速发展。太阳能随着技术进步和产业的升级加快，其开发成本显著降低，其利用规模迅速扩大，目前已成为全球能源转型的重要领域。随着该领域全面进入规模化发展阶段，太阳能发电市场的发展速度再次提升，一些太阳能发电新兴市场，如东南亚、拉丁美洲、中东和非洲等地区也快速启动了其发展模式。

以下分别对全球太阳能发电现状、全球太阳能发电累计装机容量及排名和全球太阳能发电量及排名进行介绍。

第一，全球太阳能发电现状。太阳能发电规模快速增长，截止到 2016 年底，全世界太阳能发电装机容量达到 301473MW，2016 年的新增装机数就达到了 7500 万 KW，基本上保持年增长 40% 的态势。在这种规模不断扩大的情况下，太阳能也成为应用范围最广、增长速度最快的新能源。中国在这种大趋势下，也加大了对太阳能产业的技术投入，进入了初步产业化发展阶段。随着技术的不断进步，产业规模的持续扩张，太阳能市场竞争力迅速提高，其发电成本也得到了有效控制。尤其是在发达国家，其在技术上具备的独特优势，使得太阳能已经基本能够满足民间用电。以美国为例，太阳能发电在 2015 年下降到普通电费以下，即 10USD/KWH。而阿拉伯联合酋长国（UAE）的太阳能发电成本在 2016 年 9 月下降至 0.03USD/KWH。

另外，太阳能热利用在全球很多国家也较为普及。太阳能热水器已经成为各个家庭中常用的热水供应方式。在技术支撑下，太阳能供暖也开始慢慢试行，尤其是在一些具备经济可行性的地区，太阳能供暖已经得到了较好的发展。

太阳能产业的发展有效地促进了经济发展。2015 年太阳能发电市场规模达到了 5000 多亿元，在产业不断发展的同时，也解决了就业问题，缓解了各国的就业压力，在推动经济平稳发展方面做出了突出的贡献。很多国家都将发展太阳能产业作为战略发展目标，并在参考自身实际情况的基础上，制定了详细的发展规划，不断加大了对产业的支持力度，使得全球的太阳能产业都保持着较快的发展速度。

第二，全球太阳能发电累计装机容量及排名。根据图 3－4 可知，2002 年全球新增装机容量首次达到 1000MW，这代表太阳能发电达到了一个新的里程碑，此后装机容量开始直线上升。2016 年全球太阳能产业延续了稳定上升的发展趋势，新增装机容量又创新高，达到了 75093MW，比 2015 年增长了 53%。2016 年的累计装机容量达到 301473.4MW，比 2015 年增长 33%。

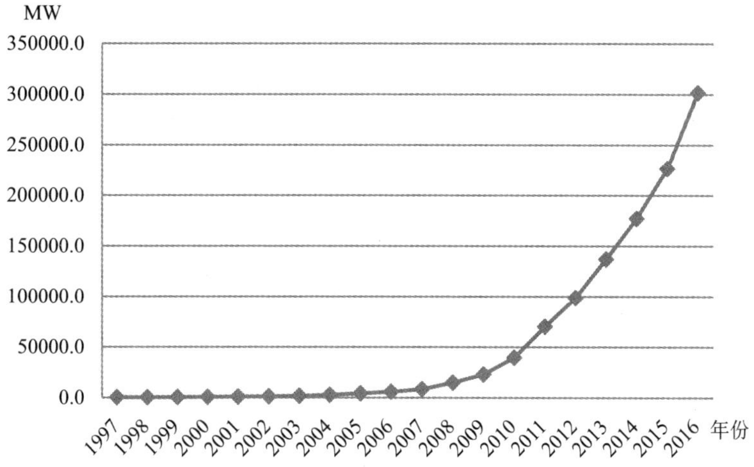

图 3－4　全球太阳能发电累计装机容量变化趋势图

资料来源：BP 公司《Statistical Review of World Energy June 2017》。

2016 年全球太阳能发电累计装机容量排名前 10 的国家如表 3－2 所示。前 5 名依次为中国、日本、德国、美国和意大利。前 10 名累计装机容量之和约占全球的 86%。

表 3－2　　2016 年全球太阳能发电累计装机容量国家排名

排名	国家	装机容量（MW）	全球份额
1	中国	78070	25.9%
2	日本	42750	14.2%
3	德国	41275	13.7%
4	美国	40300	13.4%
5	意大利	19279	6.4%
6	英国	11726.7	3.9%
7	印度	9010	3.0%
8	法国	7130	2.4%
9	西班牙	5490	1.8%
10	澳大利亚	5488	1.8%
前 10 名累计		260518.7	86.4%
世界		307413	100%

资料来源：BP 公司《Statistical Review of World Energy June 2017》。

根据图 3－5 可知，关于太阳能发电的累计装机容量，中国从 2008 年开始发展迅速，2015 年超过德国，居于世界第一位。2016 年的装机容量以及截至 2016 年的累计装机容量均居世界第一。日本从 2012 年采用 FIT 制度以来，其太阳能发电装机容量迅速增长。2016 年的装机容量为世界第三。截至 2016 年底日本的累计装机容量赶超德国，位于世界第二。

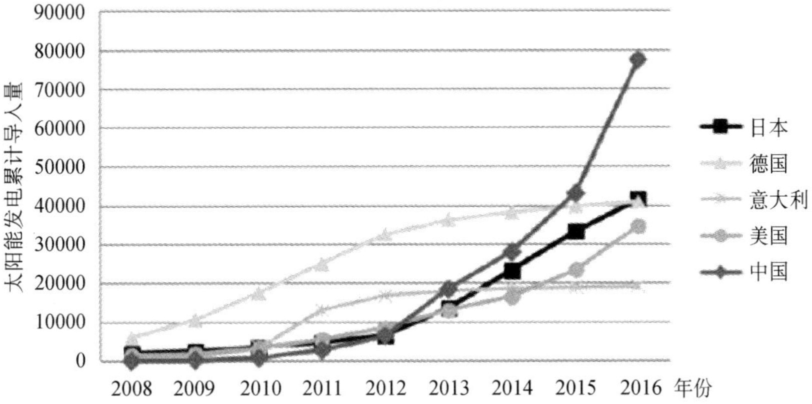

图 3－5　太阳能发电累计导入量的国别比较

资料来源：2017 日本能源白皮书（平成 28 年度エネルギーに関する年次報告（エネルギー白書 2017））．第 167 页。

第三，全球太阳能发电量及排名。图 3 - 6 为全球太阳能发电量变化趋势图，从该图中可以发现全球太阳能发电量在 2009 年首次突破 20TWH 以后，一直呈飞速发展趋势。从 1995 年到 2016 年的 21 年间，全球太阳能发电总量从 0.6TWH 增加到 333TWH，增加了约 555 倍。根据表 3 - 3 可知，2016 年太阳能发电量国家排名前 5 位的是中国、美国、德国、日本和意大利。太阳能发电与其累计装机容量的国家排名顺序基本一致。

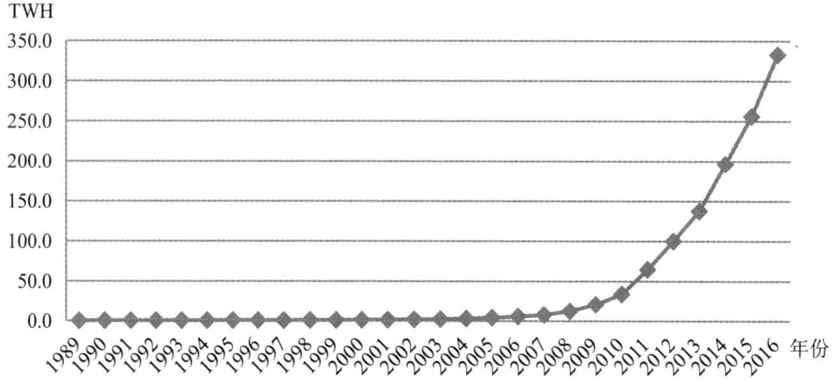

图 3 - 6　全球太阳能发电量变化趋势图

资料来源：BP 公司《Statistical Review of World Energy June 2017》。

表 3 - 3　2016 年太阳能发电量国家排名

排名	国家	发电量（TWH）	全球份额
1	中国	66.2	19.9%
2	美国	56.8	17.1%
3	日本	49.5	14.9%
4	德国	38.2	11.5%
5	意大利	22.9	6.9%
6	西班牙	13.6	4.1%
7	印度	11.9	3.6%
8	英国	10.3	3.1%
9	法国	8.3	2.5%
10	澳大利亚	7.2	2.1%
前 10 名累计		284.9	85.5%
世界		333.1	100.0%

资料来源：BP 公司《Statistical Review of World Energy June 2017》。

根据BP公司统计资料，从国别来看，2016年，中国太阳能发电市场新增装机容量达到了34540MW，连续4年成为全球第一大太阳能发电市场，并且于2015年首次超过德国成为全球太阳能发电累计装机容量最大的国家。2016年美国太阳能发电容量再次增加，累计容量达到了40300MW。2015年，在美国新出台一系列太阳能发电促进政策和投资税减免政策延长5年等影响因素下，美国太阳能发电市场发展迅速。2016年英国太阳能发电新增装机容量为2039MW，在可再生能源法案的刺激下，2016年英国太阳能发电市场蓬勃发展，连续两年成为欧洲地区年度最大的太阳能发电装机国。2016年印度太阳能发电新增装机容量约为3970MW。鉴于印度政府通过立法设定了新能源的责任目标，印度太阳能发电市场呈现爆发式增长态势。

由于太阳能发电终端市场存在配套不完善、补贴下调等因素，太阳能发电增速有所放缓。然而，在各国政府大力发展新能源，为实现低碳经济发展而持续推出激励政策的背景下，太阳能发电行业迎来又一个历史性的发展机遇。从发展趋势来看，全球太阳能产业正步入健全的发展通道，产业的发展将促使太阳能发电应用于平价上网时代的到来。

3.2.3 风能

风能发电的机器设备于1890年在丹麦被研制成功以来，世界风能发电已有120多年的历史。在1973～1974年的第一次石油危机后，传统能源价格不断上涨，这推动了风能发电技术的进步，加快了风能产业化发展的速度。

以下分别对全球风能发电现状、全球风能发电累计装机容量及排名和全球风能发电量及排名进行介绍。

第一，全球风能发电现状。目前，风能发电技术比较成熟，能够做到对成本的进一步控制。风能发电具备自身独特的优势，比如不会影响生态环境、成本低等。各国在考虑其优势的前提下，纷纷将风能发电作为国家能源转型的重要途径。随着生态问题的日益严峻，在响应国际环保号召的前提下，风能发电也成为各个国家落实国际要求的主要表现。现在已有80个国家进入使用风能发电阶段，风能发电已在全球范围内实现规模化应用。

风能发电的出现为世界各国的电力供应提供了充足的保障。从各个国家来看，对风能发电的重视程度在不断提升，装机容量也在逐年增长。尤其是丹麦地区，其本身就拥有较强的风力优势，在风能发电领域投入较多，风能发电在总电量占比中，已经达到了约42%，成为国家的重要电力支撑。随着发展新能源意识的增强，风能发电的作用将会进一步凸显。美国计划到2030年风能发电的供应量占到总用电量的20%。伴随着技术的持续发展、产业规模的不断扩大，风能发电成本也渐趋下降。在一些风能发电情况较好的地区，风能发电招标电价已低于当地传统化石能源上网电价，风能发电的经济性开始逐渐显现。

第二，全球风能发电累计装机容量及排名。根据图3-7所示，全球风能发电累计装机容量从1998年开始加速上升，2016年达到468989MW，较2015年增长了约12%。风能发电量在2015~2016年迅猛增加的原因为中国、美国和德国等开发商在现有的补贴政策被彻底取消前，进行了抢装。

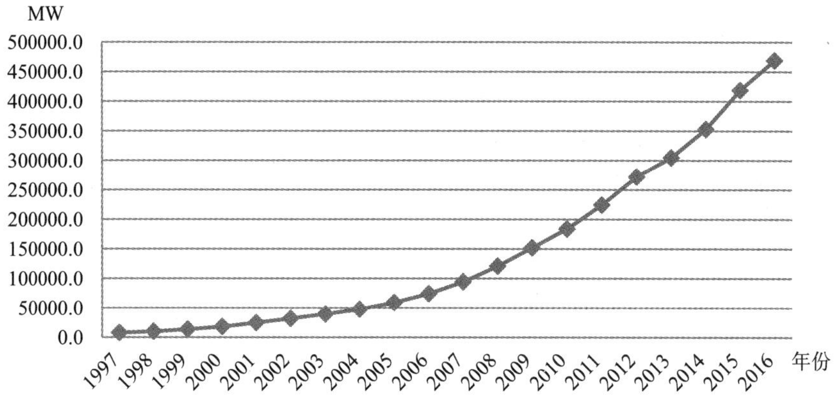

图3-7 全球风能发电累计装机容量变化趋势图

资料来源：BP公司《Statistical Review of World Energy June 2017》。

根据表3-4所示，2016年全球风能累计装机容量的前3名依次为中国、美国和德国；装机容量分别为148640MW、82453MW和49534MW。2016年中国新增装机容量为19300MW，较2015年增长了15%，高居全球榜首。受中国削减陆上风能发电上网标杆电价这一政策的影响，预计今后其风能发电年度新增装机容量将呈下降趋势。2016年美国新增装机容量8193MW，较2015年增长了11%，主要原因是在2014年出于对美国联邦政府是否延续生产税收减免（Product Tax Credit，PTC）政策的担心，美国风能发电企业纷纷进行了抢装。美国最新通过5年期的（2015~2019年）PTC政策延期，并制定了针对风能发电项目享受的递减税收优惠方案。因此预计2016年的美国风能发电新增装机容量会持续增加，预计从2017年开始，随着税收优惠的逐步递减，年度新增装机容量将逐步回落。2016年欧洲（包括欧亚大陆）风能发电新增装机容量达到了160530MW，较2015年增长了10%。

表3-4　　2016年全球风能发电累计装机容量国家排名

排名	国家	装机容量（MW）	全球份额
1	中国	148640.0	31.7%
2	美国	82453.0	17.6%
3	德国	49534.0	10.6%
4	印度	28700.0	6.1%
5	西班牙	23025.7	4.9%
6	英国	15695.4	3.3%
7	加拿大	11890.0	2.5%
8	法国	11670.0	2.5%
9	巴西	10740.0	2.3%
10	意大利	9257.0	2.0%
前10名累计		391605.1	83.5%
世界		468989.3	100.0%

资料来源：BP公司《Statistical Review of World Energy June 2017》。

结合图3-8的全球风能发电量变化趋势和表3-5的2016年全球风能发电量国家排名可知，全球风能发电从1995年开始持续高速发展，截止到2016年底，发电量达到959.5TWH，比2015年增长了15.8%。2016年，全球风能发电排名前3名的国家依次为：中国、美国和德国；发电量分别为241TWH、228.8TWH和77.4TWH。

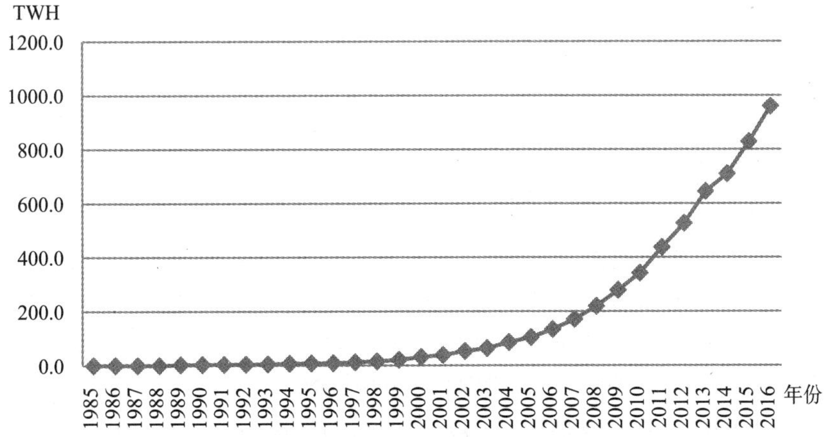

图3-8　全球风能发电量变化趋势图

资料来源：BP公司《Statistical Review of World Energy June 2017》。

第三，全球风能发电量及排名。随着各国政府对新能源发展越来越重视，风能发展的前景也日益广阔。尤其中国、美国、巴西、印度、德国和加拿大等国家扮演着风能发电项目投资建设的主要角色。同时，随着中国“一带一路”倡议落实，通过国际合作的不断加强，这将对沿线国家风能发电项目的投资建设起到巨大的推动作用。

表 3-5　　2016 年全球风能发电量国家排名

排名	国家	发电量（TWH）	全球份额
1	中国	241.0	25.1%
2	美国	228.8	23.8%
3	德国	77.4	8.1%
4	西班牙	48.9	5.1%
5	印度	44.8	4.7%
6	英国	37.5	3.9%
7	巴西	32.9	3.4%
8	加拿大	27.2	2.8%
9	法国	20.7	2.2%
10	意大利	17.6	1.8%
前 10 名累计		776.9	81.0%
世界		959.5	100.0%

资料来源：BP 公司《Statistical Review of World Energy June 2017》。

3.2.4 水能

目前水能发电技术成熟，且属于可再生能源。具体来看水能具备较强的生态效益，在推动经济发展、推动社会进步方面有着良好的贡献。世界第一座水能发电站于 1878 年在法国建成。从 20 世纪 30 年代之后，水能发电站的建设开始兴起并呈持续高速发展态势。

以下对全球水能发电现状和全球水能发电量及排名进行介绍。

第一，全球水能发电现状。当前全球水能发电装机容量约 10 亿 KW，开发程度约为 26%，一些具备水资源优势和技术优势的地区，开发程度更高，甚至达到了 92% 左右。这些具备高开发能力的地区一般为发达国家。反之发展中国家水能发电开发程度则较低。中国与发达国家相比仍有较大差距，水能发电开发程度仅为 37%（按发电量计算），还有较广阔的发展前景。今后全球水能发电开发将集中于发展中国家，如亚洲、非洲、南美洲等资源开发程度不高、能源需求增长迅速的地区，预计到2050年全球水能发电装机容量将达到20.5亿KW。随着电网安全要求的提升以及新能源占比的不断提高，构建抽水蓄电站也成为一种必然趋势，这一设施对维护电网安全、开发新能源、利用新能源发挥着重要的作用。目前，全球抽水蓄能电站总装机容量约为1.4亿KW，日本、美国和欧洲等国的抽水蓄能电站装机容量占全球的80%以上。中国抽水蓄能电站装机容量为2303万KW，虽然数额较为可观，然而与需求相比还存在较大差距。在“十三五”时期，中国政府将继续加大对抽水蓄能电站的建设力度，从而为新能源的开发与利用提供保障。

第二，全球水能发电量及排名。如图3-9所示，2016年的全球水能发电量达到4022.9TWH，较2015年上涨了3%。2016年全球水能发电排名前10的国家如表3-6所示。前3名依次为中国、加拿大和巴西，其发电量分别为1162.8 TWH、388.2 TWH和384.3 TWH；其全球发电份额的占比分别为28.9%、9.7%和9.6%。中国于2009年建立了三峡水能发电站，装机容量可达1786万KW，是世界上最大装机容量的水能发电站。

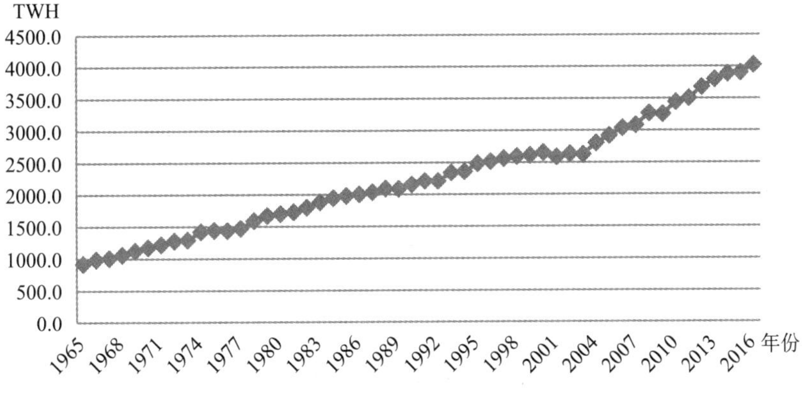

图3-9 全球水能发电量变化趋势图

资料来源：BP公司《Statistical Review of World Energy June 2017》。

表3-6 2016年全球水能发电量国家排名

排名	国家	发电量（TWH）	全球份额
1	中国	1162.8	28.9%
2	加拿大	388.2	9.7%
3	巴西	384.3	9.6%

续表

排名	国家	发电量（TWH）	全球份额
4	美国	261.8	6.5%
5	俄罗斯	186.6	4.6%
6	挪威	143.4	3.6%
7	印度	128.8	3.2%
8	日本	80.0	2.0%
9	土耳其	67.2	1.7%
10	瑞典	62.4	1.5%
前10名累计		2865.3	71.2%
世界		4022.9	100.0%

资料来源：BP公司《Statistical Review of World Energy June 2017》。

3.2.5 生物质能

生物质能是世界上重要的新能源之一，并且因其自身所特有的优势，如技术成熟、应用广泛等，在解决能源供需矛盾、维护生态环境等方面发挥着重要的作用，是推动全球能源结构变革的主要力量。

生物质能的利用方式有3种，可以转换为气态、液态和固态3种燃料，这个特点在新能源中是独一无二的。主要用途为生产燃料和发电：生产燃料的类型包括生物乙醇、生物柴油、沼气以及木炭等；发电主要包括沼气发电、垃圾焚烧发电、废弃物燃烧发电等。

以下对全球生物质能利用现状和全球生物质能生产量及排名进行介绍。

第一，全球生物质能利用现状。生物质能有4种具体的利用方法，其各自的利用现状如下。首先，生物质能发电。截至2015年，全球生物质能发电装机容量约1亿KW，其中美国占比最高，这与其技术发展优势有着直接的联系。生物质热电联产已经成为北欧各个国家的主要供热方式，其中生活垃圾焚烧产生的能源量为发电提供了较大的帮助。日本垃圾焚烧发电处理量占生活垃圾无害化处理量的70%以上。其次，生物质成型燃料。截至2015年，全球生物质成型燃料产量约3000万吨，从消费结构来看，欧洲地区的能源消耗量最大，具体到国家来说，瑞典是生物质成型燃料的主要消费国。再次，生物质燃气。截至2015年，生物质燃气的总产量达到了570亿立方米，其中德国的产量增长额较快，瑞典在其高技术的推动下，已经基本实现了利用生物天然气满足车用的需求。最后，生物液体燃料。截至 2015 年，该燃料的消费量达到了 1 亿吨，具体到燃料类型来看，燃料乙醇产量最高，其次为生物柴油。巴西和美国的燃料乙醇已经实现了规模化应用。

总体来说，在 2015 年，生物质能的 91% 被用于热利用，2.8% 被用于发电，6% 被作为运输燃料所使用。尽管现在生物质能发电量在不断增加，然而其燃料的持续提供是一个重要的课题①。

第二，全球生物质能生产量及排名。如图 3－10 的全球生物质能生产量变化趋势图和表 3－7 的 2016 年全球生物质能生产量国家排名所示，全球生物质能的生产量从 2000 年超过了 10046TTOE② 之后，一直呈持续发展态势，截止到 2016 年底，达到了 82306TTOE，较 2015 年，增长了 2.9%。2016 年全球生物质能生产量国家排名前 3 位的依次是美国、巴西和德国；生产量分别为 35778.7、18551.6 和 3198.0 TTOE。

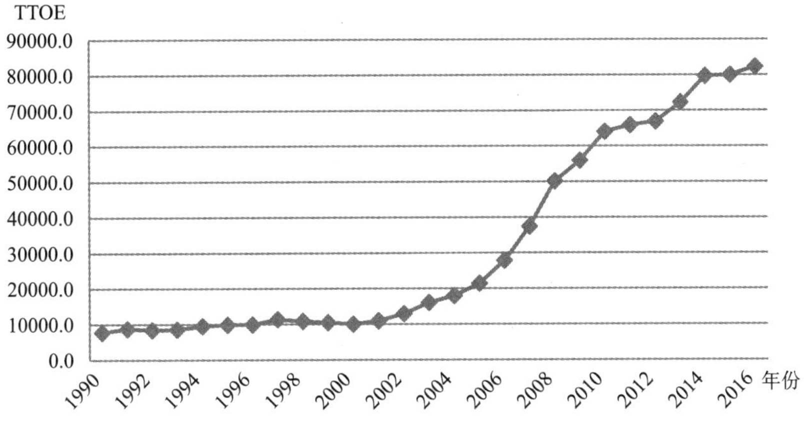

图 3－10　全球生物质能生产量变化趋势图

资料来源：BP 公司《Statistical Review of World Energy June 2017》。

① “GSR Full Report 2017：Rennewables 2017 Global Status Report”．［Online］．p47. Available at http：//www. ren21. net/wp－content/uploads/2017/06/17－8399_ GSR_ 2017_ Full_ Report_ 0621_ Opt. pdf. 2018－1－25.

② TTOE：Thousand Tonnes of Oil Equivalent 的缩写，千吨石油相当量。

表 3-7 2016 年全球生物质能生产量国家排名

排名	国家	生产量（TTOE）	全球份额
1	美国	35778.7	43.5%
2	巴西	18551.6	22.5%
3	德国	3198.0	3.9%
4	阿根廷	2827.7	3.4%
5	印度尼西亚	2503.2	3.0%
6	法国	2225.9	2.7%
7	加拿大	2053.3	2.5%
8	荷兰	1679.8	2.0%
9	泰国	1610.2	2.0%
10	加拿大	1159.7	1.4%
前 10 名累计		71588.1	87.0%
世界		82306.5	100.0%

资料来源：BP 公司《Statistical Review of World Energy June 2017》。

3.2.6 地热能

地热能是一种环保型的新能源，具备循环利用的能力，较为稳定。地热能的初始使用有多种形式，然而效率较低。例如：温泉、医疗、地热水取暖、水产养殖以及建造农作物温室等。世界地热能发电初始于意大利的拉德雷罗，该地区于 1904 年使用地热蒸汽的涡轮发电机成功发电，输出功率为 120MW，1942 年的输出功率提升至 551MW。从 20 世纪 30 年代开始，地热能发电、供暖以及用于工农业领域等利用方式被大规模地投入使用。之后，1958 年新西兰的 Marakei、1960 年的美国盖瑟斯、1966 年日本的岩手县松川等地热开发区陆续展开地热能发电，随后地热能发电开始在世界快速扩展。

以下对全球地热能利用现状和全球地热能发电累计装机容量及排名进行介绍。

第一，全球地热能利用现状。截止到 2016 年底，全球地热能发电新增装机容量为 443MW，累计装机容量已达 13438MW，有 25 个国家正在利用地热能发电，直接利用地热能的国家达到 82 个。从地区分布来看，亚太地区和美洲地区占据地热能使用的主导地位，分别为 5100MW 和 4700MW。其中，美洲地区地热能发电新增装机容量为 136MW，累计装机容量达到 4700MW。美国是该地区累计装机容量最大的国家，达到 3200MW。欧洲的新增装机容量为 144MW，累计装机容量为 2600MW。土耳其是 2015 年欧洲内地热能发电取得最大进展的国家，累计装机容量达到 537MW。亚太地区新增装机容量为 37MW，累计装机容量为 5100MW。印度尼西亚是亚太地区该年度内发电新增装机容量最大的国家，累计装机容量达到 1500MW。非洲的新增装机容量为 16MW，累计装机容量达到 617MW。

第二，全球地热能发电累计装机容量及排名。根据图 3－11 可知，1975～2000 年，全球地热能累计装机容量在高速增长，从 1300MW 到 8594MW，在 25 年内增长了 6.6 倍，平均每年增长 292 MW。2000～2016 年，持续平稳增长，在 2005 年、2010 年、2016 年分别达到 9395.7MW、11151.6MW 和 13437.8MW。根据表 3－8 可知，2016 年全球地热能累计装机容量的前 3 名依次是美国、菲律宾和印度尼西亚，装机容量分别为 3595.5MW，1929.4MW 和 1590MW。其中，中国排名第 18 位，装机容量为 27MW，从 2013 年以来并未增长。随着地热能技术开发的成熟，成本的逐步降低，地热能将成为更多的国家在发展中所选用的新能源种类之一。

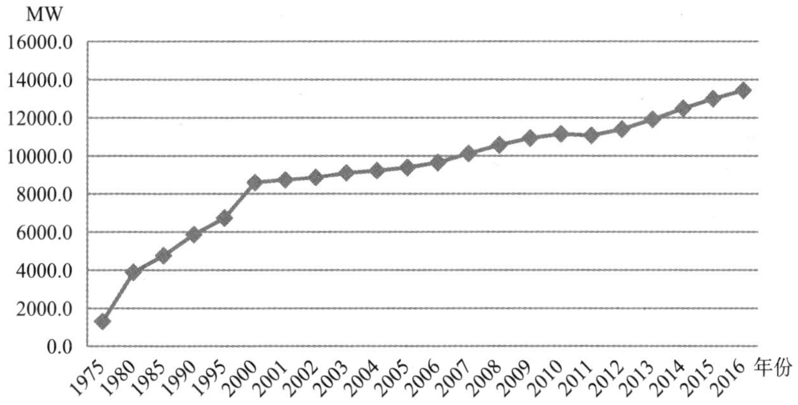

图 3－11　全球地热能发电累计装机容量变化趋势图

资料来源：BP 公司《Statistical Review of World Energy June 2017》。

表 3－8　2016 年全球地热能发电累计装机容量国家排名

排名	国家	装机容量（MW）	全球份额
1	美国	3595.5	26.8%
2	菲律宾	1929.4	14.4%
3	印度尼西亚	1590.0	11.8%

续表

排名	国家	装机容量（MW）	全球份额
4	新西兰	971.4	7.2%
5	意大利	915.5	6.8%
6	墨西哥	907.0	6.7%
7	土耳其	775.0	5.8%
8	肯尼亚	676.0	5.0%
9	冰岛	665.0	4.9%
10	日本	544.4	4.1%
前10名累计		12569.2	93.5%
世界		13437.8	100.0%

资料来源：BP公司《Statistical Review of World Energy June 2017》。

3.3 世界新能源的发展趋势

随着能源安全、气候变化等问题的日益严峻，国际社会在新能源的开发利用方面已经达成了共识。各国纷纷加大技术、资金投入，为新能源的开发利用奠定了坚实的基础。世界新能源发展呈现出以下3个趋势：

第一，新能源成为各国转变能源结构的主要途径。从全球化的角度来看，石油的供应量不断下降，同时随着各国经济的发展，现有的石油储量很难满足全球长期的发展需求。在低碳经济的推动下，低碳能源体系也成为一种必然趋势。以新能源为主的可持续能源时代将会到来，各个国家顺应潮流，提出了以发展新能源为核心的能源转型战略。各大国际机构做出的报告都明确提出了新能源对改善当前环境问题的重要性。《巴黎协定》的各签约国在考虑本国实际和国际发展的情况下，设定了各自的新能源发展目标。各大发达国家也将发展新能源作为维护国内环境，推动国家经济发展的重要途径。

第二，新能源的经济性显著提升。在外部经济条件不断改善的前提下，新能源得到了广泛应用，成本也得到了有效的控制。从设备的角度来看，风能、太阳能等新能源的设备价格明显下降；从电价的角度来看，各项新能源的最终产出电价已经能够与传统能源发电的电价相竞争，一些国家已经实现了电价的相对平衡，甚至某些国家的新能源电价更具优势。为了推动新能源发电的应用，各国也推出了各种补贴措施，随着新能源自身竞争力的增强，这些补贴政策也在慢慢消除，这也意味着新能源发电的经济竞争力得到了较好的体现。

第三，新能源已成为具有良好发展潜力的新兴产业。新能源产业可以促进经济增长，许多国家都将新能源作为新一代能源技术的战略制高点，进而投入大量资金支持新能源技术研发和产业发展。新能源也已成为国际竞争的重要新领域，新一代制造技术的代表性产业许多都出自于该领域。然而，随着产业集约化的发展，各国联系的增强，彼此之间的竞争也日益激烈。在技术和产品方面，各国可能具备不同的优势，在不断的贸易摩擦下，想要实现共同发展，必须要构建起紧密的合作关系，也只有进行合作才能够实现双方的优势互补，进而实现共同发展，达到共赢的最终目标。

3.4 本章小结

本章对世界新能源产业发展进行了概述。新能源产业在世界范围内发展迅速，在全球一次能源消费结构中，新能源的占比持续增加，传统能源的占比不断下降，根据新能源利用量的增加，能源强度、CO_2排放量、新能源发电成本均在下降。新能源作为一个新兴产业，不再受发达国家及发展中国家的区别限制而在全球蓬勃发展。本章对世界新能源产业中的核能、太阳能、风能、水能、生物质能和地热能的发展现状、全球发电量和累计装机容量的排名进行了论析，其中，中国、美国和日本在大多数新能源的发展中均占据了世界前几名的地位。

4

日本新能源产业发展概况及作用

日本能源储备匮乏，在近半个世纪一直重视核能的发展。2011 年的东日本大地震之后，由于核能的陆续检查和停运，日本政府面临着严峻的能源战略挑战。一边是减少或放弃核能所带来的经济和环境污染的双重压力，另一边是发展核能之外的新能源的步履艰辛，能源自给率降低，电力价格上涨，CO_2排出量增加。由于核能减少而导致的减排压力增加，日本在 2009 年的哥本哈根气候会议之后，对后京都时代国际气候变化安排采取了消极的态度。并且，日本于 2011 年 12 月退出京都议定书。因此，日本减少核能并大力发展其他新能源以取代传统能源的发展之路任重而道远。

4.1 日本一次能源消费和供给结构变化

4.1.1 能源消费结构的变化

4.1.1.1 能源消费的动向

到 20 世纪 70 年代为止的经济高速增长期，由于能源消费需求量巨大，日本能源消费的增长率高于国内生产总值的增长率。然而，70 年代的两次石油危机之后，以日本的制造业为中心，开始推行节能和新能源产业，相关产品的开发也日益增加。其结果是日本既保证了经济增长又抑制了传统能源消费的增长。尤其是 2011 年东日本大地震之后，节电意识的高涨使得能源消费进一步减少。这表现在：2014 年 GDP 比 2013 年减少了 1.0% 的同时，能源消费则减少了 3.2%。2015 年的 GDP 较 2014 年增长了 1.3%，能源消费依然减少了 1.4%。

结合图 4－1 可知，1965～1973 年，即日本的经济高速增长期间，总能源的消费量一直呈现快速增长状态。该期间的两次石油危机造成了石油的供给减少、价格飙升，严重地影响了日本经济的发展。吸取教训的日本开始重视新能源产业和节能发展。20 世纪 90 年代原油价格开始逐步降低，以家庭部门、业务其他部门为中心的能源消费也开始增加。然而，在 2000 年以后，随着原油价格的再次攀升，总能源消费在 2005 年达到了最高点，为 521.3MTOE，之后又开始有下降倾向。总体来说，1973～2010 年，总能源消费呈上升态势，其中传统能源消费增长放缓，而新能源消费逐步上升。

2011 年东日本大地震之后，由于核能停运而导致新能源消费量骤减，取而代之的是传统能源消费量急增。在地震前的 2010 年，新能源消费量为 92.6MTOE，传统能源消费量为 403.5MTOE。而在地震后的 2012 年，新能源消费量降为 29MTOE，仅为地震前的 31.4% 左右；传统能源消费量上升为 438.7MTOE，较地震前增加了约 8%。因此，2012 年的新能源消费量处于近年来的最低谷，而传统能源消费则处于最高点。2013 年到 2016 年，新能源消费量开始缓慢回升，传统能源消费量逐步下降，总能源消费量呈现下降趋势，这说明地震后日本在能源结构转型和节能减排方面取得了良好效果。2016 年的新能源消费量为 40.9MTOE，较 2012 年增加了约 41%，较 2015 年增加了 17.5% 左右；传统能源消费量为 404.3MTOE，较 2012 年降低了约 8%，比 2015 年降低了 1.6% 左右；而总能源消费量为 445.3MTOE，较 2012 年降低了约 5%，比 2015 年降低了 0.1% 左右。

根据上述可知，地震后的次年，2012 年日本总能源消费量呈下降态势，而传统能源消费量以更大的比例在下降，新能源消费量却不断增加。新能源占总能源消费的比例不断上升，由 2015 年的 7.8% 上升到 2016 年的 9.2%。与此相对应的传统能源占总能源消费的比例呈现下降趋势，从 2015 年的 92.2% 下降为 2016 年的 90.8%。

综上所述，尽管地震后日本能源消费仍然以传统能源为主，然而新能源占总能源消费的比例在上升，传统能源占总能源消费的比例在下降。

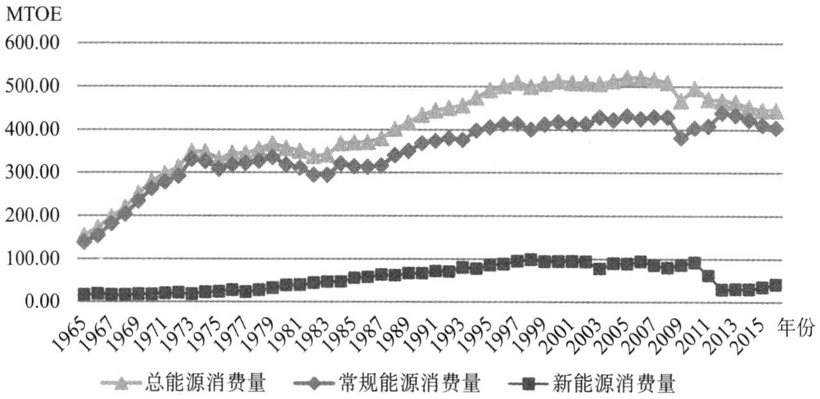

图 4－1　日本能源消费量变化趋势图

资料来源：BP 公司的《Statistical Review of World Energy June 2017》。

4.1.1.2　新能源消费的动向

依据图 4－1 可知，2010 年之前，新能源占总能源消费的比例不断上升，2010 年的该比重为 18.7%，其中核能在新能源消费中的占比为 71.6% 左右。大地震的次年，即 2012 年，由于核电站的陆续检查及停运，核能消费量骤减。新能源占总能源消费的比例下降到 6.2%，其中核能在新能源消费中的占比下降到约 14.1%。2014 年，由于核能全面停运，核能消费量为零。与此同时，其他新能源稳定增长，从 2013 年的 30.3MTOE 增长到 2015 年的 34.8MTOE，增长率为 14.8% 左右。2014 年至 2016 年，由于部分核电站的重新启动，核能消费量从 0 上升至 4MTOE。新能源消费量则从 29.9MTOE 增长至 40.9MTOE，增长率为 36.8% 左右。2016 年的新能源占总能源消费的比例为 9.2%。

值得比较的是，在东日本大地震之前，日本在 2009 年和 2010 年的新能源消费量已达到 86.7MTOE 和 92.5MTOE，以上两年的新能源占总能源消费的比例分别为 18.5% 和 18.7%。相对于此，地震后的 2015 年和 2016 年的新能源消费量仅为 34.8MTOE 和 40.9MTOE，新能源所占总能源消费量的比例急速下降，2015 年为 7.8%、2016 年为 9.2%。根据以上可知，尽管从 2012 年之后新能源消费量在逐渐增加，新能源占总能源消费的比例也在递增，但是在核能从骤减到零再到缓慢恢复的过程中，其他新能源并未能够及时地补上核能消费量所减少的缺口。

根据图 4－2 可知，从新能源的种类来看，2016 年的新能源消费较 2015 年增长了 17.5%。其中，核能消费量有了缓慢的复苏，从 2014 年的 0MTOE 增加到了 4MTOE。水能消费量从 2014 年到 2016 年，均为 18MTOE。其他新能源从 2014 年的 11.8MTOE 增长至 18.8MTOE，增长了约 59.3%。从以上数据可以看出，除核能和水能之外的新能源消费量增速迅猛，说明新能源在 2015 ~ 2016 年的发展呈快速增长阶段。

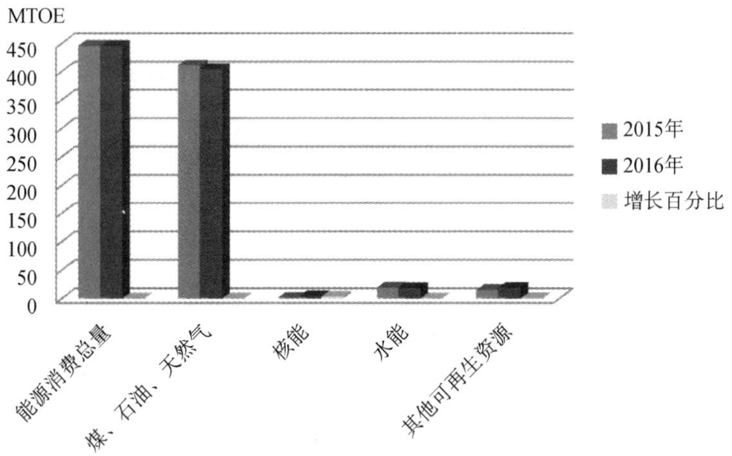

图 4-2 2015 ~ 2016 年日本能源消费量变动图

资料来源：BP 公司《Statistical Review of World Energy June 2017》。

4.1.1.3 日本能源消费和海外的对比

在世界各国当中，日本的单位 GDP 能耗一直处于较低水平。根据图 4-3 可知，从 1990 年开始日本持续维持在 0.1 左右，低于约 0.2 的世界平均水平。1990 ~ 2005 年，日本处于最低位置，2005 ~ 2014 年，英国赶超日本成为世界最低国家，平均量约为 0.09。而中国尽管从 1990 年开始一直急速降低，2014 年仍然高于 0.4 的水平。

能源给我们创造了便捷的生活方式，无论是饮食还是出行和工作等均依赖电、天然气和石油等能源。如果没有能源，便利的现代生活模式将无法持续。日本实质 GDP 的单位能耗低于世界平均水平。根据图 4-4 可知，如果把日本单位 GDP 能耗看成是 1 的话，其约为美国的 1/2，是同为非资源型国家、韩国的 1/3 左右，约为中国和印度的 1/5。日本仅次于英国，在全球排名第二。取得能源效率如此高的好成绩，是源于 20 世纪 70 年代两次石油危机后政府致力于节能和推动新能源产业发展的效果。

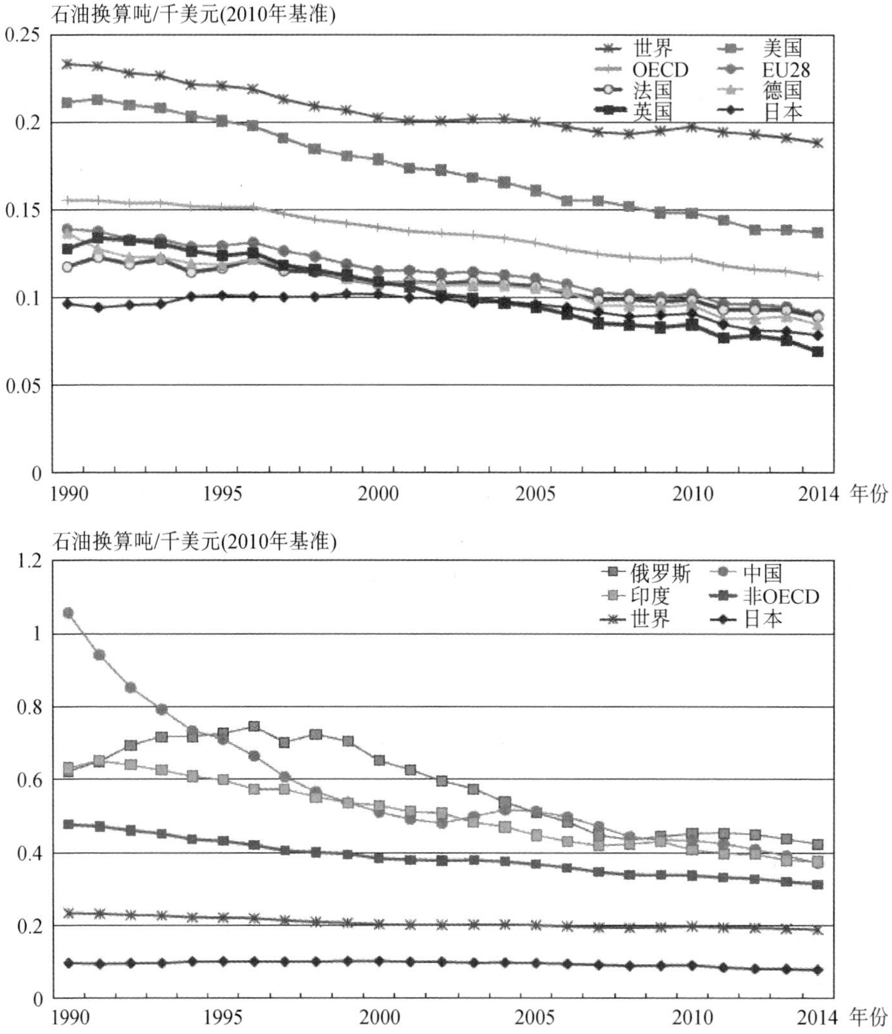

注：一次能源消费（石油换算吨）/实际 GDP（1000 美元、2010 基准）。

图 4－3　各国的单位 GDP 能源消费量比较变化趋势图

资料来源：2017 日本能源白皮书（平成 28 年度エネルギーに関する年次報告（エネルギー白書 2017）），第 137 页。

4.1.2　能源供给结构的变化

从能源的供给到消费的过程中，途经各种阶段。总的来说，从原油、煤、天然气等各种能源的供给开始，通过发电部门和转换部门（发电所、石油提炼厂等），将电和石油制品的形式转换之后，成为我们所消费的能源。其中，

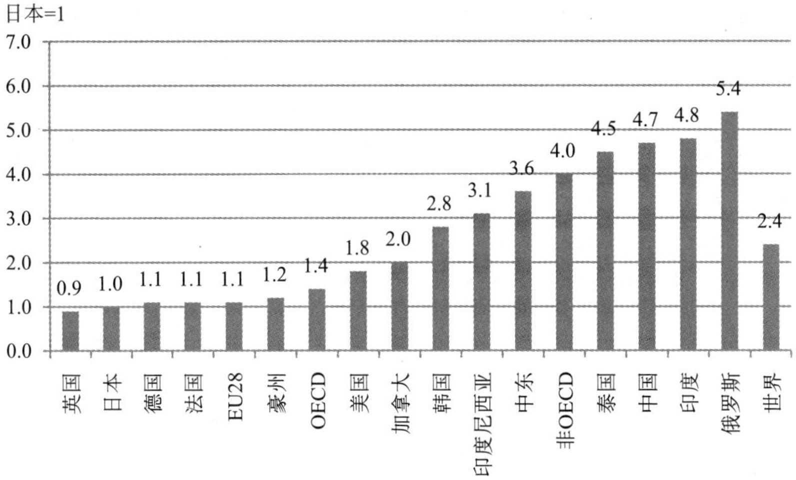

图 4－4　2014 年各国单位实际 GDP 的能源消费量比较[①]

资料来源：2017 日本能源白皮书（平成 28 年度エネルギーに関する年次報告（エネルギー白書 2017）），第 138 页。

包含发电部门和转换部门在运作中所产生的损失量在内的全部能源总量被称为“一次能源供给”，而最终消费者所使用的能源数量被称为“最终能源消费”。“最终能源消费”等于“一次能源供给”减去发电部门、转换部门在运作中自身所消耗的能源以及发电和运输中的能源损耗。例如，在 2015 年，日本一次能源供给为 100 的话，最终能源消费是 68 左右，已消耗掉的能源高达 32%。具体来说，“一次能源供给”包含的种类有：石油、天然气、煤炭等传统能源以及核能、太阳能、风能等新能源的初始形态能源。而“最终能源消费”是我们最终使用的石油产品，其种类包括：汽油、灯油和重油等以及煤气、电力、热等形态的能源。

从一次能源的用途来看，包括核能在内的新能源大部分用于发电，一小部分用于供热。天然气除了转换为电力，有很大一部分转换为日用天然气。而煤炭，主要用于发电和钢铁冶炼。石油用来发电的比例较小，大部分经过提炼过程后成为人们所消费的以下形态：汽油、轻油运输燃料；煤油、重油等石油产品和石油化学原料用的石脑油等。

日本的能源需求从 20 世纪 60 年代开始急速增加。在此之前，日本的国产

① 为了便于比较，设日本的单位 GDP 能耗 = 1，按照比例求出其他国家单位 GDP 能耗。单位 GDP 能耗 = 一次能源消费量（石油换算吨）/实际 GDP（美元、2010 年基准）。

煤炭担负着大部分的能源供应。此后，由于在经济高速增长期间，国产煤炭失去了价格竞争力，从中东进口的大量的廉价石油成为日本主要能源供给的来源。在1973年，一次能源国内供给的75.5%全部依赖石油。然而，以第四次中东战争为契机而发生的1973年的石油冲击，导致了原油价格的高涨和石油供给的不安定之后，日本为了稳定能源供给，降低了石油的依存度，开始大力推进核能、天然气、煤炭等石油的替代能源的发展。

同时，受伊朗革命中伊朗生产的石油中断而导致的原油价格再次大幅度高涨的影响，1979年的第二次石油危机进一步促进核能、天然气、煤炭的进口以及新能源的开发。为了有稳定的石油供给来源，日本从20世纪80年代开始，对中东石油的依存度持续降低，取而代之的是对印度尼西亚、墨西哥等非中东地域的石油进行了增购。2010年度以后从俄罗斯进口的石油也开始增加，因此对中东石油的依存度进一步降低。

根据图4－5可知，日本在一次能源供给结构中，石油所占比例由第一次石油危机时期，即1973年的75.5%，下降到2010年的39.8%，改善幅度明显。东日本大地震前的2010年，一次能源在日本国内供给量中的占比分别为：石油39.8%、煤炭22.5%、天然气19.2%、核能11.1%、其他新能源7.4%。

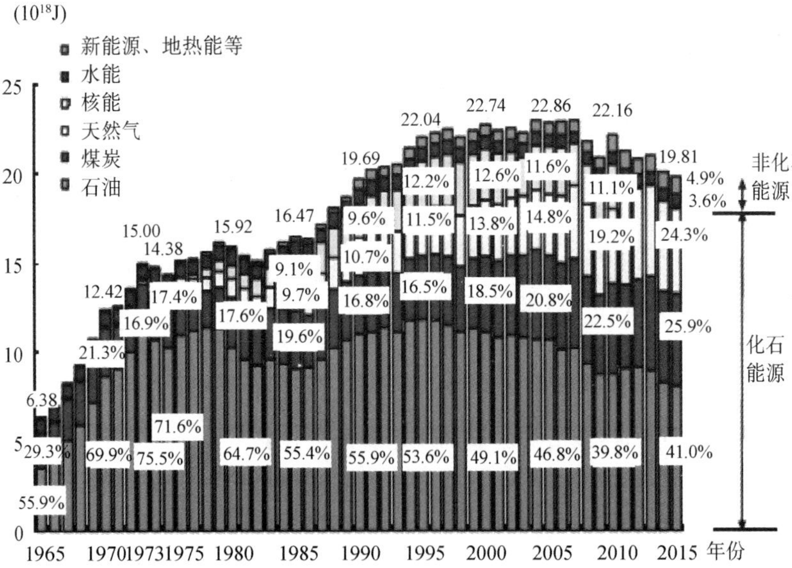

图4－5　日本一次能源供给的推移

资料来源：2017日本能源白皮书（平成28年度エネルギーに関する年次報告（エネルギー白書2017）），第138页。

东日本大地震后的2012年，由于核能发电量骤减，代替核能的化石燃料增加，近年有减少倾向的石油在一次能源供给的占比上升至44.1%。2015年，由于核能的重新启动以及其他新能源的增加，石油占比再次减少到41.0%，煤炭占25.9%，天然气占24.3%，核能占0.3%，其他新能源占8.5%。这是石油供给量继2012年之后的连续3年减少。

通过以上数据可知，由于核能的减少，导致东日本大地震后的石油、煤炭和天然气的供给量均高于地震前，核能之外的新能源供给也有所上升。

4.1.3　能源自足率的变化

根据图4-6所示，1960年日本国内的主要一次能源为煤炭和水力，能源自给率[①]高达58.1%。日本在经济高速增长期间，由于能源需求量大，在能源供给方面，大量进口的石油代替煤炭成为主要的一次能源。此后，能源自给率持续大幅降低。石油危机之后，不仅是煤炭、石油，甚至包括普及的液化天然气也几乎全部从海外进口。1980年的能源自给率降为12.6%，之后随着核能的大力发展，2000年的自给率上升为20.2%，直到东日本大地震之前，自给率维持在19%~20%。东日本大地震之后，随着核电站的陆续关闭，2014年

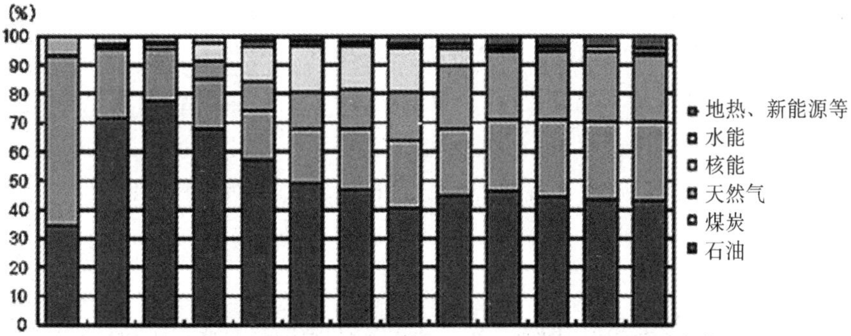

年度	1960	1970	1973	1980	1990	2000	2005	2010	2011	2012	2013	2014	2015
能源自给率(%)	58.1	15.3	9.2	12.6	17.0	20.2	19.1	19.9	11.1	6.2	6.1	6.0	7.0

图4-6　日本一次能源国内供给构成及能源自给率的推移[②]

资料来源：日本2016年能源白皮书/能源年次报告，第140页。

① 能源自给率：对于生活和经济活动所必需的一次能源当中，自国可以确保的比率。

② 能源自足率（%）=国内产出/一次能源供给×100%。在图4-6中，2015年的能源自足率是IEA的推测值。

核能发电量为0MTOE，自给率也下降到史上最低，仅为6.0%。与其他国家相比，2014年日本的能源自给率居于世界第33位。2015年随着新能源发展力度的加大以及核电的再启动，其自给率上升至7.0%。能源自给率的低下意味着必须依存他国的能源进口，而能源稳定供应易受国际形势的影响。为了改善能源自给率低的状况，除了推动国内资源的调查、开发和节能之外，政府推进新能源发展是其最佳选择。

4.2 日本新能源产业发展的历程和现状

4.2.1 核能产业

第二次世界大战之后，日本能源政策的三大目标是能源稳定供给、廉价供应和环境保护。由于核能的发电成本较低、核能自身供给方面能够达到近乎自给自足以及具有CO_2低排放等优势，核能成为新能源产业发展中的重点之一。

1945年日本战败，联合国禁止日本进行与核能相关的研究。然而随着1952年旧金山条约的生效，相关规定又被解禁。日本是在第二次世界大战中唯一一个遭受核爆的国家，日本民众普遍存在“核敏感症”，即对核能的安全性怀有质疑的态度。尤其是在2011年东日本大地震导致的福岛核事故之后，拥核派和反核派对立激烈，核能发展一度停滞。在此背景下，政府对于核能的研发是利用法律和财政手段来促进的，而消除公众对于核能的抵制是通过政策指令和利益条款的方式进行的。对于资源匮乏的日本来说，核能可以称得上是在技术上突破的国产能源。

日本首座核电站（东海一号）是利用英国的设计而完成的。从20世纪50年代以来，日本在核能的开发方面，做出了巨大的努力。20世纪70年代，日本已具有单独开发大部分核能的技术和能力。20世纪80年代，其核电站的建设已达到世界标准。经过耗时10年以及投入61亿美元进行技术研究，现在日本已拥有世界上唯一的大型螺旋形受控核聚变实验装置，在受控核聚变研究方面达到了一流水平。

4.2.1.1 核能的发展背景及历程

（1）地震前的阶段（1954~2010年）

1954 年 5 月内阁咨询机构“原子能利用准备调查会”成立。之后，电力公司开始相继建设核电站。同一年，日本政府设立了一个和平利用核能的项目，预算金额为 2.35 亿日元，另外还投入 1500 万日元用于铀资源勘测。1955 年，日本政府制定了一系列关于核能的法律①，该法案制定了以和平为前提的核能利用大纲。这在当时和平利用核能还未成为国际准则时显得意义重大。本着“民主方式、独立管理和公开透明”的三大原则，日本政府于 1956 年成立了一些促进核能发展的机构，具体有：推动核电开发的核能委员会（AEC）、日本原子能研究所（JAERI）和日本原子燃料公司。1956 年 1 月 1 日，原子能委员会正式成立。同年 6 月，日本原子能研究所②在茨城县东海村成立。1957 年，日本从美国引进的研究性核反应堆开始运作，这次的引进为日本发展核电奠定了坚实的基础。1963 年 10 月 26 日，日本的第一座核电站在东海村建立。这是日本第一台运行的核电机组。1966 年 7 月，从英国引进第一座商用核反应堆 Tokai－1，并于 1998 年 3 月正式开始运营。1974 年，日本制定了电源三法③，在该法案中，确定了对核电长期补助的具体方针。

尽管日本非常注重核电的发展，而事实上直到 20 世纪 70 年代核能才有了实质性的进展。其受阻的原因有以下两点：第一点原因为民众反对并质疑核电。除了第二次世界大战时核爆的阴影之外，1954 年 3 月，“第五福龙丸号”渔船事件④又一次引发日本反核高峰。东京民众率先发起反对氢弹核试验的请愿，截至 1955 年 8 月已获得了 3000 万民众的签名支持。日本政府为了使核能战略按照计划实施，一方面，从物流、财政和选址上对发展核能的公司（东京电力等）给予支持，将核电站的选址基本建在农村地区；另一方面，为核电站所建立地区的民众提供相关援助和就业机会。核能发展受阻的第二点原因为双边协议对日本核能发展存在的限制性。由于在和平的基础上制定了核能的原则，日本与很多西方国家签订了双边协议。例如，美国（1955）、英国（1958）、加拿大（1959）、法国和澳大利亚（1972）。在 1970 年前签订的协

① 法律主要包括：《原子能基本法》《原子能规制委员会设置法》和《首相办公室设置法》。其中，《原子能基本法》的中心内容为核能的研发和利用均立足于和平之上。

② 日本原子能研究所是一个独立法人机构，地址设在茨城县那珂郡东海村。迄今为止，该村仍为日本核能研究的中心地。

③ 电源三法：《电源开发促进税法》《电源开发促进对策特别会计法》和《发电用施设周边地域整备法》。

④ “第五福龙丸号”渔船事件：第五福龙丸号是日本一艘远洋鲔鱼船的名字，1954 年 3 月 1 日，部分船员因受到美国在比基尼岛试爆氢弹所产生的高能辐射而导致死亡。无线通信船长保山爱吉在半年以后的 9 月 23 日死于急性放射能症。

议，基本上屈从于其他国家安全保障的条件，这对日本发展核能是具有限制性的。例如通过提供核反应堆和核燃料开展铀浓缩和加工活动就受到了限制。尽管如此，日本与美国的供应商（西屋电气等）合作，通过收购他们的设计，日本很多公司（日立、东芝和三菱重工）具备了建造轻水反应堆的能力，甚至还向其他东亚国家出口核反应堆。随后，20 世纪 70 年代的两次石油危机进一步推动了核电的发展，石油价格高涨使得日本认识到核电的重要性，并且核电具有原料供应稳定、发电成本相对低廉、环境污染小以及能源密度高等优点，日本政府将核能作为未来化石燃料的主要替代能源，重点发展。

20 世纪 70 年代到 80 年代，日本建设了大量的核反应堆。1970 ~ 1989 年，建设了 41 座新反应堆，其中 37 座投入运行；而 60 年代仅新建了 7 座反应堆，其中 2 座投入运行。然而接连两次国外核事故的发生和石油价格的趋向稳定，导致了日本核能发展再一次停滞。1979 年美国三里岛核事故以及 1986 年苏联切尔诺贝利核事故的发生，再一次提高了全球公众对核能的反对力度。美国和其他欧洲国家被迫放弃核燃料循环，且停止新建核电站。20 世纪 80 年代，油价稳定低廉，20 世纪 90 年代日本仅仅新建了 6 座反应堆。

2000 年之后日本进入再次重视核能的阶段。在这个阶段中，国际油价持续攀升的同时，中国以及印度等新兴国家对石油的需求也在不断增加。为了兼顾环境问题和稳定的能源供应，日本开始再次重视核能。2000 年，作为《京都议定书》的发起国，日本提倡重视气候变暖问题，大力倡导核能发展。2002 年 3 月，日本政府宣布将依靠核能达到《京都议定书》的减排目标。2004 年日本原子能产业论坛公布核电远景报告，该报告提出日本核电产能的目标是到 2050 年前，将达到 90 千 MW，核能产能及其在能源结构中的占比都会增加一倍。2005 年日本原子能委员会制定了《原子能政策大纲》，提出了 2030 年以后核能的总发电量至少要达到现在的 30% ~ 40% 的程度①。同年 10 月，日本政府发布了“核能政策框架”，这是从日本原子能委员会并入内阁之后，制定的第一项长期核能计划。该计划是由内阁、文部科学省和经济产业省达成一致后所制定，是一个强大的核能政策框架体系。之后，经济产业省顾问委员会的

① 「平成 17 年度エネルギーに関する年次報告」（エネルギー白書 2006） HTML 版 > 第 1 部エネルギーを巡る課題と対応第 2 章具体的取組第 3 節原子力の推進．［Online］．Available at http：//www. enecho. meti. go. jp/about/whitepaper/2006html/1 - 2 - 3. html//www. enecho. meti. go. jp/about/whitepa. 2018 - 1 - 8.

下属核能委员会（NES）将具体行动方案细化①。在政府的不断努力下，同年对于公众对核能的态度的调查显示，75%的人支持核能应用的进一步提高，即核能在能源结构中上升至55%或者维持现有的20%的比例。

2006年5月，日本政府在《新国家能源战略》中，再次强调了能源的安全性。同年8月，《新国家能源战略》把日本核能计划列为其主要部分。该战略中确定了核能的部分政策②。同时，为了降低核电所在地区民众的反对意见，经济产业省决定了相关资金补助标准：对建立核电站30年以上的地区拨款25亿日元，对接受核燃料循环设施的地区拨款60亿日元。在这个阶段中，为了确保核燃料的供应来源稳定，日本政府建立了与相关国家的合作关系③。

2009年的核能发电量占日本总发电量的29.2%，日本成为继美国和法国之后，第三大核能发电国家。截止到2010年底，日本共拥有17座核电站和54座反应堆，发电量达到4884.7KW④。同年，由于对核电的乐观期待，日本时任首相鸠山由纪夫，在哥本哈根世界气候大会（COP15）上宣布，到2020年，日本的CO_2减排目标为25%。而截止到2011年2月末，一共54座核电站在日本运行。2010年，经济产业省再次出台关于电力的供应计划，具体内容为：核电产能到2019年的增长目标为12.94千MW，核电供应比例将从2007年的262TWH增长到2019年的455TWH。同年6月，日本重新修订了《日本基本能源计划》，该计划指出，到2030年为止，关于日本能源结构中所占比例，核能将提高至50%，即电力的一半依赖核能，并达成最低减少30%温室气体排放的目标。然而，紧随其后2011年的东日本大地震对日本的核能计划产生了巨大的影响。

---

① 核能委员会（NES）将具体行动方案细化后规定了以下目标：第一，核能到2030年，需持续满足30%～40%的电力需求。第二，需进一步加强核燃料循环。第三，努力推动实用性较高的、中子增值反应堆循环的产业化。

② 《新国家能源战略》将核能的部分政策确定如下：日本核能产业开发、国际合作、运行安全、建立政府与社区间的信任关系等。

③ 2006年8月，日本首相小泉纯一郎访问中亚（这是日本首次访问中亚），并与拥有世界第二铀储量的哈萨克斯坦签订协议，主要内容为日本政府将鼓励日本企业投资铀矿，积极推动两国之间的铀矿转核燃料的技术合作。另外，日本还与乌兹别克斯坦领导人发表联合申明，申明中提出了重视政府与私营机构专家在铀矿开发问题上交换意见。除此之外，日本还与澳大利亚、一些非洲国家签署了相关的合作协议。

④ 日本能源白皮书ホーム>資源エネルギー庁について>エネルギー白書>「平成21年度エネルギーに関する年次報告」（エネルギー白書2010）HTML版>第2部エネルギー動向第1章国内エネルギー動向第3節一次エネルギーの動向．［Online］．Available at http：//www.enecho.meti.go.jp/about/whitepaper/2010html/2-1-3.html. 2018-1-8。

（2）地震后的阶段（2011～2016年）

2011年3月11日日本发生了东日本大地震，地震为9.0级并引发海啸。根据国际原子能机构（IAEA）总干事公布的最新报告可知，地震造成15894人遇难，6000多人受伤，2500多人失踪①。同时，地震造成日本东京电力福岛第一核电站1～4号机组发生核泄漏事故，破坏了4座反应堆。福岛核事故带来了严重的核污染，在宫城、福岛和岩手县产生了2250万吨的碎片，福岛辖区约有2800万立方米的土壤受到了污染。

当时的首相菅直人命令废止发电站1～6号机组之后，发电的核反应堆剩下48座。此次的地震带来的损失为1950亿至3050亿美元之间，约为其国内生产总值的3.4%～5.3%。

此次大地震引发的核事故，不仅对日本的核工业造成了巨大的损坏，同时掀起了新一轮的反核高潮，相对于在2005年12月的调查中，约有75%的人支持在2030年前将核电利用占比增长至55%，2012年1月的调查结果显示，约33%的人强烈要求立刻停止使用并彻底放弃核电，约67%的人希望在2050年之前废除核能。随着《电器事业法》的制定，日本各个核电站需要进行定期安全检查，周期为13个月，随后各个核电站逐步开始关闭。2011年2～12月，日本核电站的运转率由71%下降到15%。2012年初，为了安全检查，日本政府被迫关闭34座在运反应堆。

从1970年到2012年5月5日为止，日本所有核电站在42年内首次全部处于停运状态。日本环境省在2012年5月25日表示，核电站运行比例将在2030年定在0～35%之间，基准可以定在15%。与此同时，日本政府将创设原子能规制厅，并制定了核电运转期限为40年的规制。2012年7月到2013年9月，由于关西地区的电力供应紧张，相关部门经过数月的僵持和谈判，最终决定福井县的大饭核电站第3、4号机组重启运行。之后，由于大饭核电站（含有4个机组）进入定期检查，全日本的50座反应堆处于停止运营状态。直到2015年8月11日，九州电力川内的1号和2号机组再次开始运转，此次应用

① 国际原子能机构：《福岛第一核电站总干事报告》（中文版），2015年8月31日发布，互联网，p1，http：//www - pub. iaea. org/MTCD/Publications/PDF/SupplementaryMaterials/P1710/Languages/Chinese. pdf. 2017 - 9 - 9。

的是地震后的核能运转新基准①，这是两年来日本零核电的状况首次出现突破。

根据国际原子能机构统计可知，截至2018年1月底，日本的核反应堆，正在修建的有2座，正在运行的有42座，永久关闭的有18座。2016年，核能发电量为17453GWH，占总发电的2.15%②。这里值得注意的是，正在运行的42座核反应堆并不是同时运行，由于根据东日本大地震后关于核电的新规定，核反应堆必须定期进行安全检查。因此，42座核反应堆是交替性运行。

能源环境会议于2012年9月14日提议了“革新的能源环境战略”，宣布为了实现到2030年的零核电目标，将投入所有政策资源。为此制定了相关配套政策方针。同年日本民主党野田佳彦于9月19日宣布，“今后的能源环境政策”是“革新的能源环境战略”，此后日本正式确立了到2030年实现零核电的目标。而日本政府决定在2030年所有电力公司将永久关闭反应堆，这项决定有其可行意义。因为到2030年，根据日本核能的相关规定，大部分的核反应堆都已运行40年以上，将面临退役问题③。

根据图4-7可知核能发展概况，核能发电从1973年之后持续迅猛增长，在2011年的福岛核事故之后，核能发电量直线下降，一直到2014年核能发电量降为0MTOE，之后又轻微上浮。具体来说，截至2010年底的发电量为292.4TWH，2011年为162.9TWH，2012年为18TWH，2013年为14.6TWH，2014年为0TWH，2015年为4.5TWH。2016年核电供应量为17.5TWH，虽然核电供应量有所上升，但是其占总发电量的份额也仅为2.15%，在世界排名位于倒数第二。

4.2.1.2 地震后核能的重启理由

福岛核事故后，日本各地爆发了游行示威活动，部分日本国民坚持零核电。“反核派”和“拥核派”辩论激烈，最终日本政府受迫重新反思核能政

① 原子能规制委员在吸取福岛核事故教训的基础上，制定了核能运转新基准，内容涵盖了核能设计基础、严重事故处置举措、抵御地震和海啸等方面。具体包括：《核电站新安全标准草案》《新监管要求大纲（设计基础）》《轻水反应堆新监管要求大纲（严重事故措施）》《商业核反应堆实施新管制要求》《轻水反应堆新监管要求大纲（地震和海啸）》等。

② 国际原子能机构：IAEA PRIS（Power Reactor Information System），互联网，https://www.iaea.org/PRIS/CountryStatistics/CountryDetails.aspx?current=JP. 2017-10-18。

③ 日本環境省のエネルギ・環境会議.《革新的エネルギ・環境戦略》. 20120914. [Online]. p2. Available at https://www.env.go.jp/council/06earth/y060-111/mat01_1.pdf. 2018-1-8.

策，并决定重启核电。重启核电的理由可从能源和经济两个视角进行分析。

(1) 能源视角

日本的能源匮乏，能源消费又高居世界第三位，在天然气进口方面占据世界第一，在煤炭进口方面位居世界第二的排名。福岛核事故后，核电站暂停运营而导致了日本能源供给结构转变，化石燃料进口量和 CO_2 排放量激增。

经历核事故后，在 2010～2011 年，日本的全部燃料进口量从 17.4 万亿日元增加到 21.8 万亿日元，增长率的涨幅高达 25%。燃料进口占国内生产总值的比重从 2.6% 上升到 4.6%。2013 年，因为核能的减少，日本能源消费的 88% 为化石燃料，这个数额要高于 20 世纪 70 年代石油危机时期的 80%。

减排压力亦同时增加。"福岛核事故之前，由于核能每年可减少 CO_2 排放量为 14% 左右[①]"。2010 年的 CO_2 排放量为 1.12 亿吨，由于震后化石燃料进口增加，2012 年的排放量飙升至 4.86 亿吨。

2015 年 12 月，巴黎气候大会制定了《巴黎协定》并同意少数国家把核能列为减排的一种方法，同时对 2020 年后全球应对气候变化制定了具体框架，重新规划了未来全球气候的制度安排。"日本的温室气体排放量占全球的 3.8% 左右，为世界第五大排放国。日本的减排动向受到了国际的关注。日本的环境大臣丸川珠代于 2016 年 3 月 15 日在记者招待会上发言，表示日本的减排中期目标为到 2030 年减排 26%，长期目标为到 2050 年减排 80%，同时为了降低对燃煤电力的需求，日本政府计划启动灾后被关闭的部分核反应堆[②]"。

(2) 经济视角

日本的福岛核事故之前，核能承担了 30% 的电力供应，能源自给率从 4% 提升至 16%。随着 2011 年 3 月之后核电站陆续关闭，从 2013 年 9 月到 2015 年 8 月核电站全部停运，导致日本所需的能源成本飙升，电力价格上涨。

另外，经济产业省公布在现阶段其他新能源代替核能的代价太高。如果使用太阳能代替核能的话，替代一个反应堆（1000MW）所需的太阳板会覆盖整

① Nakano, J. "Japan's Energy Supply and Security since the March 11 Earthquake". Center for Strategic & Internationa Studies. Commentary. 20110323. [Online], Available at https://www.csis.org/analysis/japans-energy-supply-and-security-march-11-earthquake. 2018-1-8.

② "Japan Details Plan for Post-Paris Agrement Carbon Cuts". 20160316. [Online]. https://www.businessgreen.com/bg/news/2451065/japan-details-plan-for-post-paris-agreement-carbon-cuts. 2017-8-18.

个曼哈顿，如果用风能替代的话，则需要覆盖3.5个曼哈顿的区域①。其次，大量进口的化石燃料无法缓解电力的短缺。“日本在2012年成为世界上最大的液化天然气进口国。液化天然气在2013年的花销首次突破689.8亿美元②”。日本化石燃料的进口成本在核事故后逐步提高。

早在2010年，日本经济产业省曾对各种新能源发电成本进行估算，其结果是每发一度电的成本价格由高到低的顺序为：太阳能49日元、地热能8~22日元、风能10~14日元、水力8~13日元、火力7~8日元，而核电是价格最低的，仅为5~6日元③。经济产业省在2012年2月进行电力价格的估计，其结果是日本电价涨幅明显，提到了15%之上。根据政府自然资源和能源机构的统计，如果在2012年永久关闭日本所有反应堆的话，电力公司会亏损4.4万亿日元，并且10家电力公司中将有4家会破产。

总之，根据日本的现状来看，核能作为新能源之一，是必不可少的。因为较其他新能源，核能在减排和降低电力价格方面更占优势。因此，安倍政府将核能定位为“一个关键的基础电力来源”，同时在2014年4月宣布了新的国家能源政策，即核运营将被重启，但前提是建立在新创建的原子能规制委员会严格测试的基础上④”。另外，规定了在能源政策的推动中，核能的“安全”是最优先的。根据福岛的事故教训，日本政府彻底强化了规制标准⑤，提高了设施的安全性，加强了防灾、避难对策。

---

① METI (2006b). “Main points and Policy Package in Japan's Nuclear Energy National Plan”. [Online]. p1. Available at http://www.enecho.meti.go.jp/en/reports/pdf/rikkokugaiyou.pdf. 2017-10-18.

② “Future of Nuclear Energy: Japan”. 20160415. [Online]. Available at http://forumonenergy.com/2016/04/05/future-of-nuclear-energy-japan-2/. 2017-10-18.

③ 《エネルギー白書2010》の《我が国における再生可能エネルギーの導入動向》. [Online]. p123. Available at http://www.enecho.meti.go.jp/about/whitepaper/2010pdf/whitepaper2010pdf_1.pdf. 2017-8-18.

④ Kesavan, K. V. “Japan's Nuclear Energy Policy and It's Uncertain Future”. 20150906. [Online]. Available at http://www.eurasiareview.com/06092015-japans-nuclear-energy-policy-and-its-uncertain-future-analysis/. 2017-8-18.

⑤ 核能发电新的规制标准：核能发电的旧的设计标准有5条。简单可归纳为对于自然现象和火灾、稳定的电力供给、维护设备等其他的性能以及对地震、海啸的考虑。在此基础上，2013年7月新的标准设立。首先是强化旧的5条标准，尤其是对地震、海啸的强化。第二是新设了对于核能内部溢水的考虑。第三是增加了偶发事件的对策，具体有三条：防止放射性物质的扩散、防止存储容器破损和防止炉心损伤。第四是增加了反恐对策，例如飞机撞击等恐怖袭击。

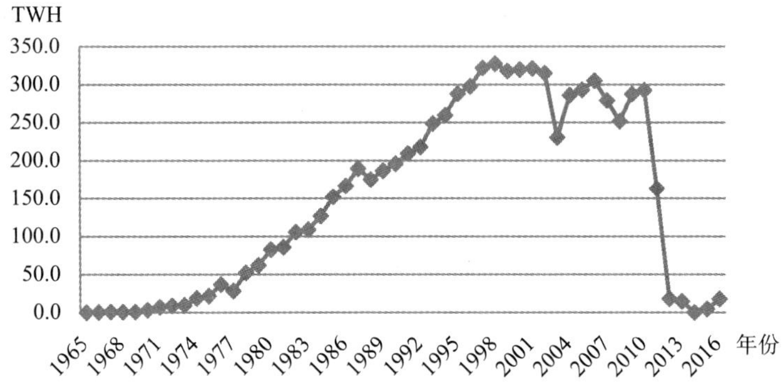

图 4－7 日本核能发电量变化趋势图

资料来源：BP 公司《Statistical Review of World Energy June 2017》。

4.2.2 太阳能产业

日本的地形因素使得其风能发展受限，在新能源产业当中，太阳能产业最受重视。在 1979 年发生石油危机后，日本太阳能产业受到重视并不断发展，技术创新不断推进。日本是推行太阳能产业政策最早的国家，也是应用技术上的强国，同时拥有高强实力的太阳能面板制造企业，例如，三洋、夏普、三菱电机以及京瓷等企业。2016 年，日本太阳能发电量和太阳能累计装机容量在全球排名第三位和第二位，分别为 49.5TWH 和 42750MW。

4.2.2.1 太阳能的发展背景及历程

太阳能的发展背景和历程包含了 4 个阶段，即起步阶段、稳步发展阶段、放缓阶段和快速发展阶段。

（1）起步阶段（1965～1993 年）

日本太阳能产业发展的巨大推动力来源于 20 世纪 70 年代至 90 年代期间的两次石油危机。1974 年，日本政府推出了包含多项太阳能研发项目的“阳光计划”[①]，属于补贴范围内的太阳能产品种类诸多[②]。1980 年又成立了“新

① 阳光计划：通商产业省（现在的经济产业省）于 1973 年第一次石油危机之后进行的新能源技术研究开发计划。详见本书 6.2.2.1 的内容。

② 太阳能产品补贴的种类：太阳能电池生产系统、常规/分散性以及大型太阳能发电、工业太阳能系统和太阳房等。

能源产业技术综合开发机构”（NEDO）[①]，其作用是对新能源产业的技术指导、开发、提供相关信息和金额补助等。1990 年，日本为了支持和推广太阳能并网发电，修改了电力公司法的要求和技术规范，并在制定了相应的标准和规范的基础上，允许太阳能发电优先并网，这在很大程度上推动了太阳能产业的发展。

（2）稳步发展阶段（1994～2005 年）

日本政府在 1994 年制定了“新阳光计划”[②]，计划将新能源产业在 2030 年之前发展为日本的支柱产业，年产值的目标计划达到 3 万亿日元。政府针对此计划使用了“直补”政策，即对安装太阳能发电设备的用户给予补贴。具体为，每户家庭 90 万日元/千瓦，该额度是初期安装费用的 45%。此外，政府还将以电网售电价格收购太阳能的发电量。在日本政府大力度的扶持下，日本的太阳能发电市场迅速成长，达到了全球首屈一指的地位。

日本的太阳能累计装机容量从 1997 年开始，成为全球第一，超越美国达到 91MW。2000 年日本累计装机容量高到 330MW，占世界总装机容量的 50%。2003 年太阳能电池的光能转换率达到了 20%。与 20 年前相比，太阳能发电成本已降至原来的 82%。

2003 年太阳能发电补贴从 1997 年的每千瓦 34 万日元下降到每千瓦 9 万日元，公众对安装太阳能依然保持着热情。并且，在 2003 年，有 260 多个地方政府为太阳能发电系统提供补贴。截至 2004 年 3 月，日本已安装的太阳能发电系统已达到 16.9 万套。2004 年开始各国加快了太阳能发电发展的步伐，日本占世界太阳能发电总量的比例开始持续下滑。2004 年，NEDO（新能源产业技术综合开发机构）在日本筑波市总花费多达 8 亿日元，建成了日本最大的太阳能发电系统[③]。该系统达到了日本太阳能发电行业的新高度。在发电功率方面，新增 869KW，总功率超过 1000KW，该规模可供 300 户家庭使用电量。

① 新能源产业技术综合开发机构（New Energy and Industrial Technology Development Organization，简称 NEDO）：最初于 1980 年成立，名为日本新能源开发组织。于 1988 年重新命名为 NEDO，2003 年进行重组，成为经济产业省下设的“独立行政法人机构”。其职能为负责政府和研究机构/产业界之间在政策立案、制度设计、课题研究、技术创新等方面进行联络工作。同时该机构也对新能源事业技术开发和普及提供相关信息、金额补助以及技术指导。

② 新阳光计划：是经济产业省在阳光计划的基础上进行的《能源·环境领域综合技术开发推进计划》的统称。详见本书 6.2.2.3 的内容。

③ 日本最大的太阳能发电系统位于茨城县筑波市，拥有太阳能电池板面积共 6500 平方米，采用了单晶硅等 4 种材料，电池板分别安置在研究所建筑物和停车厂的棚顶及空地的斜坡上，共有 5600 块，并设有直流电变交流电装置 21 台。

2005 年，日本政府停止了太阳能发电的相关补贴，日本企业也废除了自愿电价扣减计划。自此，日本在全球太阳能发电系统的领先地位开始逐步下滑。另外，1997～2004 年，日本的太阳能电池能效提高率持续保持在 90% 左右。

（3）放缓阶段（2006～2008 年）

从 2006 年开始由于紧缩的财政预算，日本政府决定暂时中止对住宅用太阳能发电安装系统进行补贴，与此同时太阳能相关产品的销售量开始出现下滑现象。例如，住宅用太阳能发电新增装机容量从 2007 年开始减少，较 2005 年，2007 年下降了 38% 左右。随后，德国、西班牙等国加快太阳能发电的发展速度，成为太阳能产业的强国，日本的太阳能产业发展势头开始停滞。

根据图 4－8 可知，在此阶段中，关于发电量方面，2006 年为 2.0TWH，2008 年为 2.6TWH。关于累计装机容量方面，2006 年为 1708MW，2008 年为 2144MW。2006 年至 2008 年太阳能发电量的增长率为 26%。

（4）快速发展阶段（2009～2016 年）

日本政府在 2009 年 1 月针对住宅安装太阳能发电设备重新导入了补助金制度，地方各省也纷纷制定了独自的补助制度，再加上 2009 年 11 月开始投入使用“太阳能发电剩余电力收购制度”[①]，以上制度使得太阳能安装费用降低，立竿见影地推动和刺激了日本太阳能产业发展，各厂家的太阳能组件订单大幅增长。相对于 2008 年，2009 年的太阳能发电板产量增长了一倍。同时，日本经济产业省在 2009 年 2 月下发了更为优惠的补贴政策，根据该政策，用户在安装太阳能发电设备的第十年就可收回初期的全部投资。

日本政府计划将太阳能发电规模在 2020 年前打造为世界第一。日本政府在 2009 年 4 月 9 日提出一项新能源产业经济刺激计划，总金额为 1540 亿美元，占到了当时日本 GDP 的 3%，其中包括太阳能方面的金额支出为 160 亿美元。在日本政府发现停止补贴直接导致了太阳能产业发展停滞的问题后，日本国会下议院于 2011 年 8 月通过了“可再生能源补贴法”[②]。该法对太阳能发电实行强制上网电价，要求 10 家电力公司收购过剩的太阳能电力。在该法案的刺激作用下，2011 年之后太阳能装机容量和发电量均快速上升。2011 年，日本福岛核事故之后，日本国民开始担心核能安全隐患。日本政府也将发展中心

① 太阳能发电剩余电力收购制度：即日本太阳能发电的 FIT 制度。详见本书 6.2.6.1 的内容。

② 可再生能源补贴法：该法具体包含以下内容：公共事业收购太阳能、地热能以及风能发电的电力时，价格需高于市场价格；对太阳能发电实行强制上网电价，要求 10 家电力公司收购过剩的太阳能电力。

从核能转到新能源领域。在此背景下，2011 年日本太阳能发电电池国内出货量比 2010 年增长了 30.7%，达到了 1296MW，这是日本太阳能发电国内出货量首次超过 1000MW[①]。

2012 年 7 月 1 日起，日本政府开始实行固定价格收购制度（FIT），非住宅领域的太阳能发电的引进开始急速扩大。FIT 制度规定了日本的电力公司在未来 20 年内必须收购日本企业和家庭利用太阳能所生产的全部电力，实施当年，即 2012 年的收购金额为：电力规模大于 10KW 的，收购价格是 40 日元/千瓦时，收购期间为 20 年；规模小于 10KW 的，收购价格是 42 日元/千瓦时，收购期间为 10 年。该法规定的收购价格力度引起全球瞩目，尽管从 2013 年 4 月起，收购价格降至 37.8 日元以下，降后的价格仍为中国和德国的两倍左右。FIT 制度从 2012 年实施以来，太阳能发电量及累计装机容量取得很大进展的同时，太阳能发电收购价格也在不断降低[②]。FIT 制度实施的当年，日本又在 7 月推出了“清洁能源激励计划”，在两大制度的推动下，太阳能装机容量和发电量开始迅速增长。

从 2012 年 FIT 制度实施至 2016 年，太阳能发电收购价格持续下降。然而，其他新能源的收购价格基本维持不变。其原因有 3 点。第一是核电重启。核电重新启动使得日本推动新能源发展动力有所减缓。在最新的 2023 年能源结构方案中，核电占比高达 20% ~22%，而太阳能发电占比仅为 7%。第二是均衡新能源的发展。在新能源占比中，太阳能占比高达 90%，为了让各种新能源均衡增长，日本需减缓对太阳能发电的支持力度，转而大力支持其他新能源。第三是太阳能发电成本已低于普通住宅电价。由于日本政府激励太阳能技术的开发，太阳能发电电价在 2010 年年末已达到了低于普通住宅电价水平，为 23 日元/千瓦时。这意味着电力消费者单从价格方面来考虑的话，太阳能发电也是一个有利的选择[③]。

---

① 北极星太阳能发电网，“日本太阳能发电市场震后迎来大发展”，互联网，http://guangfu.bjx.com.cn/news/20120223/343657.shtml. 2018-1-8。

② 以上价格均为税前价格。FIT 收购价格详见本书 6.2.6.2 的内容。

③ 高丽然．日本太阳能产业的发展经验及其对中国的启示［J］．河北软件职业技术学院学报，2014（3）：11。

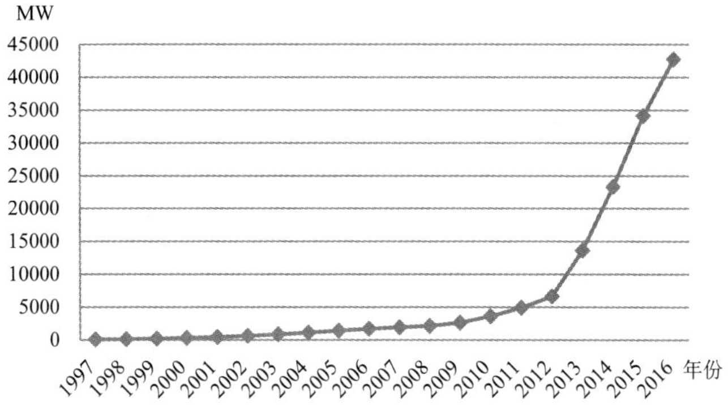

图 4 -8 日本太阳能发电累计装机容量变化趋势图

资料来源：BP 公司《Statistical Review of World Energy June 2017》。

根据图 4 -8 可知日本太阳能装机容量的发展概况，2013 年、2014 年、2015 年和 2016 年的装机容量分别为 13599MW、23339MW、34150MW 和 42750MW。

日本太阳能发电新增装机容量在 2015 年达到了 1200MW，同比增长 23%，成为全球除中国之外的、第二大太阳能发电市场。截至 2015 年底，累计装机容量为 34100MW。在可再生能源激励政策的刺激下，日本太阳能发电市场在 2016 年将维持快速增长的态势。如图 4 -9 所示，日本太阳能发电量从 2012 年开始迅猛上升，2016 年达到了 49.5TWH，较 2015 年增长了约 35%。

有关太阳能发电规划，民主党制定了以下装机容量的目标：到 2020 年，每年装机 450 万 KW，累计装机 5000 万 KW 以上，2030 年累计装机达到 8400 万 KW。

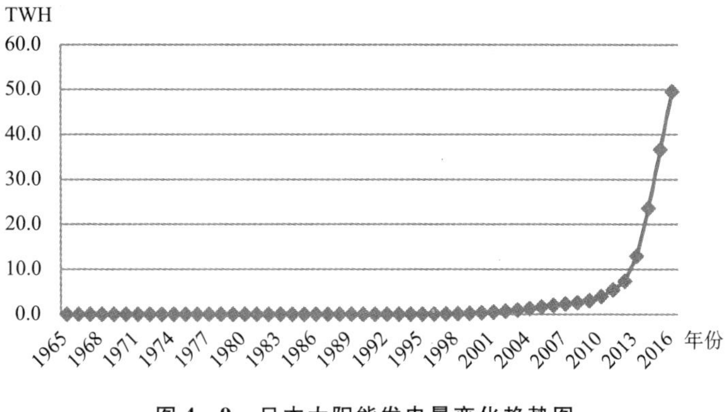

图 4 -9 日本太阳能发电量变化趋势图

资料来源：BP 公司《Statistical Review of World Energy June 2017》。

从世界范围来看，截至 2004 年底，日本是世界上最大的太阳能发电国。2005 年被太阳能发电增长迅速的德国超过，成为世界第二位。2015 年日本成为继德国、中国后的第三位太阳能发电国。

4.2.2.2 太阳能发电的问题

（1）太阳能设备认定后，未安装设备数量庞大①。从 FIT 制度导入以来，截止到 2016 年 3 月末，仅仅 4 年间太阳能发电就增加了 2700 万 KW。然而仍有 5300 万 KW 的太阳能发电未启动案件，即获得了设备认定后并没有安装的数量。其主要原因是新能源发电者的“套钱”动机②。为了改善该问题，日本政府于 2017 年 4 月开始实施改正后的 FIT 制度，具体成效值得期待。

（2）成本高、输出功率不稳定。与其他新能源相比较，太阳能存在成本高、受日照影响输出功率不稳定等问题。作为对策，今后太阳能产业的重点为推进太阳能低成本的技术开发，增加对太阳能蓄电池应用系统的相关研究。

4.2.3 风能产业

日本由于地理位置特殊，地形以山地居多，风能发电发展相对落后，2016 年风能发电累计装机容量在世界中排名为第 19 位，远远落后于其他新能源在全球排名中的位置。

4.2.3.1 风能的发展背景及历程

从地域来看，日本风能发电由多到少的排序为北海道占 24%，东北地区占 41%，九州占 16%，四国最少，仅占 2.4%。投资主体有基层地方自治体、民间独立发电企业等。从发电主体来看，电力公司可利用风能自主发电或公开招标风能发电并网。据图 4－11 可知，日本风能发电量从 2001 年起进入飞速发展阶段，2016 年达到了 7.1TWH，较 2015 年增长了 36.5%.

日本从 20 世纪 80 年代初就开始研究、规划风能的开发利用，不断地提升其开发技术。1980 年底三菱重工开发出日本第一台风能发电装置，塔高 23.2 米，叶轮直径 48.9 米，使用同步发电机，功率仅 40KW。为了提高其功率，在 1998 年度进行了电力品质确保系统的技术要求方针整备之后，三菱重工不断进行研究和开发，同年，研发出 1000KW 的设备。这表明日本的风能发电技

① 设备认定后，未安装设备数量庞大的原因详见本书 6.2.6.2“认定制度的变更”中的内容。
② 新能源发电者的“套钱”动机：详见本书 6.2.6.2“认定制度的变更”中的内容。

术已和国际水平接轨。日本政府规定风能发电设备的剩余电力可卖给电力公司，并制定了收购价格。

日本风能发电技术处于世界前沿，2007 年，日本风能发电企业开始对外扩张。风能发电龙头企业三菱重工拥有全世界一流的风能发电开发技术和设备，且拥有全世界最大的海上机型风能发电机，水深不超过 30 米就可安装使用，4000 户左右的家庭用电量仅用一台机器即可满足。该公司在 2007 年底向日本国内的生产基地和墨西哥投资了约 70 亿日元①。此外，在美洲、亚洲的印度、中国内蒙古和宁夏等地区都有相关产品的技术授权协议②。

福岛核事故之后，日本经济产业省在福岛县近海处建设并运营了浮体式海上风能发电站，发电量可达到 100 万 KW，等同于 1 个核电机组的发电量。另外，相对于陆上风能发电的转换率为 20%，海上风能发电的高达 30% ~40%，可以稳定地供应电力。海上风能发电的优势在于拥有强健而稳定的海风。海上发电设备的种类有固定式和浮动式两种③。2013 年，日本共安装 12 台海上风能发电机组，机组容量达到了 2.1 万 KW。其中 3 台为浮动式风能发电。浮动式的最大问题在于其高成本。2014 年 6 月，日本提出了力争在 2018 年前实现浮动式海上风能发电商业化应用的口号，并计划把海上风能发电打造为日本出口的重要项目。因为每台发电机含有 1 万至 2 万个零件，海上风能发电的普及可以带动相关产业链的发展。

2003 年度 RPS 制度的施行，2012 年 FIT 制度的实施，均加速了风能发电和装机的数量。根据图 4 - 10 可知，日本风能发电累计装机容量在 2003 年为 761MW，占世界总量的 1.72%。2016 年为 3280MW，比上年增长了约 6%。根据图 4 - 11 可知，日本风能发电进入 20 世纪 90 年代之后开始加快其发展步伐，2003 年之后，风能发电量进入迅猛上升阶段。发电量在 2003 年为 0.8TWH，2012 年为 4.7TWH，2015 年为 5.2TWH，2016 年为 7.1TWH，2016 年是 2001 年的 53 倍之多。

---

① 姜雅．日本的新能源及节能技术是如何发展起来的 [J]．国土资源情报，2007 (7)：9。

② 三菱重工与宁夏发电集团达成了提供中型风能发电设备的制造技术授权协议。

③ 固定式海上发电设备是长期以来的主流，原理是在海底建设一定的基础用来固定设备，要求地点为浅海海域。浮动式是近几年的创新，风机和承载风机的浮体一起漂浮在水上，绳索和锚将其固定于海底。

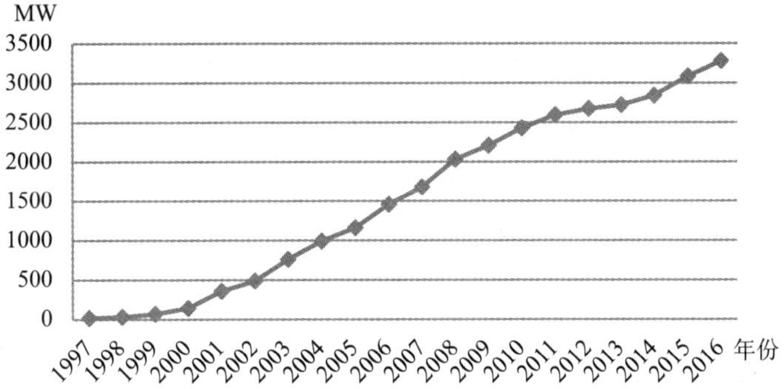

图 4-10 日本风能发电累计装机容量变化趋势图

资料来源：BP 公司《Statistical Review of World Energy June 2017》。

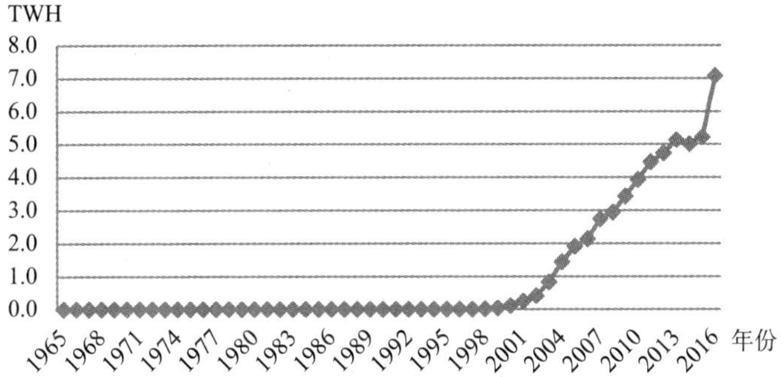

图 4-11 日本风能发电量变化趋势图

资料来源：BP 公司《Statistical Review of World Energy June 2017》。

4.2.3.2 风能发电落后的原因

(1) 日本风能发电世界排名落后的原因

风能发电从 FIT 制度的实施效果来看，和其他新能源的发展速度相比较，新增装机容量较少，发展较为缓慢。日本风能发电在世界排名落后的原因有 4 个。第一，电站建设受地形影响，无风处无法建设。发电设备受风速变化的影响，即仅在风速为每秒 3 ~ 25 米的区间才可以运转。因此日本陆地上的风能发电资源匮乏。第二，风能发电的成本高昂。日本风能的项目审批时间长，工程建设费用高，工会要求多，所有的风能发电场需要安装抗震系统，一些风能发电场需要安装防御闪电的系统。一般情况下，风机费用占整个风能发电项目的 65%，而日本仅占 50%，并非日本风机价格便宜，而是日本的其他费用居高不下。第三，政府支持力度相对低下。日本为陆上风能发电和海上风能发电提供的补贴分别为22日元/千瓦时和36日元/千瓦时的上网电价。该补贴电价与风能发电项目的成本相比，占比太小，起不到推动风能发展的作用。第四，严格的环境评估法案。风能发电对地理位置以及环境要求很高。因此日本制定的环境评估法案非常严格。截至2014年1月，日本仅有5个风能发电项目通过了评审，总装机容量为174MW，而等待的项目多达88个，装机总量为3693MW。

（2）日本风能发电面临的问题

日本风能发电面临的问题分为陆上和海上两个方面。

第一，陆上发电。由于地形和天气形成紊乱的风能气流，直接导致了输出频率的不稳定。这使得高成本的发电设备利用率很低，仅为20%至30%，所以电力系统的电力接受容量不能很好地支持大规模的风能发电导入量。同时风能发电储存也是一个难题。因此，为了推进在新能源当中成本较低的风能发电，解决以下问题刻不容缓：需要电力输出的稳定化、电力公司系统接收容量的扩大化、广域运用调整力对策的强化。日本风能发电的发展方向是提高风能发电系统的稳定化。

第二，海上发电。首先，海上风电建设需要获得渔业公司的认可。与中国的相关政府机关管理不同，日本管理海域的是日本的渔业公司。因建立海上发电会影响到渔民利益，由于渔民的反对会导致其在进程上受阻。其次，拿到政府补贴需花时间。日本政府规定风能发电场的筹备时间为4~7年不等，这意味着变相延长了风能发电场拿到政府补贴的时间。目前，日本风能发电产业正在积极申请，将此年限缩短至两年。

日本风力发电协会（JWPA）目前制定了日本风能发电发展的规划，即到2050年达到装机总量50GW的目标。安倍也重复提到要简化新能源项目的相关审批手续等，并将对电力系统进行改革，以接纳更多的可再生能源电力。

4.2.4 水能产业

日本水力资源丰富。除河流多之外年降水量也高达1820毫米，是世界平均降水量（730毫米）的2.5倍。得益于如此优越的水资源环境，日本从110年前就开始致力于水能发电。发展历程可分开发初期、大规模开发时代和考虑环境的建设时代。2016年，日本水能发电在全球排名位居第八位，为80TWH。

4.2.4.1 水能的发展背景及历程

（1）开发初期（1888～1925年）

在1888年，日本水能发电始于宫城县仙台市的三居泽发电站（5KW），该发电站现在属于东北电力管理，目前仍在运转中。1891年蹴上站水能发电站（水道式、直流，160 KW）建立，这是日本第一个水力事业、营业用的发电站。1910年，第一次发电水力调查实施①。1915年，福岛县猪苗代水能发电所建立，这是日本第一个具备长途输电（228千米）能力的发电站。

（2）大规模开发时代（1941～1964年）

由于日本燃料资源匮乏，煤炭、石油、天然气需要进口，而水能资源是本土的主要资源，发电的方针是水主火辅。1949年日本在鬼怒川修建了4座水坝及五十里坝，目的是为了促进防灾、粮食增产和供电，其资金来源是美国对日援助对应资金的11亿日元。20世纪60年代之后，日本利用了在经济的高速增长期获得的外汇购入廉价的化石燃料，这促使火力发电的比例开始提高。1962年，日本成立了"水资源开发工团"，该机构修建了很多闸坝工程，取得了一定的成效。1963年，富山县的黑部川第四发电站建成，水源来自黑部水坝，当时发电最大输出功率为28.8万KW（现在发电输出功率为33.5万KW），位居日本第四位②。此后日本水能发电占全日本电力的比重逐年下降。相对于1955年水能发电占全日本电力的78.7%，1962年水能发电比例下降到46.1%，而2005年则下降到8.3%。

1960年之前，日本大力发展核电和火电以满足持续增长的用电要求，电站的建立不仅担负电力系统负荷，还需建立抽水蓄能电站以补充缺乏的调峰容量。日本抽水蓄能电站装机容量开始逐年增加，从1960年到1990年增加了280倍左右，数值从60MW到1700MW，装机规模在200MW至1000MW之间，其中1000MW以上的约有10座。

（3）考虑环境的建设时代（1966年至今）

在这个阶段中，日本在建立水能发电站时开始逐渐考虑环境问题。实施的水力调查也更加细致。1980年，日本实施了第五次发电水力调查。1981年，

① 为了有效利用日本国内的水资源，日本政府从1910年开始就开展适合水能发电的全国和地方区域的调查（水能发电调查），迄今调查总数为5次。

② 黑部水坝是日本代表水坝之一，堤高186米，是日本最大的水库，由关西电力公司投资513亿日元建成。

新高濑川发电站完工投运，4 台机组装机容量共为 128 万 KW，年间发电量约 12 亿度，该发电站不仅是日本，而且也是远东目前最大的抽水蓄能电站。该发电站为混合式抽水蓄能电站，用抽水机将七仓水库的水抽到高濑川水库内，在白天放水时进行发电。发的电力被输送到东京和名古屋地区，对缓和两地区电力供应的紧张程度起到了很好的作用。1994 年新能源导入大纲正式确立，1997 年东京电力在群马县建立神奈川发电站，为世界最大的抽水发电站，最大输出电力为 2820MW，最大使用水量达到每秒 510 吨。

日本水能发电的特征是趋向于小型化，即平均规模在 4.6MW，可惠及 2700 个地区。为了促进不具有规模优势的小型水能发电站的发展，用技术开发来降低建设成本是必经之路。为此，日本政府从 1981 年至 2001 年的 20 多年里，对实验性电站的设计和可靠性进行分析和评估，对发电系统、新材料和建造方法进行了大规模的调查和研究。

1998 年地球温暖化对策推进大纲确定后，为了解决用电峰值的难题，日本将抽水发电的水源从河水拓展为海水，引进目前唯一被实际使用的大型电力存储技术，发展海水抽水蓄能电站，扩大水能发电开发潜力地区的范围。

1999 年，日本政府投资 936 百万日元运作了冲绳海水抽水发电实验，2003 年根据实验结果对海水抽水发电技术的实用化做出了综合评价。建成的冲绳海水抽水蓄能电站是世界上首座高水头海水抽水蓄能电站。海水抽水蓄能电站的意义非凡，在电力系统运行方面具有优势，第一无须建造下水库，第二可在电力需求相对较大的地区，如大型火力发电厂和核电厂附近建设。

为了促进日本水力发电快速发展，2003 年 RPS 制度成立，之后日本经济产业省扩大了 RPS 法使用对象范围。在由原 RPS 法规定的电力公司可销售用电中，除原有的太阳能发电、风能发电以及 1000MW 以下的小型水能发电之外，将发电能力为 3MW 以下的水能发电也包含于其中。小水能发电有地产地消的便利性，因此今后活用在农业用水等方面的潜力巨大。

2003 年，历经几个月的商谈之后，日本国际协力银行、立法者、商务部、非政府组织以及受援国政府共同制定了水能发电开发环境和社会指南①。该指南推动了日本水能发电的积极发展。2008 年，日本建设并投入运行的大坝总库容量达到了 210 亿立方米以上，共计 3058 座。

截至 2014 年底，日本拥有水能发电所总数为 1967 所、在建的上升至 51

① 这些指南将首次应用于工程筹资和出口信贷，随后日本国际合作（JICA）还制定了一套关于日本水能发电工程拨款援助的指南予以补充。

所。一般水力（抽水在内）的发电设备总容量为4960万KW，年发电量达到869亿KWH。从国际角度来看，日本水能发电引进量的份额达到5%左右。另外，未开发地点是2700处（是已开发和正在开发总数的1.3倍），其输出电力量的合计是1205万KW（是已开发和正在开发总数的一半）。

根据图4－12可知，日本水能发电量一直处于波动状态，日本的水能发电量在2003年为93.4TWH，2010年为86.9TWH，期间最高是2003年。

从2011年之后，水能产业保持快速增长态势。这源于2012年开始实施的FIT制度的作用。2016年日本水能发电量达到80TWH，比上年减少了3.8TWH，降低率为4.5%，占全球水能发电总量的2.0%。

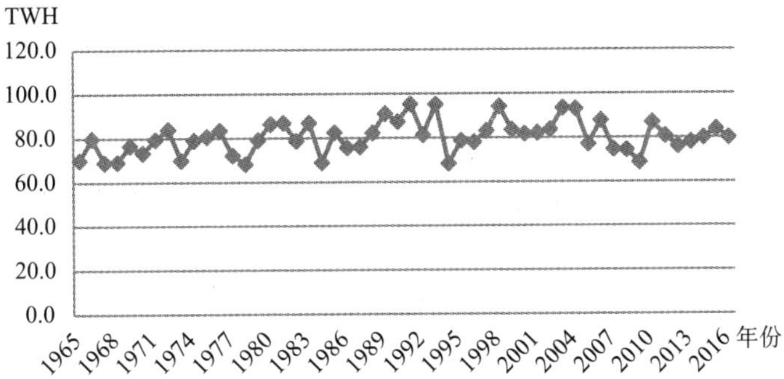

图4－12 日本水能发电量变化趋势图

资料来源：BP公司《Statistical Review of World Energy June 2017》。

4.2.4.2 水能发电的问题

（1）水能发电开发区域越少，开发成本越高。开发地点的小规模化、内陆化导致发电成本较其他新能源要高，这也成为水能发电发展受阻的要因之一。

（2）居民的反对。在河流附近生活的居民从生态环境的保护角度出发，反对征用新的场所建设电站。因此，政府需要加强与水能开发区域居民的交流和补偿力度，尽快增加新的场所建设电站。

（3）设备认定后安装比例低。小水能发电的设备认定在2016年3月末达到78万KW左右，件数超过500件。其中，已经开始运营的为16万KW，占设备认定的21%。为了提高设备认定后的运营率，政府应设定更为适当的收购价格，并在调查和资金运转方面给予支持。

4.2.5 地热能产业

日本是多火山国家，地热发电的潜能巨大，拥有世界第三位的地热资源量，高达23407MW（第一位是美国，30000MW；第二位是印度尼西亚，27790MW）。2016年，日本的地热能累计装机容量为544.4MW，在世界排名为第十位。

4.2.5.1 地热能的发展背景及历程

日本的地热发电可以追溯到1925年，其中最为著名的大分县别府温泉地热发电，其输出功率是1.12KW[①]。第二次世界大战之后日本的地热能发电被积极推进，1948年，日本的工业技术厅地质调查所开始在日本各地区进行地热调查。同时，各个公司也纷纷开始实施调查。例如，九州电力公司的调查地点在大分县大岳地区；东化工公司（日本著名的重化学工业公司）的调查地点在岩手县松川地区等。1966年，岩手县松川地区因其蒸汽优势型的地热储层领先于其他国内地区，开始运营地热能发电，初始输出功率为9.5MW，2015年为23.5MW。1967年，大分县大岳地的热水优势型地热储层开始运营，起始功率为11MW，而后达到12.5MW，预计2019年将达到15MW。地热发电在经历了两次石油危机后成为日本开发的重点，各地区的地热发电陆续开始运营。

如图4-13所示，1990~2000年日本地热能累计装机容量直线上升，1990年为214.6MW、2000年为535.2MW，10年间增长了1.5倍左右。1995年日本地热能发电装机容量为413.7MW，在世界地热能发电排名中，位居第五位。之后从2000年开始到2015年为止，基本处于持平状态。2015年日本在全球地热能发电累计装机容量中排名下降至11位，地热能发电量占全球地热能发电份额的4.2%。累计装机容量为544.4MW，较2014年的涨幅较小，增长率仅为1%。由于建立地热能发电厂会影响环境变化，因此2016年的大部分设备安装在国立和国家审定的公园内，其具体导致的影响有：在抽吸地热能资源的高温蒸汽或水时，会引发喷力衰竭，直接影响周边温泉的使用；进入大气中的水蒸气和其他气体相作用，会影响周边生态。因此，日本环境省于1972年下达通知：除已经运营和在建的地热能发电站之外，禁止新的调查和开发工程的推进工作。随后，环境省在1994年放松了对普通地区的地热能发电规制，决定地热能否开发可根据其对生态环境的影响程度而定。

---

① 江原幸雄．地熱資源の活用策を証する［J］．エネルギーレビュ．2015（5）：7－11。

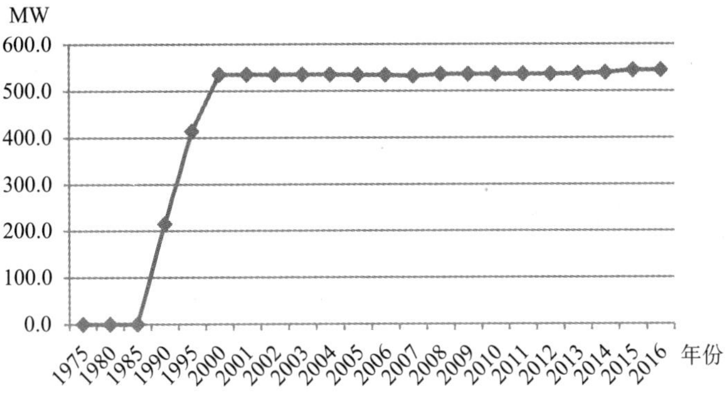

图 4-13 日本地热能发电累计装机容量变化趋势图

资料来源：BP 公司《Statistical Review of World Energy June 2017》。

根据上述政策，大雾地热发电厂（雾岛屋久国立公园）和八丈岛发电厂（富士箱根伊豆国立公园）分别于 1996 年、1999 年建成，并开始运营。基于之前的石油危机，以及源于对稳定能源的开发利用的特别重视，日本在 1980 年设立了 NEDO（新能源产业技术综合开发机构）。该机构的设立，推动和发展了日本的地热技术开发，例如，推动了地热水的探查、利用发电技术以及高温岩体发电技术等。然而，在 1999 年八丈岛发电厂之后，日本并没有继续致力于新技术的开发，也没有再建新的地热能发电厂。然而地热能发电在 1997 年实施的《关于促进新能源利用等的特别措施法（新能源法）》的法案当中被排除在外。从实施该法案后，地热的开发、研究和调查急速减少并且出现停滞。NEDO 也在 2002 年结束了对地热能技术的开发工作，国家的相关补贴等也迅速减少，仅限于对小规模地热能发电的促进调查。

另外，2011 年福岛核事故之后，媒体介绍了地热能发电的优点：不受天气影响，可 24 小时发电，利用率高达 70%，而风能和太阳能的利用率仅为 20% 和 12%；较其他新能源，地热能发电利用的土地最少。另外，地球温暖化问题日益严重，CO_2的减排也推动了地热能发电的发展。2012 年 7 月开始实施的 FIT 制度，使得企业对地热能发电开发的热情再次高涨起来。事实上，地热能开发初期需要进行地热资源容量的调查，根据调查件数来看，2015 年有 26 件处于正在调查中（其中，2015 年开始的新的调查有 11 件），这说明虽然国家补贴力度下降了，然而地热开发仍在发展中。

因此，2012～2016 年，地热能发电累计装机容量缓慢上升。根据图 4-13 可知，日本地热能发电累计装机容量从 1990 年开始到 2000 年的 10 年中处于直线上升趋势，从1990年的214.6MW增加到2000年的535.2MW，提高了约2.5倍。从2001年至2016年趋于平稳状态，2016年的累计装机容量为544.4MW，仅比2000年增长了约2%。

4.2.5.2　地热能发展停滞的原因及问题

（1）地热能发展停滞的原因

第一是居高不下的成本问题。地热能开发需要进行地下探查、钻井费用等巨大的投资，失去了政府的资助，日本地热能开发企业的成本负担极重，开发期也比国外（约5年）长一倍以上，利息负担重。第二是开发地区的限制。地热能开发的地区位于火山周边居多，且大多数的位置处于国立公园之内（80%以上）。然而根据1994年环境省的相关规定可知，为保护环境，禁止在国立公园内进行地热能的调查和开发。这意味着地热能的开发和调查只能在地热潜能相对较低的地区进行，该规定直接导致地热能的开发和调查成本居高不下。第三是来自民众的反对。温泉所有者反对在温泉附近地区开发地热能，其原因是担心地热能发电导致温泉枯竭。

（2）地热能发展的问题

在地热能发电的引进中，有3个大的问题。第一是地下开发的高风险和高成本。第二是温泉运营事业地区人们的理解。第三是地热能发电有1.5万KW以下的小型发电设备和高于1.5万KW以上的大规模地热发电设备，日本在其大规模发电设备方面要求严格，从资源调查到环境评价需要花费很长的时间以办理复杂的手续，时间长达运营后10年内左右。为了解决以上问题，首先，特别是近年来，政府也开始实施各种各样的支援措施。例如，为了降低成本，在成本最高的开发初期阶段，政府对地热资源量的把握所进行的地表调查和挖掘调查等实施支援。此外，为了促进地域的理解，对促进地热有效利用的事业给予支援，例如，利用地热能进行温室栽培和道路的融雪事业；举办地热能相关的专家研讨会和参观会。最后，为了促进地热能发电业务化的发展，增加了调查的支援和减短环境评价手续的时间。例如，为了缩短地热的开发期间，制定了通常需要三四年时间的环境评估手续缩短为一半时间的目标，与此同时，从2014年开始，对于实地环境情况调查进度提前的特例，制定了解决的支援制度。

4.3 日本新能源产业发展的作用

4.3.1 发电

4.3.1.1 新能源发电概况

目前，新能源最大的作用就是发电，在本章的4.2中详述了各新能源的发电概况。首先，本节将新能源整体发电概况做一个简单的汇总。

从20世纪70年代的石油危机之后，新能源产业开始积极蓬勃地发展，新能源消费开始逐年增加。然而东日本大地震产生的福岛核事故之后，2012年，由于核电站的检查及停运，核能消费量骤减。2014年，由于核能全面停运，核能消费量为零。2014~2016年，由于部分核电站的运营再开，核能消费从0MTOE上升至4MTOE。值得比较的是，在东日本大地震之前，日本在2009年和2010年的新能源消费量已达到86.7MTOE和92.5MTOE，这两年的新能源占总能源消费的比例分别为18.5%和18.7%。相对于此，地震后的2015年和2016年的新能源消费量仅为34.8MTOE和40.9MTOE，占总能源消费量的比例仍然远远低于地震前，2015年仅为7.8%，2016年仅为9.2%。综上所述，尽管从2012年之后新能源消费量在逐渐增加，但是在核能从骤减到零再到缓慢恢复的过程中，其他新能源并未能够及时补上核能消费量所减少的缺口[①]。

其次，根据图4-14可知2010~2016年新能源的具体种类发电推移概况，除核能外，其他新能源占总能源发电比率从2010年至2016年一直处于上升阶段。2010年发电比率为9.8%，2015年为14.5%，2016年为14.8%。而核能也从2015年开始重新启动，2016年的发电比例为总能源发电的1.7%。2016年新能源发电量占总体发电量的14.8%。其中发电量从多到少的排名为水能（7.5%）、太阳能（4.8%）、生物质能（1.7%）、核能（1.7%）、风能（0.6%）、地热能（0.2%）。其中，太阳能发电约占新能源发电比例的1/3。

① BP. "Statistical Review of World Energy June 2017". [Online]. Available at https://www.bp.com/en/global/corporate/energy-economics/statistical-review-of-world-energy.html. 2017-6-16.

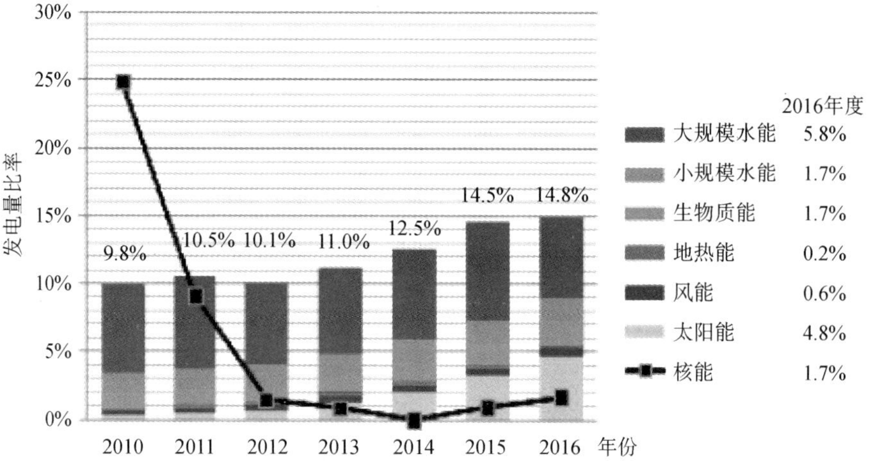

图 4－14　日本新能源占总能源发电比例推移

资料来源：日本自然能源白书 2017 摘要版，第 4 页。

根据图 4－15 可知日本 2016 年电量构成情况，石油、煤炭和天然气的总量比例为 74.9%，分别是 5.4%、30% 和 39.5%。新能源的总量比例为 25.1%。该比例距离日本的能源目标，即 2030 年的新能源发电比例为 45% 之间，仍有很大的距离。然而，如果日本重启核能的话，完成该目标的难度不是很大。

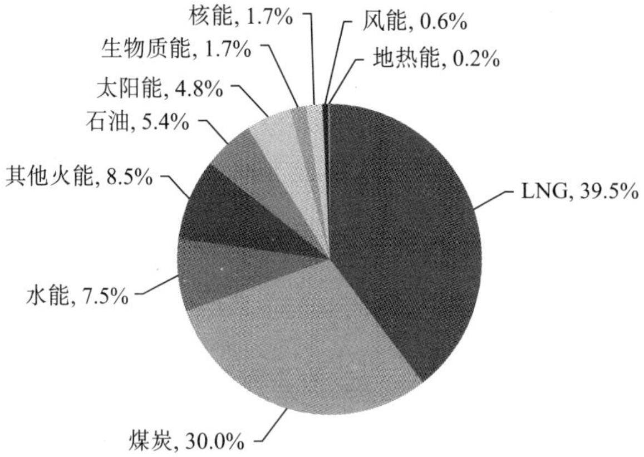

图 4－15　2016 年日本年间发电量构成

资料来源：据日本自然能源白书 2017 摘要版，第 4 页的数据整理制成。

4.3.1.2 新能源的发电促进电价下降

如图4－16所示，核事故后，由于核电的检查和陆续停运，日本国内电价一直上升。家庭用电从2010年的20.4日元/千瓦时上升至2014年的25.5日元/千瓦时，增长了约25%；产业用电从2010年的13.6日元/千瓦时上升至18.9日元/千瓦时，增长了约39%。直到2015年核能重启后电价才开始回落，然而由于核能的发电量太少，2015年的电价仍然高于地震前的价格。2015年的家庭和产业用电分别为24.2日元/千瓦时和17.6日元/千瓦时。

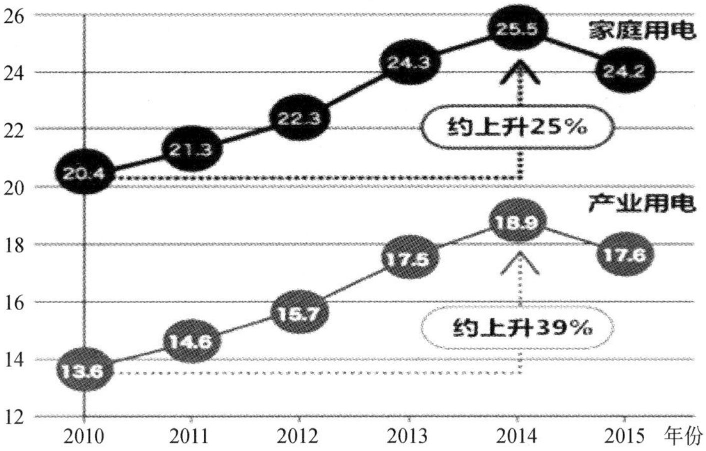

图4－16 日本电价的推移

资料来源：日本电器事业联合会的各年电力需要实绩确报和各电力公司的决算资料总汇表，第8页。

4.3.1.3 将来电源的构成

依据能源基本方针，在3E＋S的政策引导下，将来电源构成的方向为：节能和新能源（核能除外）最大限度导入；提高火力发电的效率；降低对核能的依存度。根据该方针的具体目标可知，在2030年，新能源发电比例上升至44%左右。其中新能源（核能除外）达到22%～24%的程度，核能达到20%～22%的程度。而根据新能源（核能除外）种类制定的目标为，地热能为1.0%～1.1%，生物质能为3.7%～4.6%，风能为1.7%，太阳能为7%，水能为8.8%～9.2%[①]。

4.3.2　供热

日本的新能源在发热领域被积极利用的有太阳热、地热（温泉热）和森林资源所产生的生物质热。

4.3.2.1　太阳热

在日本，太阳热的利用要追溯到20世纪70年代的石油危机。之后其市场开始扩大，1980年迎来了市场的最高峰后市场规模开始逐渐缩小。1980年，很多公司都在销售太阳热利用的机器，例如太阳能热水器（自然循环系统）和太阳能发电发热系统[②]（强制循环系统），其中市场以前者为主。1980年当时，太阳热温水器有80万台（约168万KWTH以上），太阳能发电发热系统有2.6万台（约17500KWTH）。之后，由于能源的供给稳定，价格降低，太阳热利用的机器销售量持续降低。从2008年至2010年，2008年的销售量开始增加，然而金融危机的爆发使得2009年的销售量再次降低。2010年日本政府实施住宅安装补贴制度，其安装台数微增。2011年东日本大地震之后，震灾地区对太阳能热水器的需求有所增加。从2011年之后，太阳热利用连续5年减少。近年来年间增加量约为4万台至6万台。而2015年，太阳能热水器的销售量约为2.5万台，太阳能发电发热系统仅为3.5千台左右。

4.3.2.2　地热

地热的发热作用，最初是从温泉开始被广泛利用。从前是由化石燃料加热洗浴用水，当温泉热出现之后，该方面所消耗的化石燃料就随之减少。另外，利用地下的稳定温度，地热可以提高住宅的冷气、暖气以及热水的能源效率。

根据日本环境省的调查，截至2015年3月末，日本共有约3万处的温泉，

---

① BP. "Statistical Review of World Energy June 2017". [Online]. Available at https://www.bp.com/en/global/corporate/energy-economics/statistical-review-of-world-energy.html. 2017-6-16.

② 太阳能发电发热系统和太阳能热水器完全不同。第一，加热原理不同。太阳能发电发热系统采用间接加热方式。房顶上的集热器中装有防冻液，防冻液吸收了太阳热之后，再用其热度加热储水器中的水。因此储水器中的水是满水状态，不接触空气，较清洁。第二，外形不同。太阳能发电发热系统的外形和太阳能发电板类似，屋顶上不带有储水罐。因储水罐单独放在地面，可以减少屋顶的压力。第三，温度设定不同。太阳能发电发热系统的温度设定像空调一样带有遥控器，出水温度可以自由设定，其原理为设定温度与储水罐内的温度之差由电来控制。

而利用以上温泉洗浴所节约的热量约为23.4PJ①。此外，农业的温室所用的温泉热为1.3PJ，地热（地中热）的利用为0.3PJ。2016年日本经济产业省和环境省的补助金制度有了很大的变化，两省联合起来对自家消费的新能源发电和发热给予补贴。经济产业省的补助金是针对民间事业者②，环境省给予补贴的对象是地方自治体和非营利团体。同时，从2014年开始，计划在5年内开展的NEDO（新能源产业技术综合开发机构）事业新能源热利用的技术开发中，在2016年实施了20个主题，其中15个是与地热利用相关的。这说明日本对于地热研发的重视程度越来越高。

4.3.2.3 生物质热

生物质能的热利用从远古的木材利用开始，虽然也存在一些利用生物质资源造纸的公司，然而大部分生物质热都是自家消费，其供给量的统计是有难度的。

木质生物质的热利用工具有以下3种：第一，造纸厂和木材工厂所利用的是大型生物质锅炉。第二，部分设施用的是木屑和木制颗粒的生物质锅炉。第三，家庭专用的是木材和木制颗粒的生物质火炉。在生物质的种类当中，木制颗粒作为化石燃料的代替品是关注率最高的。在20世纪80年代由于受石油冲击的影响，木质颗粒的生产有一段时期是增加的，到了90年代，由于石油价格的下降，其生产量开始大幅度减少，到了2000年之后，对环境问题的重视以及化石燃料的有限性促使其生产量再次上升。具体数额为：2009年是3.7万吨，2010年是5.8万吨，2011年是7.8万吨，2012年是9.8万吨，2013年是10.7万吨，2014年是12.6万吨，2015年是12.0万吨。从2009年到2015年，增加了225%左右。2013年日本生物质热利用量为186万KJ，约为1500亿日元（按照每升80日元换算）。

根据日本林业厅公布的《平成27年木质生物质能利用动向调查》可知，2015年日本所消耗的生物质热（木屑、木头颗粒和木粉）利用的总单位为178.8万吨，其中木屑占比约为66%。

4.3.3 交通

新能源产业的作用还体现在交通领域。各个国家鼓励购买新能源汽车的政

① PJ：Petajoule的缩写，热量的单位，兆焦。

② 事业者：根据日本的国税法令可知，事业者包含了个体、法人和团体。

策层出不穷，并开始初见成效。在电动汽车的种类当中，客运汽车近些年使用新能源汽车的比例激增。截至 2016 年，电动汽车和全球客运电动汽车销售量分别达到 200 万辆和 77.5 万辆左右[①]。

日本的 CO_2排放量每年约有 10 亿吨，而运输部门的排放量占其 20%。同时日本在汽车的数量上是拥有大国。因此，发展新能源汽车是日本经济中产业结构调整的方向之一。日本是引领新能源汽车发展的国家之一，2010 年制定了“下一代汽车发展战略”，该战略制定了电池的研发和道路基础设施的建设（充电桩）等与新能源产业相关的内容，同时也制定了 2020 年和 2030 年日本新能源汽车的销售量目标。日本新能源汽车的销售量不仅在日本国内，而且在世界范围内也取得了显著的成绩。

日本对新能源汽车的具体分类为：混合动力汽车（HEV）、电动汽车（EV）[②]、燃料电池汽车（FCV）以及清洁柴油车（CDV）。根据表 4－1 可知，日本新能源汽车在 2015 年的销售量占到了总汽车销售量的 26.50%，这意味着平均每 5 辆新车的销售量中，就有一辆是新能源汽车。根据日本在 2015 年 6 月 30 日制定的《日本再兴战略改订 2015》中的内容可知，到 2030 年新能源汽车的目标是达到总汽车销售量的 50%～70%，其中电动汽车（EV）的销售量提高至总车辆的 20%～30%。这意味着日本政府的目标是到 2030 年，每两辆新车的销售中就有一辆是新能源汽车。

表 4－1　　新能源汽车的销售量与政府目标

车型	2015 年（销售量）	2030 年（目标）
普通汽车	73.50%	30%～50%
新能源汽车	26.50%	50%～70%
混合动力汽车（HEV）	22.20%	30%～40%
纯电动汽车（BEV）	0.27%	20%～30%
插电式混合动力汽车（PHEV）	0.34%	
燃料电池汽车（FCV）	0.01%	0～3%
清洁柴油车（CDV）	3.60%	5%～10%

资料来源：据日本经济产业省《EV·PHV 路线图检讨会报告书》2016 年第 4 页的数据整理制成。

① “Highlights of the REN21 Renewables 2017 Global Status Report in Perspective”. GSR Highlights 2017. [Online]. p8. Available at http://www.ren21.net/wp-content/uploads/2017/06/GSR2017_Highlights_Chinese.pdf. 2018-1-2.

② 电动汽车（EV）包含了纯电动汽车（BEV）和插电式混合动力汽车（PHEV）两种类型。本书中所有出现的电动汽车（EV）均属于此范畴。

4.3.3.1 日本新能源汽车的国内外销售量

（1）日本国内的销售情况

由于混合动力汽车无须建设配套基础设施，因此其销售量远远超过其他新能源车种。从日本国内的新能源汽车销售量来看，进入2000年以来，混合动力车相比其他车型销售量一直高居榜位，已经优先普及。其主要的成功原因可以归结为不需要建设配套基础设施。2009年以后，电动汽车的销售量首次超过1000辆，2011年的新能源汽车销售量构成占比为：混合动力汽车为98%，电动汽车为2%。2011年之后，各种新能源汽车的销售数量逐年增加。具体如表4－2可知，2011～2015年，混合动力汽车的销售量仍然是高居榜首，历年占比总销售量的份额均在97%左右。销售量第二的是电动车，第三的是插电式混合动力汽车。

表4－2 日本新能源汽车国内保有量情况 （单位：辆）

分类	2011年	2012年	2013年	2014年	2015年	2015年构成比（%）
燃料电池汽车（FCV）	0	0	0	102	494	0.05
纯电动汽车（BEV）	11226	13911	15594	15471	13282	1.34
混合动力汽车（HEV）	631335	857240	1015356	950294	959376	97.09
插电式混合动力汽车（PHEV）	3742	13178	12972	14714	14997	1.52
合计	646303	884329	1043922	980581	988149	100.00

资料来源：根据日本汽车工业协会数据整理制成。

根据表4－2可知，从日本新能源乘用汽车的国内保有量来看，2015年保有量最多的是混合动力汽车，为959376辆；插电式混合动力车居于第二位，为14997辆；纯电动汽车居于第三位，为13282辆。

（2）国际的销售情况

根据表4－3可知，日本的电动汽车（EV）从2009年开始在全球的销售量一直名列前茅。2009～2013年，全球排名一直位居第二，销售量分别是1080辆、3520辆、16140辆、40580辆和69462辆。2014～2016年全球排名位居第三，销售量分别为101740辆、126400辆和151250辆。2009～2015年，美国的新能源汽车始终保持着全球第一位的排名，而中国从2014年赶超日本成为全球第二大销售国。2016年中国的新能源汽车销售量跃居到世界第一的排名①。

表 4-3 全球电动汽车（EV、BEV）和插电式混合动力汽车（PHEV）的销售量

（单位：千辆）

国家	2009 年	2010 年	2011 年	2012 年	2013 年	2014 年	2015 年	2016 年
美 国	2. 58	3. 77	21. 50	74. 74	171. 44	290. 22	404. 09	563. 71
大不列颠	1. 40	1. 68	2. 89	5. 59	9. 34	24. 08	48. 51	86. 42
日 本	1. 08	3. 52	16. 14	40. 58	69. 46	101. 74	126. 40	151. 25
印 度	0. 53	0. 88	1. 33	2. 76	2. 95	3. 35	4. 35	4. 80
中 国	0. 48	1. 91	6. 98	16. 88	32. 22	105. 39	312. 77	648. 77
挪 威	0. 40	3. 35	5. 38	9. . 89	20. 37	44. 21	84. 18	133. 26
法 国	0. 12	0. 30	3. 03	9. 29	18. 91	31. 54	54. 49	84. 00
荷 兰	0. 15	0. 27	1. 14	6. 26	28. 67	43. 76	87. 53	112. 01
加 拿 大	—	—	0. 52	2. 54	5. 66	10. 73	17. 69	29. 27
德 国	0. 1	0. 25	1. 89	5. 26	12. 19	24. 93	48. 12	72. 73
韩 国	—	0. 06	0. 34	0. 85	1. 45	2. 76	5. 95	11. 21
瑞 典	—	—	0. 18	1. 11	2. 66	7. 32	15. 91	29. 33
其 他	0. 64	0. 83	3. 25	6. 9	12. 76	25. 35	52. 63	87. 48
总计	7. 47	16. 81	64. 58	182. 64	388. 07	715. 39	1262. 61	2014. 22

资料来源：根据 Global EV outlook 2017 Two million and counting，第 49 页的数据整理制成。

4.3.3.2 日本的混合动力汽车和电动汽车之首——丰田和日产

（1）丰田的混合动力汽车

截止到 2016 年底，日本推出混合动力的车型达到了 49 种，其中最为畅销的是丰田的普锐斯和本田的飞度。在全球的混合动力汽车领域，丰田表现最为出色，可以说丰田主导着全球的混合动力车市场。根据丰田汽车公司的调查，截至 2017 年 1 月底，丰田的混合动力汽车在全球累计销售量已达 1004.9 万辆，这在业内占据了绝对优势。

1997 年 12 月，丰田开发了世界上首台混合动力汽车——普锐斯，2000 年

① 国际能源署（International Energy Agency）．“Global EV outlook 2017”．［Online］．p49．Available at http：//www. iea. org/publications/freepublications/publication/global - ev - outlook - 2017. html. 2018 - 1 - 8.

普锐斯开始了海外销售。2005 年海外销售量超过了国内销售量，2007 年首次突破 100 万辆的销售量。之后，混合动力车在车型上开始有所突破。2012 年，普锐斯的插电式混合动力车型开始销售，2015 年普锐斯第四代开始销售，该车型的第四代提高了丰田混合车型的销售量。从 2016 年 5 月至 2017 年 2 月的 9 个月期间，丰田混合动力车型的销售量从 900 万辆开始飙升并突破 1000 万辆，可以说第四代普锐斯功不可没。现在，丰田混合动力车的销售量已经进入到了稳步增长期。

关于丰田混合动力汽车的车型方面：全球累计销售额占比最大的是普锐斯，四代车型累计销售量为 398.46 万辆；排名第二的是 Aqua（Priusc），销售量达到 138.01 万辆；排名第三的是凯美瑞，销售量为 61.47 万辆；排名第四的是 Priusα/v/+，销售量为 61.12 万辆。关于全球累计销售量的市场方面：日本占比最高，达到 485.27 万辆；北美紧随其次，销售量为 319.04 万辆；欧洲排名第三，为 133.60 万辆。目前，丰田的混合动力车型在世界 90 多个国家均有销售，车型数量达到 33 种。根据丰田汽车公司估算，相比同等动力性能以及同等车身尺寸的汽油发动机车型，丰田在全球售出的混合动力车型的汽油消耗量已节省了约 290 亿升，而 CO_2 排放量则减少了约 7700 万吨①。

（2）日产的电动汽车

根据雷诺日产联盟②在 2017 年 7 月 27 日发布的最新数据可知，自 2010 年 12 月日产聆风 LEAF 上市以来，全联盟电动汽车的全球累计销售量已突破 48 万台，达到 481151 台。日产聆风的累计销售量已达到 25 万台以上，为全球累计销售量第一的电动汽车。

雷诺—日产—三菱联盟旗下拥有众多电动汽车，日产方面除聆风以外，从 2014 年开始便将小型商用车“e-NV200”推向欧洲以及日本等市场。雷诺方面不仅拥有“ZOE”，还拥有“Kangoo Z. E.”商务车、“SM3 Z. E.”轿车、“风朗 Fluence Z. E.”轿车以及都市型两座电动汽车“Twizy”。三菱汽车公司凭借“i-MiEV”电动汽车以及插电式混合动力汽车“Outlander PHEV”为首，对销售量增长做出了积极的贡献。2016 年雷诺的电动汽车在欧洲销售量也是名列前茅。销售量比上一年增长了 11%，为 25648 台。其中的 ZOE 车型

① [Online]. Available at http://toyota.jp/information/. 2018 年 1 月 2 日。

② 为使电动汽车的售价降到燃油车的价格水平，日产、雷诺及三菱三家公司决定共享其电动汽车生产台。雷诺和日产结盟于 1999 年 3 月 27 日。2016 年 10 月 20 日三菱正式加入日产—雷诺联盟。这个拥有整整 17 年合作历史的全球联盟，迎来新的一员组成雷诺—日产—三菱联盟。至此，日本汽车行业已经形成三大阵营，即以丰田为中心的联盟、与法国雷诺合作的日产三菱汽车集团及本田汽车。

以21735辆的销售量在欧洲排名位居第一位。若将包括三菱的i-MIVE系列的销售量计算在内的话，雷诺—日产—三菱联盟在2016年的电动汽车销售数量为94265辆，比去年增加了8%。2016年世界200个国家的电动汽车的总销售量为996万辆，其中每9辆就有1辆以上是雷诺—日产联盟的汽车。

日产聆风从2010年12月开始销售，到2016年1月底，世界累计销售量达到25万辆。在过去5年间的累计行驶距离超过20亿公里，削减的CO_2排出量为32.8482万吨以上。根据EV SALES的统计可知，日产聆风在2015年、2016年的全球电动汽车中的销售量分别为第二名和第一名。2016年的销售量为51882辆，比2015年增长了18.3%。雷诺的ZOE在2015年和2016年的全球排名为第七名和第八名。2016年的销售量为22009辆，比2015年增长了16.8%。日产聆风在同类车中的评价为最高，迄今为止，荣获了“日本年度汽车奖项”“欧洲年度汽车奖项”以及“世界年度汽车奖项”等将近92种奖项。

日产的电动汽车开发历史悠久，于1947年发布了第一款电动汽车（Tama Electric Vehicle）。从20世纪60年代开始，日产汽车公司加大对电动汽车研发的力度，不断地发布和销售各种电动车型。日产汽车公司于1996年发布了电动汽车——Prairie Joy，该电动汽车是日产的代表产品之一，因为其装备的电池是锂离子，为全球首辆。2009年8月，该公司公开展示了聆风一车，其特点是5座掀背两厢纯电动。该车型于2010年最早在日本和美国市场上市，2011年在欧洲、2012年在全球范围内开始大规模推广。另外，该公司在电动汽车使用的电池研发方面也有突破。研发的30分钟便可充电到80%的急速充电器（CHAdeMO Quick Chargers）在全世界销售已达到1万台以上，其中约6000台在日本，为世界上最大的快速充电网络。2015年11月在北美开始销售的新车型——新叶，一次充电可能的续航距离比传统车型上升了20%，达到了30KWH。

4.3.4 经济效果

日本新能源产业除了在发电和交通方面之外，还有一个重要的作用就是推动经济发展。新能源产业的发展创造了本地价值和就业机会。随着世界经济面临低增长，新能源产业发挥了一种能够增加收入，促进工业发展和创造就业机会的效果。

世界自然基金会（WWF）[①] 在2011年2月发表了“到2050年为止，世界将达到100%新能源利用的水平”的宣传目标。随后，WWF日本在2011年11月发表了“建设无碳社会，达到100%的新能源水平”的未来战略目标。其具体内容包括到2050年为止，能源需求降低到当今的一半，而100%的能源供给均为新能源。新能源产业除了发电之外，同时也应用在热供应和燃料供应领域。近年来，由于部分新能源补贴的减少，同时电网的整备费用也是一个高昂的成本。预计到2020年新能源普及之前，消费者需要负担的电费具有增加趋势。然而，新能源的未来市场巨大，其发展和普及不仅可以降低其使用成本，同时也给日本国内相关产业的投资、就业、消费等带来了积极的经济效应。与单一化、集中型的传统能源产业相比较，新能源产业具有多样化、分散型的特点，这意味着可以给各地区创造多样的就业机会。2013年3月，日本政府规定了每年将日本GDP的1.6%作为投资额，用来发展扩大新能源产业。这笔费用与传统能源的进口费用不同，这是对日本国内的投资，其拉动了日本的内需，扩大了日本的就业。

4.3.4.1　投资

根据联合国环境规划署[②]公布的《Global Trends in Renewable Energy Investment 2012~2017》数据而制成的图4-17所示，日本在新能源产业方面的投资从2011年开始逐年上升，2011年为90亿美元，2012年为160亿美元，2013年为286亿美元，2014年为343亿美元，2015年为362亿美元，到2015年为止处于逐年增加的状态。然而，到2016年却发生了下降，降低至144亿美元。投资额的规模位于世界第三，其中80%的投资用于太阳能发电。

2011~2014年是太阳能发电增长的高潮，2015年和2014年的投资额基本持平，2016年由于太阳能发电投资的减少，导致总体新能源投资额度的减少。其减少的第一个原因为太阳能发电的技术成本在持续降低，购买和往年同样数量的设备所需要的投资金额在减少，即投资水平下降的同时装机容量却在增加。第二个原因为日本FIT制度下制定的新能源购买价格的逐年降低而导致投资额度的减少。

---

① WWF：World Wide Fund for Nature or World Wildlife Fund。世界最大的独立性非政府环境保护组织之一。1961年成立，总部位于瑞士格朗。

② 联合国环境规划署：United Nations Environment Programme，简称“环境署”，成立于1973年1月，是联合国系统内负责全球环境事务的牵头部门和权威机构。

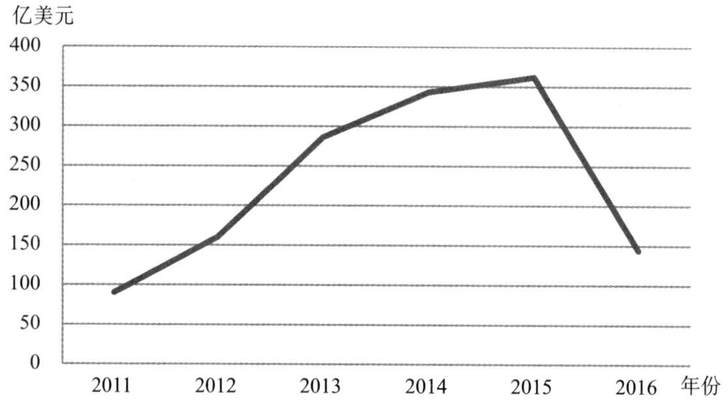

图 4－17　日本新能源产业投资变化趋势图

资料来源：根据联合国环境规划署公布的《Global Trends in Renewable Energy Investment 2012～2017》数据制成。

4.3.4.2　就业

新能源产业带动了日本的就业。在日本就业人口数目停滞不前，有间歇性负增长的背景下，日本新能源产业给日本就业带来了积极的拉动作用。根据《IRENRE Jobs Annual Review 2015》《IRENRE Jobs Annual Review 2016》《IRENRE Jobs Annual Review 2017》[①] 的调查数据可知，全球就业人口数量近年来（2014 年为 7674 万人，2015 年为 8079 万人，2016 年为 8305 万人）呈现递增状态。日本在新能源产业的就业人口数为：2014 年是 21.8 万人，2015 年是 38.8 万人，2016 年是 31.3 万人。日本太阳能发电产业在就业方面贡献显著，60% 左右的太阳能发电面板是由日本国内公司制造提供，2014 年的就业增长了近 28%。然而，日本在新能源产业就业的人口，2016 年较 2015 年相比，却下降了 7.5 万人。这是因为日本的自民党、安倍内阁的方针是大力发展核电，FIT 制度下的太阳能收购价格下降，太阳能产业受到影响。另外，日本国内市场迫使制造商降低成本，以保持与国际的同等竞争力。结果导致大约 65 家太阳能公司于 2016 年破产，太阳能产业的就业人口也开始减少。太阳能产业就业人口与 2014 年相比大幅度下降了 20% 左右。

① IRENA：International Renewable Energy Agency 的缩写。国际可再生能源机构是为了在全球范围内，积极推动可再生能源的广泛普及和可持续利用的国际组织。于 2009 年 1 月 26 日在德国波恩成立，总部设在阿布扎比。2013 年 1 月 13 日，中国代表团宣布加入 IRENA。

4.4 本章小结

日本由于资源匮乏，较早地开始重视发展新能源产业。其中，最为重视的是核能的发展，在2011年的东日本大地震前，新能源占总能源消费的比例为18.7%，而在地震后因为核能的陆续检查及停运，其占比骤减到6.2%。说明日本在新能源产业当中对核能的依赖度很大。东日本大地震之后，日本重新调整新能源发展战略，核能继续投入使用，然而其重视程度逐渐降低，计划到2030年实现零核电的目标。取而代之的是其他新能源开始备受重视，积极发展。同时，对日本现今重视的新能源种类进行论析，总结了其发展历程和现状。由于受地理位置影响，风能发展受限，而其他新能源产业均迅速发展并取得了良好实绩，在世界范围内名列前茅。新能源产业在其发挥的作用方面，除了在发电和发热领域之外，在交通领域也应用广泛，其中以日本新能源汽车为首的研发和利用在全球起到了示范的作用，在全球的销售排名也稳居前两名的位置。新能源产业在经济效果方面也表现显著，积极地促进了相关产业的投资和就业，为日本的经济发展做出了一定的贡献。

5

日本新能源消费与经济增长关系实证研究

工业革命之后，经济发展基本进入以“高消耗、高污染”为主要特征的传统模式。传统能源的大量消耗，在经济发展的同时却造成了一系列的严重问题，例如能源枯竭、生态退化和环境污染等。新能源代替传统能源既可以解决环境问题又可以延续经济的可持续发展。

本章用实证方法来考察新能源消费与经济增长之间的关系，并以此来论证新能源消费是促进日本经济增长的一大要素。本章分为两部分，为了对日本总能源消费与经济增长之间的关系进行把握，在第一节中研究了总能源消费、资本存量和劳动力投入与经济增长之间的关系。在此基础上，在第二节中将总能源消费细分为新能源消费和传统能源消费，考察了新能源消费、传统能源消费与经济增长之间的关系，并比较了新能源和传统能源消费对经济增长影响作用的大小。

5.1 日本总能源消费与经济增长关系

基于西方经济学中被广泛运用的柯布—道格拉斯生产函数，本章对传统的柯布—道格拉斯生产函数进行改进，将能源作为独立的影响因素引入模型，从而对日本包括新能源、传统能源在内的总能源消费和日本经济增长之间的关系进行实证研究。本节主要包括以下几个方面：首先，对研究数据进行描述性分析，并对数据进行对数化等预处理；其次，对各个指标进行平稳性等时间序列的初步统计分析；再次，运用 Johansen 协整检验方法对经济增长和总能源消费间的长期均衡关系进行检验；最后，对日本总能源消费与经济增长的影响关系进行格兰杰因果关系检验。

5.1.1 模型设定

为刻画日本总能源消费和经济增长之间的关系，本书根据当代西方经济学中广泛应用的柯布—道格拉斯生产函数设立研究模型。美国数学家 Charles Cobb 和经济学家 Paul Douglas 于 1928 年出版了《The Theory of Wages》一书，在该书中提出了著名的柯布—道格拉斯函数。他们利用美国 23 年的数据（1899～1922 年），对美国的生产状况进行了分析。该生产函数的出现拓宽了学术界的关注范围，也为学术界提供了新的研究工具。尤其近些年来，宏观经济领域的研究备受重视，因此柯布—道格拉斯生产函数的研究和应用也呈现出长盛不衰的趋势。

式（5-1）为初始的柯布—道格拉斯生产函数：

$$Y = f(K,L) = A L^{\alpha} K^{\beta} \tag{5-1}$$

其中，Y 代表经济产出，K 为资本存量，L 表示劳动力的投入，A 为生产过程中的技术因子，α 为劳动力投入的产出弹性系数，β 表示资本存量的产出弹性系数。其中，各种要素投入的产出弹性由产出量相对变动与投入量相对变动的比例刻画，即各要素投入对经济增长的贡献度。

本书将总能源消费作为独立的投入因子引入模型，从而对传统的柯布—道格拉斯生产函数进行改进，建立了扩展的柯布—道格拉斯生产函数模型，其中生产要素包括总能源消费、实际资本存量和劳动力投入量。式（5-2）为改进的柯布—道格拉斯生产函数：

$$Y = f(K,L,E) = A L^{\alpha} K^{\beta} E^{\gamma} \tag{5-2}$$

其中，Y 为实际国内生产总值（RGDP），E 为总能源消费量，K 为实际资本存量，L 为劳动力投入，A 为技术因子，α 为劳动的产出弹性，β 为资本的产出弹性，γ 表示能源的产出弹性。为消除量纲及时间趋势等因素对方程的影响，对方程（5-2）两边取对数，并添加误差项 u，得到如下回归方程：

$$\ln Y = \ln A + \gamma * \ln E + \alpha * \ln L + \beta * \ln K + \mu \tag{5-3}$$

式（5-3）是用于实证分析扩展的柯布—道格拉斯生产函数的对数模型，

其中包含总能源、资本和劳动力3个生产要素。

5.1.2 数据与变量

5.1.2.1 数据及变量说明

根据柯布—道格拉斯生产函数，本书选取日本实际国民生产总值（RGDP）、劳动力、资本、总能源4个指标进行实证研究。由于资本存量数据的欠缺，数据的选取（1970～2011年）未能达到最新年度。资本存量数据欠缺的原因如下：永续盘存法是国内外普遍计算资本存量的方法，在实际查找有关日本资本存量计算的文献时，并未发现其使用永续盘存法。取而代之的是，日本相关机构根据各个部门（细化为39个部门）分别求出其资本存量，然后进行直接加总而得出日本资本总存量。参考日本的计算方法，计算日本资本存量的工作量太过庞大，因此选取日本公开的现有资本存量数据，而现有资本存量的数据是1970～2011年。

日本的国民生产总值和就业人口数据来自日本内阁府的《平成29年度（2017年）年次経済財政報告》，实际资本存量数据来自日本经济产业研究所（RIETI）的《JIPデータベース2015》，总能源消费的数据来自英国石油公司（BP公司）的《BP Statistical Review of World Energy June 2017》。消除通货膨胀的所需数据如表5－1所示。

（1）实际GDP

根据日本内阁府发布的《平成29年度（2017年）年次経済財政報告》中的名义GDP和WDI数据库中的以2010年为基期的GDP平减指数[$GDPDEFL_t$(2010＝100)]的指标计算得出。为剔除通货膨胀因素的影响，我们以2000年的GDP平减指数为基准，各年的日本实际国内生产总值通过以2000年为基期的GDP平减指数计算得出，单位为百万日元。而2000年为基期的GDP平减指数通过2010年为基期的GDP平减指数换算得出。计算公式如下：

$$\mathrm{GDPDEFL_t(2000=100)}=\frac{\mathrm{GDPDEFL_t(2010=100)}}{\mathrm{GDPDEFL_{2000}(2010=100)}}\times 100 \tag{5-4}$$

$$\mathrm{t}\text{年的实际 GDP}=\frac{\mathrm{t}\text{年的名义 GDP}}{\mathrm{GDPDEFL_t(2000=100)}} \tag{5-5}$$

通过公式（5－5）可以得到以2000年为基准的消除物价波动因素后的各年实际国内生产总值。其中，$\mathrm{GDPDEFL_t(2000=100)}$表示以2000年为基期的t年度的GDP平减指数。

（2）实际资本存量

为与实际 GDP 口径统一，本书使用日本经济产业研究所（RIETI）的《JIPデータベース2015》报告中，以 2000 年为基期的实际资本存量数据。报告中的实际资本存量具体算法为：对于日本国内细分的 39 个部门①，分别求出各部门的实际资本存量，然后对各部门实际资本存量进行加总得到国内实际资本存量，单位为百万日元。

（3）就业人口数量②

本书选取日本内阁府发布的《平成 29 年度（2017 年）年次経済財政報告》中 1970～2011 年的就业人口数量指标，单位为百万人。

（4）总能源消费量

本书选取英国石油公司（BP 公司）发布的《BP Statistical Review of World Energy June 2017》中的能源消费数据，单位为百万吨石油相当量。

由于日本的实际 GDP、实际资本存量、就业人口以及总能源消费量的 4 个指标存在单位和量纲的差异，我们首先对实际 GDP、实际资本存量、就业人口和总能源消费量的 4 个指标进行对数处理，得到 LNGDP、LNK、LNL 和 LNE 这 4 个用于实证研究的指标。

表 5－1　　1970～2011 年 GDP、L、K 和 E 的指标

年份	名义 GDP（百万日元）	GDP 平减指数（2010 年）	GDP 平减指数（2000 年）	实际 GDP（百万日元）RGDP	实际资本存量（百万日元）K	就业人口（百万人）L	总能源消费量（百万吨石油相当量）E
1970	76145000	45.09	40.20	189420143	279614486	50.94	280.11
1971	83782300	47.39	42.25	198321623	311673867	51.21	297.52

① 实际资本存量计算中的 39 个部门包括：农产品、家具类、核燃料、家用机器、其他金属制品、汽轮机涡轮机、普通机器、工具·模具、矿山·建设机械、化学机械、金属加工机械、农业机械、特殊产业机械（除化学机械）、复写机、其他事务用机器、服务机器、民生用电机器（录像机·电子应用装置除外）、计算机相关机器、电气通信装置、录像机·电子应用装置、送配电设备、照明设备、轿车、货车·公共汽车、摩托车·自行车、其他运输机器、船舶、内燃机机构、铁道车辆、航空机、其他制造工业产品、建筑（住宅）、建筑（非住宅）、公共事业及其他建设、铁路轨道建设、电力设施建设、电力通信设施建设、销售订单软件、其他的服务型业务所。

② 就业人口数量：为了与模型中的称谓统一，以下称劳动力投入。

续表

年份	名义 GDP（百万日元）	GDP 平减指数（2010 年）	GDP 平减指数（2000 年）	实际 GDP（百万日元）RGDP	实际资本存量（百万日元）K	就业人口（百万人）L	总能源消费量（百万吨石油相当量）E
1972	95921800	50.05	44.61	215007202	344850923	51.26	312.38
1973	116793000	56.40	50.28	232277847	380661341	52.59	348.47
1974	139368900	68.14	60.75	229431891	414641070	52.37	347.50
1975	153989900	73.03	65.11	236524845	446095144	52.23	331.02
1976	172932700	78.88	70.32	245926984	476953065	52.71	344.77
1977	192708600	84.21	75.06	256723668	509762119	53.42	344.17
1978	212207800	88.08	78.52	270258192	545655112	54.08	353.82
1979	230004700	90.51	80.68	285079186	583450736	54.79	367.46
1980	249345300	95.43	85.07	293111524	619468880	55.36	356.20
1981	268063200	98.48	87.79	305354289	653468991	55.81	350.04
1982	281430400	100.01	89.15	315664894	686563870	56.38	337.92
1983	292696100	100.93	89.97	325326600	716482113	57.33	341.17
1984	311092700	102.69	91.54	339848792	748527570	57.66	367.55
1985	334120600	103.72	92.46	361372628	783603967	58.07	369.57
1986	349684400	105.56	94.10	371603441	818870107	58.53	370.73
1987	363659700	105.45	94.00	386866693	858467312	59.11	379.25
1988	390944400	105.80	94.31	414514893	906190745	60.11	401.54
1989	421110900	108.15	96.41	436774997	958806761	61.28	416.67
1990	454644700	110.60	98.60	461113788	1017877569	62.49	434.40
1991	481999400	113.49	101.17	476442877	1077559429	63.69	444.76
1992	493664800	115.29	102.77	480345082	1128898836	64.36	450.15
1993	496672200	115.79	103.22	481166697	1173862809	64.50	456.22
1994	501537700	115.93	103.34	485321985	1210082167	64.53	474.64
1995	512541700	115.31	102.79	498630309	1245059875	64.57	491.62
1996	525806900	114.73	102.28	514087499	1285918990	64.86	501.04
1997	534142500	115.31	102.79	519621711	1322171025	65.57	508.96
1998	527876900	115.26	102.75	513756448	1351833727	65.14	499.33
1999	519651800	113.75	101.40	512461903	1372838441	64.62	506.81

续表

年份	名义GDP（百万日元）	GDP平减指数（2010年）	GDP平减指数（2000年）	实际GDP（百万日元）RGDP	实际资本存量（百万日元）K	就业人口（百万人）L	总能源消费量（百万吨石油相当量）E
2000	526706000	112.18	100.00	526706000	1392996684	64.46	512.14
2001	523005000	110.94	98.90	528845740	1410743435	64.12	508.48
2002	515986200	109.32	97.45	529470311	1421981921	63.30	507.94
2003	515400700	107.55	95.88	537561899	1428483966	63.16	506.53
2004	520965400	106.37	94.82	549413689	1436643946	63.29	513.14
2005	524132800	105.27	93.84	558549080	1446861607	63.56	521.34
2006	526879700	104.34	93.01	566480390	1455547313	63.89	520.42
2007	531688200	103.57	92.33	575851579	1461513481	64.27	516.01
2008	520715700	102.56	91.43	569554762	1462957062	64.09	509.32
2009	489501000	101.93	90.87	538701299	1457662939	63.14	467.25
2010	500353900	100.00	89.14	561285215	1449452641	62.98	496.03
2011	491408500	98.33	87.65	560637144	1442389913	62.93	470.41

5.1.2.2 描述性分析

表5-2呈现了LNGDP、LNK、LNL和LNE这4个变量的描述性分析结果。根据表5-2可以发现，LNGDP、LNK、LNL和LNE这4个变量的均值与中位数的偏离度较小；各指标均值与最小值和最大值的离散程度较好，而且与变量均值相比，各变量的标准差较小，说明各变量的异质性较小。

表5-2　　变量描述性分析表

变量	均值	标准差	中位数	最小值	最大值
LNRGDP	8.5949	0.1519	8.6709	8.2774	8.7603
LNE	2.6208	0.0813	2.6430	2.4473	2.7171
LNNE	1.7392	0.2444	1.8238	1.2408	1.9958
LNCE	2.5545	0.0628	2.5688	2.4195	2.6354
LNK	8.9477	0.2194	9.0201	8.4466	9.1652
LNL	1.7754	0.0368	1.7973	1.7071	1.8167

5.1.2.3 相关性分析

表5－3呈现了LNGDP、LNK、LNL和LNE这4个变量的Pearson相关分析结果。根据表5－3可以发现，LNGDP与LNK、LNL和LNE间的线性相关性均在0.95以上，说明经济发展与资本存量、就业人数、总能源消费直接相关。

表5－3　　Pearson相关分析表

	LNRGDP	LNE	LNK	LNL
LNRGDP	1.0000	0.9595	0.9952	0.9809
LNE	0.9595	1.0000	0.9571	0.9461
LNK	0.9952	0.9571	1.0000	0.9734
LNL	0.9809	0.9461	0.9734	1.0000

5.1.3 平稳性检验

在进行时间序列分析时，序列的平稳性直接影响到时间序列模型的有效性。平稳性讨论的是随时间的变化，时间序列的均值、自协方差和方差等指标是否会趋于稳定的问题。若时间序列在一定时间内具有稳定的均值、方差和自协方差，那么则称这个序列稳定，否则该时间序列即为非稳定序列。美国著名学者Nelson和Plosser（1982）指出，多数宏观经济时间序列并不稳定，Stock（1989）的研究则表明格兰杰因果关系检验对时间序列的稳定性非常敏感。因此，本书使用ADF单位根检验判断日本的能源消费、资本存量、劳动力以及国民生产总值等变量的平稳性。

对于时间序列 Y_t ，ADF单位根检验的方程为：

$$\Delta Y_t = (\rho - 1)Y_{t-1} + \sum_{i=1}^{P} \lambda_i \Delta Y_{t-i} + \mu_t \qquad (5-6)$$

对方程（5－6）的系数ρ进行检验，如果 $\rho - 1$ 的t统计量小于在ADF检验的临界值，则拒绝零假设，说明序列 Y_t 不存在单位根，即序列 Y_t 平稳；反之，则不能拒绝零假设，说明序列 Y_t 存在单位根，即序列 Y_t 为非平稳序列。

通过ADF检验方法对LNGDP、LNE、LNK和LNL这4个指标1970～2011年的样本进行平稳性检验，结果如表5－4所示。由表5－4的ADF检验结果可知，LNGDP、LNE、LNK、LNL这4个序列的原序列并不平稳，但是在一阶差分后，LNGDP、LNE两个序列在1%的显著性水平下平稳，序列LNK在7%的显著性水平下平稳，序列LNL在1.1%的显著性水平下平稳。因此，可以认为 LNGDP、LNE、LNK 和 LNL 这 4 个序列均为一阶单整序列，即 I（1）序列，本书将对 LNGDP、LNE、LNK 和 LNL 这 4 个序列进行实证分析。

表 5-4　ADF 单位根检验结果

序列	ADF 检验值	1% 显著性水平	5% 显著性水平	10% 显著性水平	P 值	判断结果
LNGDP	-0.1819	-4.1985	-3.5236	-3.1929	0.9914	不平稳
LNGDP 一阶差分	-5.5843	-4.2050	-3.5266	-3.1946	0.0002	平稳
LNE	-0.9667	-4.1985	-3.5236	-3.1929	0.9376	不平稳
LNE 一阶差分	-6.1210	-4.2050	-3.5266	-3.1946	0.0000	平稳
LNK	-0.2117	-4.2436	-3.5443	-3.2047	0.9902	不平稳
LNK 一阶差分	-3.3893	-4.2119	-3.5298	-3.1964	0.0675	平稳
LNL	-0.2645	-4.2050	-3.5266	-3.1946	0.9891	不平稳
LNL 一阶差分	-4.1729	-4.2050	-3.5266	-3.1946	0.0108	平稳

5.1.4 协整分析

前文已述，LNGDP、LNE、LNK 和 LNL 这 4 个序列均为一阶单整序列，在此基础上，本书对 4 个序列之间的协整关系进行讨论。由于平稳时间序列之间的线性回归结果可能存在伪回归问题，所以 Granger 最早提出了时间序列协整分析的思想。因此，本书使用 Johansen 协整检验方法对 4 个序列进行协整关系检验，由表 5-5 的检验结果可知，在 5% 显著性水平下，4 个序列之间存在一个协整关系，因此可以认为 1970～2011 年日本的 LNGDP、LNE、LNK 和 LNL 之间具有长期的协整关系。

表 5-5　Johansen 协整性检验结果

原假设	特征根	迹检验统计量	5% 临界值	P 值
不存在协整关系*	0.7063	75.4706	47.8561	0.0000
至多存在一个协整关系	0.2999	27.6926	29.7971	0.0858
至多存在二个协整关系	0.2774	13.7863	15.4947	0.0890
至多存在三个协整关系	0.0282	1.1154	3.8415	0.2909

注：* 表示在 0.05 显著性水平下拒绝原假设。

在 Johansen 协整检验基础上，本书使用建立 LNGDP、LNE、LNK 和 LNL 的协整模型。在 LNGDP、LNE、LNK 和 LNL 的原始协整模型中，由于残差存在自相关性，本书加入 AR（1）和 AR（2）项对其进行修正，表 5 - 6 为修正后协整模型的参数估计结果，该协整模型为：

$$LNGDP = 2.11 + 0.28 \times LNE + 0.48 \times LNK + 0.81 \times LNL + 1.06 \times AR(1) - 0.20 \times AR(2) \quad (5-7)$$

表 5 - 6 显示，LNE、LNK 和 LNL 这 3 个变量系数对应的 P 值均小于 90% 的置信水平，均拒绝了系数为 0 的原假设。这一结果意味着 LNE、LNK 和 LNL 这 3 个变量均对 LNGDP 有显著影响，总能源消费、资本存量和劳动力的投入量对国内生产总值的长期均衡关系成立并且显著。

表 5 - 6 的结果表明，根据 LNGDP、LNE、LNK 和 LNL 的协整模型，总能源消费、资本存量和劳动力投入的变动能够解释日本 GDP 增长波动的 99.77%，说明该模型的拟合度非常高。同时，该协整模型的 F 统计量达到 3018.76，对应的 P 值远小于 0.01 的显著性水平，DW 统计量为 1.7892，说明模型整体显著而且不存在自相关性。

表 5 - 6　　协整方程的参数估计结果

变量	系数	标准误差	T 统计量	P 值
常数项	2.1104	0.5296	3.9845	0.0003
LNE	0.2762	0.0897	3.0788	0.0041
LNK	0.4839	0.1008	4.8034	0.0000
LNL	0.8056	0.4753	1.6948	0.0993
AR（1）	1.0596	0.1898	5.5814	0.0000
AR（2）	-0.2048	0.1752	-1.1687	0.2506
R^2	0.9977		F 统计量	3018.76
调整的 R^2	0.9974		F 统计量的 P 值	0.0000
DW 统计量	1.7892			

根据协整模型的参数估计结果，日本的国内生产总值对总能源消费的弹性为 0.28，即日本的总能源消费增加 1% 将推动经济增长 0.28%。值得注意的是，日本经济对总能源消费的弹性显著为正，说明长期以来的总能源消费是日本经济增长过程中的重要推动力。相应地，日本的国内生产总值对资本存量和劳动力投入的弹性分别为 0.48 和 0.81，即日本的资本存量增加 1% 将推动经济增长 0.48%，劳动力投入增加 1% 将推动经济增长 0.81%。就总能源消费、资本存量和劳动力投入的系数而言，劳动力投入大于资本存量，资本存量大于总能源消费，说明劳动力投入和资本存量是影响日本宏观经济长期增长的重要

因素，与柯布—道格拉斯生产函数一致，而总能源消费对经济增长有 0.28% 的贡献也意味着总能源消费是影响日本宏观经济长期增长的主要因素之一。

5.1.5 因果关系检验

前文对 LNGDP、LNE、LNK 和 LNL 这 4 个变量的平稳性以及变量间的协整关系进行了探讨，如前文所述，为了避免建立协整模型时产生伪回归，本节将进一步研究日本总能源消费与经济增长之间的相互关系，并进行格兰杰因果关系检验。2003 年诺贝尔经济学奖得主克莱夫—格兰杰（Clive W. J. Granger）提出使用格兰杰因果关系检验法来分析各个变量之间的因果关系。该方法的核心思想是：对于两个经济变量 X 和 Y，与根据变量 Y 的历史信息对变量 Y 的变化趋势进行预测相比，如果使用已知变量 X 和 Y 的全部历史信息对变量 Y 的变化趋势进行预测的效果将会更好，即增加变量 X 的信息有助于提升预测变量 Y 变化趋势的精度，此时则认为变量 X 是变量 Y 的格兰杰原因。本书运用格兰杰因果检验法来检验 LNGDP 分别与 LNE、LNK 和 LNL 之间的因果关系，检验结果如表 5－7 所示。

表 5－7 格兰杰因果关系检验

原假设	F 统计量	P 值	检验结果	结论
LNE 不是 LNGDP 的格兰杰原因	3.8098	0.0318	拒绝原假设	LNE 是 LNGDP 的格兰杰原因
LNGDP 不是 LNE 的格兰杰原因	1.2524	0.2983	接受原假设	LNGDP 不是 LNE 的格兰杰原因
LNK 不是 LNGDP 的格兰杰原因	0.8639	0.4303	接受原假设	LNK 不是 LNGDP 的格兰杰原因
LNGDP 不是 LNK 的格兰杰原因	6.59487	0.0037	拒绝原假设	LNGDP 是 LNK 的格兰杰原因
LNL 不是 LNGDP 的格兰杰原因	0.67006	0.5181	接受原假设	LNL 不是 LNGDP 的格兰杰原因
LNGDP 不是 LNL 的格兰杰原因	3.45811	0.0426	拒绝原假设	LNGDP 是 LNL 的格兰杰原因

由表 5－7 可以看出，在 5% 显著性水平下，LNE 是 LNGDP 的格兰杰原因，即总能源消费量的变动直接影响经济增长的波动，结合协整方程可以发现，日本总能源消费量的增加将促进日本经济的发展。相应地，LNGDP 不是

LNE 的格兰杰原因，说明总能源消费量对经济增长仅存在单向推动作用，经济的增长并不必然会增加总能源消费量。同时，LNGDP 是 LNK 的格兰杰原因，这一结果表明，日本经济的发展能够反向促进资本存量的增加，即随着经济水平的增长，日本的资本存量将进一步提升。LNGDP 是 LNL 的格兰杰原因，日本经济的发展会使更多的劳动力进入劳动市场，从而促进日本劳动力的增加。

5.2 日本新能源消费与经济增长关系

上一节，本书基于日本实际经济数据，用计量经济学方法求证并发现了包括新能源在内的日本总能源消费是经济增长的格兰杰原因。同时，本书也论证了日本总能源消费、实际资本存量和劳动力投入量与日本实际国内生产总值间的长期均衡关系，并建立了相应的协整模型。在得出日本总能源消费是促进日本经济增长的一大要素的结论之后，本节用与第一节同期的数据将总能源消费划分为新能源消费和传统能源消费两部分，并研究新能源消费和传统能源消费对经济增长的影响，其中新能源包括可再生能源、水能以及核能，传统能源包括煤炭、石油以及天然气。对此，本节使用与第五章第一节相似的方法来检验新能源消费量和传统能源消费量的平稳性，以及两个变量与日本实际国民生产总值间的长期协整关系和因果关系。此后，本章进一步地通过误差修正模型来分析日本新能源消费量、传统能源消费量和经济增长之间的短期影响关系。

5.2.1 模型与数据

根据上节分析可知，日本的总能源消费、实际资本存量和劳动力投入量与实际国内生产总值间协整分析的结果意味着日本总能源消费对经济增长有显著的推动作用。基于此，本节利用与上节同期的数据将总能源消费量分解为新能源消费量和传统能源消费量两个指标，并尝试通过如下模型分析日本的新能源消费和传统能源消费分别对日本经济增长所做出的贡献，进而对比分析两种能源消费在经济增长过程中的重要性。

$$LNRGDP = \alpha_0 + \alpha_1 \times LNNE + \alpha_2 \times LNCE + \mu_1 \quad (5-8)$$

其中，LNNE 为取对数后的新能源消费量，LNCE 为取对数后的传统能源消费量。式（5－8）中的变量 LNRGDP 的数据与 5.1 节中的一致，变量 LNNE 和 LNCE 的数据来自 BP 公司的《BP Statistical Review of World Energy June

2017》，单位为百万吨石油相当量，数据如表 5 - 8 所示。

表 5 - 8 1970 ~ 2011 年能源消费量、传统能源消费量和新能源消费量的指标

（单位：百万吨石油相当量）

年份	总能源消费量	传统能源种类			传统能源消费总量	新能源种类			新能源消费总量
		石油	天然气	煤炭		核能	水能	可再生能源	
1970	280.10	199.20	3.10	60.40	262.70	0.70	16.60	0.10	17.40
1971	297.50	219.80	3.30	54.80	277.90	1.60	18.00	0.10	19.60
1972	312.40	234.50	3.30	53.60	291.30	2.00	19.00	0.10	21.00
1973	348.50	269.20	4.60	56.60	330.40	2.10	15.80	0.10	18.00
1974	347.50	259.00	6.30	60.00	325.30	4.20	17.90	0.10	22.20
1975	331.00	244.10	7.50	56.20	307.80	4.90	18.30	0.10	23.30
1976	344.80	253.50	9.00	54.90	317.50	8.30	18.90	0.10	27.30
1977	344.20	258.50	11.00	51.80	321.30	6.40	16.30	0.10	22.80
1978	353.80	264.10	15.40	46.90	326.40	11.80	15.40	0.20	27.40
1979	367.50	266.90	18.30	50.10	335.30	14.00	17.90	0.20	32.20
1980	356.20	237.80	21.70	58.20	317.70	18.70	19.50	0.20	38.50
1981	350.00	223.80	21.70	65.30	310.80	19.40	19.70	0.30	39.30
1982	337.90	209.50	22.20	62.20	294.00	23.90	17.80	2.20	43.90
1983	341.20	209.10	23.90	61.40	294.40	24.60	19.70	2.50	46.80
1984	367.50	219.80	32.20	68.60	320.50	28.70	15.60	2.70	47.00
1985	369.60	207.60	34.40	71.60	313.60	34.40	18.70	2.90	55.90
1986	370.70	209.60	35.10	68.20	312.80	37.70	17.10	3.10	57.90
1987	379.30	210.30	35.90	69.60	315.90	42.90	17.20	3.30	63.40
1988	401.50	226.40	38.10	75.20	339.70	39.60	18.60	3.60	61.80
1989	416.70	235.00	39.60	75.30	350.00	42.20	20.60	3.90	66.70
1990	434.40	246.50	43.30	78.00	367.80	44.30	19.80	2.60	66.60
1991	444.80	250.00	45.70	77.40	373.20	47.40	21.60	2.60	71.60
1992	450.10	256.00	47.60	76.10	379.70	49.30	18.40	2.70	70.40
1993	456.20	250.30	47.90	77.60	375.80	56.30	21.50	2.60	80.40
1994	474.60	264.90	51.20	81.30	397.40	58.70	15.50	3.10	77.20
1995	491.60	269.10	52.10	84.30	405.40	65.10	17.80	3.20	86.20
1996	501.00	270.50	55.60	86.50	412.60	67.30	17.70	3.50	88.50

续表

年份	总能源消费量	传统能源种类			传统能源消费总量	新能源种类			新能源消费总量
		石油	天然气	煤炭		核能	水能	可再生能源	
1997	509.00	267.10	57.70	88.80	413.60	72.80	18.80	3.70	95.40
1998	499.30	256.20	59.50	84.70	400.30	74.00	21.30	3.70	99.00
1999	506.80	260.70	62.50	89.10	412.20	71.90	18.90	3.80	94.60
2000	512.10	257.00	65.10	95.50	417.50	72.30	18.50	3.70	94.60
2001	508.50	248.80	66.80	97.80	413.40	72.70	18.60	3.80	95.00
2002	507.90	244.40	65.40	103.90	413.70	71.30	18.90	4.10	94.30
2003	506.50	250.30	71.80	106.70	428.80	52.10	21.10	4.40	77.70
2004	513.10	243.80	69.30	109.60	422.70	64.70	21.10	4.70	90.40
2005	521.30	247.10	70.70	114.00	431.90	66.30	17.40	5.70	89.50
2006	520.40	238.00	75.40	112.30	425.70	69.00	19.90	5.80	94.70
2007	516.00	230.90	81.20	117.70	429.80	63.10	16.90	6.20	86.20
2008	509.30	224.80	84.40	120.30	429.40	57.00	16.80	6.10	79.90
2009	467.20	200.30	78.70	101.60	380.60	65.00	15.60	6.10	86.70
2010	496.00	202.70	85.10	115.70	403.50	66.20	19.70	6.70	92.50
2011	470.40	203.70	95.00	109.60	408.20	36.90	18.30	7.00	62.20

表 5－9 是变量 LNNE 和 LNCE 的描述性分析表。表 5－9 表明，LNNE 和 LNCE 两个变量的均值与中位数的偏离度较小；各指标均值与最小值和最大值的离散程度较好，而且与变量均值相比，两个变量的标准差较小，说明两个变量的异质性较小。

表 5－9　　　　变量的描述性分析 2

	均值	标准差	中位数	最小值	最大值
LNNE	1.7392	0.2444	1.8238	1.2408	1.9958
LNCE	2.5545	0.0628	2.5688	2.4195	2.6354

表 5－10 呈现了 LNGDP、LNNE 和 LNCE 这 3 个变量的 Pearson 相关分析结果。根据表 5－10 可以发现，LNGDP 与 LNNE 和 LNCE 的线性相关性均在 0.90 以上，说明经济发展与新能源消费和传统能源消费均直接相关。

表 5-10 **Pearson 相关分析表 2**

	LNRGDP	LNNE	LNCE
LNRGDP	1.0000	0.9744	0.9078
LNNE	0.9744	1.0000	0.8395
LNCE	0.9078	0.8395	1.0000

5.2.2 平稳性检验

在上一节对 LNGDP 进行平稳性检验的基础上，本节使用 ADF 检验方法对 1970~2011 年的 LNNE 和 LNCE 两个序列进行平稳性检验，结果如表 5-11 所示。由表 5-11 的 ADF 检验结果可知，LNNE、LNCE 两个序列的原序列并不平稳，但是在一阶差分后，LNNE、LNCE 两个序列均在 1% 的显著性水平下平稳。因此，可以认为 LNNE、LNCE 两个序列均为一阶单整序列，即 I（1）序列，本书将对 LNGDP、LNNE、LNCE 间的关系进行深入的实证分析。

表 5-11 **ADF 单位根检验结果 2**

序列	ADF 检验值	1% 显著性水平	5% 显著性水平	10% 显著性水平	P 值	判断结果
LNNE	1.3683	-4.2191	-3.5331	-3.1983	1.0000	不平稳
LNNE 一阶差分	-5.7986	-4.2191	-3.5331	-3.1983	0.0001	平稳
LNCE	-2.2600	-4.1985	-3.5236	-3.1929	0.4453	不平稳
LNCE 一阶差分	-6.3434	-4.2050	-3.5266	-3.1946	0.0000	平稳

5.2.3 协整分析

在 LNGDP、LNNE 和 LNCE 这 3 个序列均为一阶单整序列的基础上，本书对 3 个序列之间的协整关系进行讨论，并使用 Johansen 协整检验方法对 LNGDP、LNNE 和 LNCE 这 3 个序列进行协整关系检验，由表 5-12 的检验结果可知，在 5% 的显著性水平下，LNGDP、LNNE 和 LNCE 这 3 个序列之间存在一个协整关系，可以认为 1970~2011 年日本的 LNGDP、LNNE 和 LNCE 这 3 个序列之间具有长期的协整关系。

表 5-12　　Johansen 协整性检验结果 2

原假设	特征根	迹检验统计量	5% 临界值	P 值
不存在协整关系*	0.4531	46.0990	42.9153	0.0232
至多存在一个协整关系	0.3834	21.9600	25.8721	0.1422
至多存在二个协整关系	0.0634	2.6210	12.5180	0.9182

注：* 表示在 0.05 显著性水平下拒绝原假设。

在 Johansen 协整检验基础上，本书建立 LNGDP、LNNE 和 LNCE 的协整模型。在 LNGDP、LNNE 和 LNCE 的原始协整模型中，由于残差存在自相关性，因此加入 AR（1）和 AR（2）项对其进行修正，表 5-13 为修正后协整模型的参数估计结果，该协整模型为：

$$LNGDP = 7.80 + 0.04 \times LNNE + 0.36 \times LNCE + 1.07 \times AR(1) - 0.11 \times AR(2) \quad (5-9)$$

表 5-13 显示，LNNE 和 LNCE 两个变量系数对应的 P 值均小于 93% 的置信水平，均拒绝了系数为 0 的原假设。这一结果意味着 LNNE 和 LNCE 两个变量均对 LNGDP 有显著影响，新能源消费和传统能源消费与国内生产总值之间存在长期的均衡关系。

表 5-13 的结果表明，根据 LNGDP、LNNE 和 LNCE 的协整模型，新能源消费和传统能源消费的变动能够解释日本 GDP 增长波动的 99.73%，说明该模型的拟合度非常高。同时，该协整模型的 F 统计量达到 3277.50，对应的 P 值远小于 0.01 的显著性水平，DW 统计量为 1.9017，说明模型整体显著而且不存在自相关性。

表 5-13　　协整方程的参数估计结果 2

变量	系数	标准误差	T 统计量	P 值
常数项	7.8007	0.2005	38.9142	0.0000
LNNE	0.0371	0.0193	1.9179	0.0633
LNCE	0.3640	0.0733	4.9629	0.0000
AR（1）	1.0719	0.1278	8.3880	0.0000
AR（2）	-0.1136	0.1224	-0.9285	0.3595
R^2	0.9973		F 统计量	3277.50
调整的 R^2	0.9970		F 统计量的 P 值	0.0000
DW 统计量	1.9017			

由以上的回归方程可知，日本的国内生产总值对新能源消费的弹性为0.04，即日本的新能源消费增加1%将推动经济增长0.04%；国内生产总值对传统能源消费的弹性为0.36，即日本的能源消费增加1%将推动经济增长0.36%。值得注意的是，日本经济对新能源消费和传统能源消费的弹性均显著为正，说明长期以来的新能源和传统能源的消费均是日本经济增长过程中的重要推动力。

从新能源消费的系数来看，确实可以促进日本经济增长，值得注意的是，通过系数的大小比较可以得出传统能源对经济的促进作用仍然大于新能源。这意味着日本新能源政策虽然对经济增长有积极作用，但是对传统能源的替代作用仍较低。本书认为造成这一结果的原因是日本新能源消费占总能源消费的比重仍较低，到2011年仅为13%。未来应加强对新能源的支持和激励力度，提升新能源消费量及其占比。

5.2.4 因果关系检验

在前文的基础上，本书运用格兰杰因果检验法分别检验LNGDP与LNNE和LNCE之间的因果关系，检验结果如表5－14所示。

表5－14　　　　格兰杰因果关系检验2

原假设	F统计量	P值	检验结果	结论
LNNE不是LNGDP的格兰杰原因	4.4952	0.0183	拒绝原假设	LNNE是LNGDP的格兰杰原因
LNGDP不是LNNE的格兰杰原因	0.3474	0.7090	接受原假设	LNGDP不是LNNE的格兰杰原因
LNCE不是LNGDP的格兰杰原因	5.1736	0.0108	拒绝原假设	LNCE是LNGDP的格兰杰原因
LNGDP不是LNCE的格兰杰原因	1.5561	0.2252	接受原假设	LNGDP不是LNCE的格兰杰原因

根据表5－14的结果，在2%的显著性水平下，LNNE和LNCE均是LNGDP的格兰杰原因，即新能源消费量和传统能源消费量的变动直接影响经济增长的波动，结合协整方程可以发现，日本新能源消费量和传统能源消费量的增加均促进日本经济的发展。相应地，LNGDP不是LNNE和LNCE的格兰杰原因，说明新能源消费量和传统能源消费量对经济增长仅存在单向推动作用，经济的增长并不必然会增加新能源消费量和传统能源消费量。

5.2.5　误差修正模型

前文通过协整分析和格兰杰因果关系检验验证了总能源消费乃至新能源消费和传统能源消费对经济增长的长期促进作用。但是，一方面，如前文所述，LNGDP、LNNE 和 LNCE 均为一阶单整序列，本质上为非稳定序列；另一方面，协整模型更多地刻画了变量间的长期协整波动，难以展现 LNNE 和 LNCE 对 LNGDP 的短期影响。因此，为了解决这些问题，本书将建立误差修正模型（Error Correction Model，ECM），通过 Engle – Granger 两步法估计 ECM 中的各个参数，从而分析 LNNE 和 LNCE 对 LNGDP 的短期影响。

误差修正模型是将一阶单整序列 LNGDP、LNNE 和 LNCE 的差分序列 ΔLNGDP、ΔLNNE 和 ΔLNCE 作为模型分析的变量，分析平稳序列 ΔLNNE 和 ΔLNCE 对 ΔLNGDP 的短期影响。误差修正模型可以通过 Engle – Granger 两步法对协整方程进行推导得出。通过建立误差修正模型不仅可以避免协整模型中可能存在的伪回归问题，并可以消除潜在的多重共线性等问题，而且引入平稳的误差修正项模型的稳定性和变量信息的充足性。

Engle – Granger 两步法是指：（1）根据 LNGDP 与 LNNE 和 LNCE 的长期协整模型（5 – 8）估计结果提取模型残差；（2）将 LNGDP 的一阶差分项 ΔLNGDP 作为因变量，将 LNNE 和 LNCE 的一阶差分项 ΔLNNE 和 ΔLNCE 以及残差的一阶滞后项作为自变量建立模型，最终得到的模型即是 LNGDP 与 LNNE 和 LNCE 的短期误差修正模型，其中残差的一阶滞后项即为误差修正项（ECM 项）。根据以上思路得到的误差修正模型为：

$$\Delta LNRGDP_t = \beta_0 + \beta_1 \times \Delta LNNE_t + \beta_2 \times \Delta LNCE_t + \lambda \times ECM_{t-1} + \mu_2 \tag{5-10}$$

在 LNGDP、LNNE 和 LNCE 之间存在协整关系的基础上，本书对误差修正模型（5 – 10）进行参数估计，由于残差存在自相关性，本书加入 AR（1）项对其进行修正，表 5 – 15 为修正后误差修正模型的参数估计结果。最终的误差修正模型为：

$$\Delta LNRGDP_t = 0.01 + 0.03 \times \Delta LNNE_t + 0.38 \times \Delta LNCE_t - 0.32 \times ECM_{t-1} + 0.54 \times AR(1) \tag{5-11}$$

表 5 – 15 显示 ΔLNNE 和 ΔLNCE 以及 ECM 项系数的 t 统计量均超过了 1% 标准情况下的临界值，对应的 P 值均小于 99% 的置信水平，均拒绝了系数为 0 的原假设。这一结果意味着 ΔLNNE 和 ΔLNCE 以及 ECM 项均对 ΔLNGDP 有显

著影响，新能源消费、传统能源消费和短期误差修正项均对国内生产总值有短期影响。此外，该协整模型的 F 统计量 DW 统计量说明模型整体显著而且不存在自相关性。

表 5－15　　　　协整方程的参数估计结果 3

变量	系数	标准误差	T 统计量	P 值
常数项	0.0082	0.0026	3.2005	0.0030
LNNE	0.0343	0.0098	3.5056	0.0013
LNCE	0.3750	0.1055	3.5548	0.0012
ECM	－0.3178	0.0785	－4.0474	0.0003
AR（1）	0.5381	0.0839	6.4144	0.0000
R^2	0.4872		F 统计量	7.8378
调整的 R^2	0.4250		F 统计量的 P 值	0.0001
DW 统计量	1.8259			

根据误差修正模型的参数估计结果可知，日本的新能源消费每增加 1%，将在短期内推动经济增长 0.03%；日本的传统能源消费每增加 1%，将在短期内推动经济增长 0.38%。这一结果说明长期以来的新能源和传统能源的消费均是短期内日本经济增长过程中的重要推动力。传统能源的系数大于新能源的系数，意味着日本新能源政策在促进经济增长的同时，短期内对传统能源的替代作用仍较低。与此同时 ECM 项的系数为 －0.32，即修正项波动 1 单位将使 GDP 得到 0.32 的修正，说明经济在随着经济周期增长或下滑的同时将受到系统内在修正机制的影响，回归均衡水平。

5.3　本章小结

本章分为两节，为了把握日本新能源消费与经济增长之间的关系，第一节考察了日本总能源消费、资本存量和劳动力投入与经济增长之间的关系，第二节将总能源消费分为新能源消费与传统能源消费两种，并考察了新能源消费、传统能源消费和经济增长之间的关系。

在第一节中，将总能源消费作为一个单独要素放入柯布—道格拉斯生产函数模型，并运用 Eviews 8.0 软件对日本总能源消费与经济增长间的关系进行了实证分析，得出的结论如下：

（1）为消除量纲及时间因素等对日本实际国内生产总值等序列的影响，文章首先对各个序列进行了对数化处理，然后通过 ADF 单位根检验法检验对数化后序列的平稳性。通过检验发现，在 7% 的显著性水平下，4 个序列均为一阶单整序列。

（2）在进行 LNRGDP、LNE、LNK 和 LNL 这 4 个变量的协整检验时，文章通过 Johansen 协整检验法发现日本实际国内生产总值与总能源消费、资本存量、劳动力投入之间有显著的长期协整关系。在此基础上，对协整模型进行参数估计得到了日本 GDP 增长的长期均衡模型、方程总体，且各变量的系数均通过了显著性检验。结果表明，日本的总能源消费、资本存量和劳动力投入均是影响国内生产总值的重要因素，总能源消费增加 1% 将推动经济增长 0.28%，资本存量增加 1% 将推动经济增长 0.48%，劳动力投入增加 1% 将推动经济增长 0.81%。

（3）本章对 LNRGDP 与 LNE、LNK、LNL 间的格兰杰因果关系进行检验，结果表明，总能源消费是日本经济增长的格兰杰原因，即总能源消费是影响日本经济增长的一个因素；同时，日本经济增长是实际资本存量的格兰杰原因，即日本经济的发展对资本存量的提升有反馈作用；另外，日本经济增长是劳动力投入的格兰杰原因，即日本经济的发展也会刺激更多的劳动力进入劳动市场。

综上所述，协整检验、协整模型及格兰杰因果关系检验相互支撑、相互印证，反映出日本总能源消费与经济发展之间的长期均衡关系，说明日本总能源消费是推动经济增长的一个重要因素。更重要的是，日本总能源消费、资本存量和劳动力投入对实际国内生产总值有显著作用的结论支持了本章使用的柯布—道格拉斯生产函数拓展模型，说明总能源消费对经济增长有重要影响。

在考察了包含新能源消费和传统能源消费的总能源消费对经济增长影响的基础上，本章在第二节将日本的总能源消费细分为新能源消费和传统能源消费两个方面，进一步分析了新能源消费和传统能源消费与经济增长之间的影响关系。

在第二节中，将总能源消费分解为新能源消费和传统能源消费两部分并研究新能源和传统能源消费对经济增长的影响，运用 Eviews 8.0 软件分析了日本新能源消费和传统能源消费对经济增长的长期及短期影响，主要结论如下。

（1）对 LNNE 和 LNCE 两个变量进行了预处理，然后采用 ADF 单位根检验方法进行平稳性检验，结论表明在 1% 显著性水平下，两个序列的一阶差分序列均具有严格、显著的平稳性。

（2）在进行 LNRGDP、LNNE 和 LNCE 这 3 个变量的协整检验时，文章通过 Johansen 协整检验法发现日本国内生产总值与新能源消费、传统能源消费存在长期协整关系。在此基础上，对协整模型进行参数估计得到了日本 GDP 与新能源消费、传统能源消费的长期均衡模型、方程总体以及各变量的系数均通过了显著性检验。结果表明，日本的新能源消费、传统能源消费均是影响国内生产总值的重要因素，新能源消费增加 1% 将推动经济增长 0.04%，传统能源消费增加 1% 将推动经济增长 0.36%。

（3）文中使用格兰杰因果关系检验法对 LNRGDP 与 LNNE 和 LNCE 间的相互关系进行分析，结果表明，新能源消费和传统能源消费均是日本经济增长的格兰杰原因，即新能源消费和传统能源消费均是影响日本经济增长的重要因素。LNGDP 不是 LNNE 和 LNCE 的格兰杰原因则说明新能源消费和传统能源消费对经济增长仅存在单向的推动作用，经济的增长并不必然会增加新能源消费和传统能源消费。

（4）在协整模型和格兰杰检验的基础上，本章建立误差修正模型分析 LNRGDP 与 LNNE 和 LNCE 的短期关系。本章通过 Engle - Granger 两步法对误差修正模型进行参数估计得到了日本 GDP 与新能源消费、传统能源消费的短期误差修正模型，方程总体以及各变量的系数均通过了显著性检验。

结果表明，短期内，日本新能源消费、传统能源消费均是影响国内生产总值的重要因素，新能源消费增加 1% 将推动经济增长 0.03%，传统能源消费增加 1% 将推动经济增长 0.38%。此外，经济系统存在 -0.32% 的误差修正机制。

综上所述，协整检验、协整模型、格兰杰因果关系检验及误差修正模型互为补充，共同揭示了日本新能源消费、传统能源消费与经济发展之间的长期均衡关系和短期影响关系，并论证了日本新能源消费、传统能源消费均是推动经济增长的重要因素。并得出与传统能源消费对经济增长的影响程度相比，新能源消费的影响程度仍然薄弱的结论。

6

日本新能源产业发展政策研究

日本新能源各项政策的研究和制定都是建立在日本能源政策的基础之上。日本能源政策的缩写为3ES，即同时达成以安全性（Safety）为前提、自给率（Energy Security）、经济效率的提高（Economic Eiffciency）和环境保护（Environment）的政策目标。早在第二次世界大战后的初期，日本能源供应有60%~70%来源于国内，其中煤炭和水力的占比分别为45.8%和21.2%，即日本当时以火力和水能发电为主导。自20世纪60年代开始，随着日本经济的高速增长，进口能源的数量激增到80%，其中石油全部来自进口①。1973年第一次石油危机之后，日本为了消除石油供给中断的风险和降低油价上涨的影响，开始重视并研发包括核能在内的新能源。作为能源非常匮乏的国家，能源自给率在使用核能时仅达到17%，因此日本政府和国民都具有强烈的能源危机感。

因此，日本非常注重本国能源的安全性、稳定性、长期性和高效性。在能源政策和立法方面，积极发展新能源是其重要的构成部分，而国民也积极配合相关政策的实施。在长达30多年新能源产业的发展进程中，日本重视相关政策、法律等方面引导的结果是，新能源产业发展迅速，对传统能源的依赖度降低，新能源产业也达到了扭亏为盈的状态。在日本经济政策当中，新能源政策是非常重要的一部分。日本国家的新能源政策引导了日本新能源的开发和利用路径。日本新能源政策的制定和实施在新能源得以合理开发和充分利用方面，

---

① Ken, koyama. Japan's Energy Strategies towards the Middle East, PhD thesis. CEPMLP, University of Dundee, 2002: 39-42.

起到了至关重要的作用。通过日本政府、产业、学校联合进行技术开发以及社会的鼎力相助，国民的支持理解，日本新能源产业在技术研发方面以及在日常生活中的利用方面都取得了很大的成就。现在，日本已成为新能源研发利用最广泛和单位 GDP 增长能耗最小的国家之一。

2006 年 6 月，日本政府制定了长远能源规划《2030 年的能源战略》，拟发展各类新能源，对新能源予以各种减税和补贴，目的是使石油的使用率下降到 40%。另外，以原有的枯竭型能源可以稳定供给为目的，政府已经直接或间接地投入了大量的补助金。这些相对廉价的传统能源的供给是新能源普及的一种障碍。为了跨越这种障碍，政府实施了各种各样的普及政策。主要推广的政策可以分为两种，即 RPS 制度和 FIT 制度。

6.1 日本新能源产业政策的特点

6.1.1 明确发展目标

6.1.1.1 降低石油使用率

在 1973 年的第一次石油危机之后，为了降低对石油进口的依存度，1974 年，日本政府开始着力在发展新能源产业方面下功夫，制定并实施了以开发太阳能、氢能、地热能以及合成天然气等新能源为主的“阳光计划”，从根本上解决了降低石油等传统能源供给和环境污染问题，建立了一个适合日本的新能源战略体系。1979 年的第二次石油危机之后，日本再次将“减少石油利用”作为能源战略的首位目标，给予了大力度的引导和支持。日本政府于 1980 年设立了 NEDO（新能源产业技术综合开发机构），并制定实施了《替代石油能源法》，目的是促进代替石油能源的开发。在此背景下，日本政府减少石油依赖的成果也非常明显，石油在日本能源中所占的消费比例逐步下降，1973 年、1990 年、2011 年和 2015 年的所占比例分别为 77.2%、56.7%、43.3% 和 41.4%[①]。

① PAJ. Petroleum Industry in Japan 201219. [Online]. 7–8. Available at www.paj.gr.jp/English/data/paj2012.pdf. 2017–5–6.

6.1.1.2 增加石油储备

为了降低石油价格上涨及供应中断的风险，日本建立战略石油储备（SPR）体系。1971 年，日本综合能源会（JCEAA）规定民间必须储备可供 60 天消费需求的石油，这个时间长度在 1974 年被提高至 90 天。1974 年，日本加入了国际能源机构（IEA），并且于 1975 年颁布《石油储备法》，该法要求日本石油企业储存的石油必须满足 70 天以内的消费量。同年，日本石油企业完成了国际能源机构所规定的 60 天石油储备目标。1978 年，日本设立了国家石油储备体系，该体系于 1981 年完成了国际能源机构制定的 90 天石油储备的新目标。经过近 30 年的战略部署，在 2011 年，日本总体石油储备已经达到了 203 天，这个数值是国际能源机构制定的 90 天目标的两倍有余。其中国家储备为 8340 万千升，使用天数为 116 天；民间储备 4770 万千升，使用天数为 87 天。

6.1.1.3 推行节能减排

日本在节能方面处于世界领先地位。1997 年，日本在召开的世界环境会议上宣布，2008~2012 年的 4 年间，日本对温室气体的排放量将按照《京都议定书》的要求控制在合理水平线内，相对于 1990 年，排放量将会减少 6%。因日本众多企业响应政府号召，2004 年日本环境省发布了“可持续发展报告书”①，这意味着政企在减排方面达成了共识。截止到 2003 年底，日本已达成了世界上单位国内生产总值碳排放量最低的目标。2015 年《巴黎协定》制定了“与产业革命前相比，将世界平均气温的上升控制在 2℃以下”的目标。与此相对应，日本的目标是“到 2030 年，温室气体排出量较 2013 年减少 26%”。

6.1.1.4 提高能源使用效率

日本在重视提高能源效率方面，位于世界领先地位。从 20 世纪 70 年代起，日本在能源使用效率方面就有了很大的提升。2006 年，日本产业省制定了《新国家能源战略》，其中明确指出了要发展新能源产业和节能技术，详细的计划为：到 2030 年之前对石油的依赖度降低至 40% 以下；能源效率提高到

---

① 日本産業省資源エネルギー庁の「平成 15 年度エネルギーに関する年次報告」（エネルギー白書 2004），第 21 页。

30%之上；能源中核能的占比控制在 30% ~40%之内。日本在 1973 ~2003 年的 30 年间，日本能源效率的利用度提高了 37%。

6.1.1.5 实施能源多样化

从石油危机之后，日本为了减少对石油的依赖度，开始增加天然气的使用，并且开始注重开发和利用新能源。作为能源多样化的表现，除了核能、水能、太阳能以及风能等新能源作为重点发展之外，日本对燃料电池的开发也非常重视，并取得了显著成效。日本于 2013 年制定了到 2030 年的《能源方针》，其中，新能源各种类的发展目标也相当明确。能源自给率要从 2013 年的 6%提高到 25%，各新能源的具体目标为：核能是 20% ~22%，地热能是 1.0% ~1.1%，生物质能为 3.7% ~4.6%，风能为 1.7%，太阳能为 7%，水能为 8.8% ~9.2%。另外，电力价格要从 2013 年的 9.7 兆元降低到 2030 年的 9.5 兆元，温室气体排出量在 2030 年要达到比 2013 年降低 26% 的目标。

6.1.2 注重制定计划

新能源产业的特点是高技术、高风险和高投入。因此，新能源产业的发展离不开政府的支持和引导。为了推动新能源产业积极持续的发展，日本政府制定了明确而详密的计划。各计划、大纲、战略的制定过程和内容如下：

1994 年，综合能源对策推进阁僚会议上，确定了《新能源导入大纲》。这是日本首次从国家的角度出发确定了新能源发展的目标和方向。在大纲中，日本把太阳能、风能和生物质能等新能源发电、新能源汽车和天然气热电联产等新能源的利用列为国家能源发展动向。根据此大纲，促进新能源利用的特别措施法和金融方面的支援政策开始逐一被制定、公布。该大纲奠定了新能源发展的政策基础。大纲中提出的目标为：到 2010 年之前，新能源供应占全国能源供应的比例达到 3% 以上。而事实上，到 2010 年，新能源的该占比为 18.7%左右，远远大于其指定目标。

1997 年，日本通过再次决议，制定了政府到 2010 年实施新能源行动方案的计划，即“环境保护与新商业活动发展”计划。其中有 8 个重点项目被提到，分别为：太阳能发电、太阳能热利用、垃圾发电、使用零污染环境的汽车、热电联供系统、燃料电池和利用目前尚未使用的能源供热（例如利用液化气、石油气在气化过程中释放的热能等）以及其他可再生能源等。1980 年成立的日本新能源开发组织于 1988 年更名为新能源产业技术综合开发机构

(NEDO)，2003 年 NEDO 再次进行重组，成为经济产业省下设的“独立行政法人机构”。其职能主要为负责政府和研究机构/产业界之间在政策立案、制度设计、课题研究、技术创新、研发资助分配、补贴发放等方面进行中间联络工作等，同时该机构也对新能源事业技术开发和普及提供相关信息、金额补助以及技术指导。

1997 年 9 月 NEDO 启动了“10000 个屋顶计划”，政府将对安装屋顶太阳能发电板的每家住户，给予安装费用的 1/3 作为补贴，同时规定区域性电力企业必须收购住户多余的太阳能发电电力。此外，为了缓解太阳能发电和传统发电的成本之差给企业带来的压力，NEDO 给予安装新技术设备的企业拨专款 11.2 亿日元作为资助。另外，日本政府在 1997 ~ 2004 年期间投入 1230 亿日元作为住宅屋顶上太阳能电池板安装工程的资助金。日本太阳能产业可以在很短时间内达到世界先进水平，得益于日本政府的强力支持和社会资金对“阳光计划”项目的大量投入。

日本于 2002 年制定了生物质能国家战略①。2003 年，日本政府共投入 1570 亿日元作为该年度的新能源关联预算。将该资金作为提高能源利用效率、降低成本的技术开发以及地方自治体和事业者等的收购补助等。

2005 年，日本发布了太阳能发电市场情况的报告，报告中表示太阳能在日本新能源战略中处于非常重要的位置，并鼓励公众购买太阳能发电板。报告中还详细地规划了日本太阳能产业到 2030 年的远景图。关于价格方面，预计太阳能发电电价将持续降低，具体为：2010 年是 23 日元/千瓦时，2020 年降到 14 日元/千瓦时，2030 年将降至 7 日元/千瓦时。关于发电量方面，到 2030 年发电量将满足日本一半的居民用电，达到 100KWH，占日本总供电量的 10%。

2006 年 5 月，日本经济产业省公布了《新能源国家战略》，其具体的目标如下：到 2030 年之前太阳能发电的成本下降至传统能源发电的价格水平；提高生物质能和风能发电在总能源消费中的比例；实现在某一地区的能源供给达到自给自足。

2008 年日本在北海道洞爷湖召开的八国集团（G8）首脑会议上，与各国

① 生物质能国家战略：该战略的中心内容为政府全面宣传生物质能和国民生活间存在关系的密切程度，构建起生物质能从生产到收集、从收集到转移、从转移到利用的可持续循环系统；制定了环境 NGO 和产学官等人员的工作职责和工作任务；实施各种生物质风险评价、示范性利用验证；研究各种生物质能的标准化和识别标志制度等。

关于太阳能发电的重要性达成了一致。2009 年 8 月，日本民主党在大选中得以胜出，宣布了其政策目标，其中关于减排和新能源方面的内容有：2020 年的温室气体排放要比 1990 年减少 25%。2009 年，日本引进并正式实施太阳能发电的 FIT 制度。

2010 年，日本经济产业省制定新的“日本战略能源计划”。在该计划中，强调了能源政策中的 3 项重要内容，即能源安全、环境保护和有效供给。同时设立了 2030 年的具体计划：把日本的“能源自给率”增长一倍（包括非化石燃料和自主开发的化石燃料），即达到 70%；将零排放无污染的发电比例提高到 70%；居民的 CO_2 排放量减至一半。同年 3 月，日本政府提交《全球变暖对策基本法案》，宣布到 2020 年前新能源（核能除外）在日本整体能源供应的比重将达到 10%。同年 6 月，日本重新修订了《日本能源基本计划》，修订后的计划指出：到 2030 年为止，关于日本能源结构中新能源所占比例，核能将提高至 50%；核能之外的新能源将提高至 20%；煤和液化天然气的发电量减少到 10%；剩余的电力由石油来提供。同月的 25 日，《日本能源基本计划》第三次被修订，其补充的内容为：强调了促进能源安全的重要性，明确了至 2020 年努力实现温室气体减排 25% 的目标，进一步加大核电的开发利用，以促进经济发展。

截至 2010 年底，日本的新能源发电达到了日本 35% 左右的电力，其中的 26% 来自核能，8% 来自水能。然而，2011 年的东日本大地震对日本的核能计划产生了巨大的影响，打乱了日本对于未来核能利用的规划。

2012 年 7 月，日本导入 FIT 制度。该制度公布了新能源购入价格的激励计划。实施的第一年，就有了显著的效果，新能源（核能除外）的装机量从 2012 年的 18750MW 提高至 2013 年 3 月的 24375MW，增长率为 13%。经济产业省希望 FIT 制度可以推动除核能之外的新能源的积极发展，FIT 制度把新能源生产者向电网输送的电力作为强制性任务，命令电力公司收购。

2017 年 4 月，FIT 制度进行更改。根据更改后的细则，政府制定了新的固定价格收购计划，固定收购价格延续了下降的趋势。

6.1.3　实施完整体系

日本之所以能在新能源产业取得举世瞩目的成就，是因为其新能源产业政策的实施是多角度、全方位的，且拥有完整的实施政策体系。

6.1.3.1 政府的先行引导

首先，日本政府以身作则，先行引导。在添置办公设备时优先选用太阳能设备；使用新能源汽车作为公车出行；在政府工程的实施范围内尽量使用新能源，例如：城市开发、道路建设以及新修水利等。其次日本政府努力发挥其行政职能，对新能源产业扶持监督，奖罚分明，通过使用强制的手段来确保法律、法规顺利实施。对于企业不履行新能源法律、法规的，处以例如罚款或整改等的行政处罚；同时，政府对新能源企业，利用优惠政策鼓励支持其产品的研发和推广。自1993年推出“新能源计划”后，日本政府每年拨款570多亿日元，其中用在新能源技术及技术储备等方面的金额约362亿日元，该计划将会延续至2020年。

6.1.3.2 企业的积极参与

日本新能源的开发和利用得以迅速发展，离不开政府在法律方面的约束，也离不开政府通过税收优惠的手段发动和鼓励民间组织和企业的全程参与。随着市场对新能源需求的不断增大，新能源的市场价值得到了很大的提升，日本众多的企业都积极投身到“促进地区新能源开发事业”的行动中。

在政府的引导下，企业逐年加大对新能源技术的开发以及对新能源的应用。第一是关于燃料电池。2001年12月，日本建造了世界上规模最大的，每年发电量为53万度的太阳能电池发电系统，减少CO_2排放量约100吨。随后，2004年6月，在燃料电池开发方面有实力的公司，包括松下电器、三洋电机、本田汽车等合作成立了燃料电池研究开发中心。第二是关于废弃物发电。日本于2005年建成了国内最大的，利用饭店的剩饭剩菜来发电的废弃物发电厂。随后，3家从事垃圾处理的大型企业，也出资在东京大田区建造了大型的垃圾发电厂。这些发电厂把垃圾变废为宝，将回收的剩饭菜发酵后所产生的沼气，制造成燃料电池。第三是新能源汽车。日本汽车公司也积极响应政府号召，丰田汽车公司于1997年在全球率先销售混合动力汽车普锐斯，此后，搭载车型又扩大至MPV、UV、FR轿车。截至2017年1月底，丰田的混合动力汽车在全球累计销售量已达1004.9万辆，这在业内占据了绝对优势。丰田公司在2015年10月发表了《丰田环境挑战2050》，其目标定为：至2050年售卖的丰田汽车，在行驶中的CO_2平均排放量将降低至2010年的10%；工厂生产过程中的CO_2排放量降低至零；进而从汽车素材到成品废弃的生命周期中，CO_2排放量为零[①]。日产聆风从2012年12月开始销售电动汽车，到2016年1月底，全球销售量达到20万辆。2015年、2016年的全球销售量分别为第二名和第一名，2016年的销售量为51882辆。目前，日本的新能源汽车不仅具有环保理念，而且还对传统能源汽车提出了有力的挑战。第四是建筑方面。对于“脱碳化、零排放”的新能源目标，日本建筑企业的响应非常积极。大成建设[②]公布了要在2020年实现“市场化的NZEB（Net Zero Energy Building）”的目标。积水住宅[③]在参加COP21[④]时，签署了《关于建筑物和建设部门的共同宣言》，并公布了2020年的新建住宅的80%为NZEH（New Zero Energy House）的目标。NZEB和NZEH的发展，均为东日本大地震后的复兴战略，也是2030年日本新能源目标完成的重要前提[⑤]。

6.1.3.3 公民的意识培养

为了宣传和普及新能源知识，新能源的相关政策通过电视、报纸、互联网等工具，广泛地向全社会公开。利用各类媒体发布公益广告等方式进行宣传，努力引导公民认识、理解新能源，并自觉树立应用新能源的观念和意识。同时，日本也重视公民环保、节能意识的培养。这体现在日本小学的课堂会设立一些环境保护方面的课程，例如，采用动画多媒体宣传片来介绍平野垃圾发电厂，使其生动有趣，并具有故事情节；各个学校也会在课外组织学生到一些新能源生产的工厂进行参观和实践。这些举措向学生宣传了新能源的相关特点，引导学生加强对新能源的了解进而在生活中养成节能、保护环境的好习惯。另外，日本创新出新能源公园，该公园集娱乐和科学的普及展览、科学实验功能于一体。公园内设置了各种各样的新能源展厅，例如光能、风能、太阳能等。通过这些体验，国民增强环保意识的同时，也增加了政府发展新能源的信心。

---

① [Online]. Available at http://www.toyota.co.jp/jpn/sustainability/environment/challenge2050/. 2018-1-8.

② 日本大成建设集团是日本大型的综合建设公司，集团的规模在建筑界属顶尖地位，主要从事建筑、土木、开发等。

③ 积水住宅株式会社（SEKISUI）是日本著名的建筑公司，系日本最大的综合性企业之一的积水化学工业株式会社的下属企业，其建筑特征为“搭载太阳能发电系统住宅”“全电化住宅”，其销售份额在日本首屈一指。

④ COP21：第21届联合国气候变化大会。大会于2015年11月30日至12月11日在巴黎举行。已有184个国家提交了应对气候变化“国家自主贡献”的文件，涵盖全球碳排放量的97.9%。

⑤ 植田和弘，山家公雄．再生可能エネルギー政策の国際比較——日本変革のために［M］．京都大学学術出版社，2017年2月，251-252。

通过将新能源的重要性对社会的广泛宣传，对公民意识的培养，社会对新能源发展响应积极。日本民众积极响应新能源的推广工作。例如，大多数住宅安装了太阳能发电装备等。

6.2 日本新能源产业政策实施内容

本章将日本新能源产业发展政策的实施内容分为6大部分，即法律制度、研发支持、财政补贴、税收优惠、FIT和RPS制度。其中，FIT和RPS制度也被称为FIT和RPS法，由于其对新能源产业有巨大的推动作用，特将这两部分单独列出，给予详细的论析。

需要说明的是，在本章的财政补贴、税收优惠、FIT和RPS制度的4节中，所研究的对象是除核能之外的新能源，因此在该部分会出现新能源（核能除外）的标注。

6.2.1 法律制度

日本早在20世纪50年代就颁布了关于能源开发和利用的一些法律、法规。进入20世纪70年代之后，在新能源发展方面，日本政府遵循法治原则，用立法为新能源发展保驾护航。特别是20世纪90年代以后，日本加快了新能源立法的步伐，一系列的法律和法规相继出台，这为新能源的发展提供了重要的支撑。日本法律制度的发展历程和内容具体如下。

1979年颁布了《节约能源法》，以法律形式对节能环保和能源利用进行监督和约束。次年颁布了《替代石油能源法》，在以上法案的基础上设立了NEDO（新能源产业技术综合开发机构）。之后日本开始大力支持新能源技术和各领域节能技术的开发，并积极推广其应用。这个阶段NEDO的开发主要针对太阳能领域、废弃物发电领域、风能领域、生物质能发电领域、海洋热能领域、燃料电池领域和绿色能源汽车等。

1992年颁布了第一份《环境基本法》，为了进一步推动新能源产业的发展，分别在1997年、2001年和2002年对该法进行了修订。随后，1997年4月制定了《促进新能源利用特别措施法》，以下称《新能源法》。该法具体规定为：第一，最先审核新能源的利用技术，审核之后引进能源基本方针，之后才能在资金方面给予扶持。第二，各省厅要把新能源的利用作为重要的课题和议程来推广和促进。第三，各省厅之间需要交流意见和经验，相互扬长补短，共同推进新能源的开发与利用。关于该法的推进方面，制定了6个措施：普及推广、支援地方引进、改善环境、加大技术开发、增强国民利用新能源的意识和推进国际合作①。该法建立在1994年“新能源推广大纲”的基础之上，重点提倡发展风能、太阳能、地热能等新能源，为了保证该法规的实施效果，日本政府于同年的6月颁布了《促进新能源利用特别措施法施行令》，其中包括对新能源利用内容的具体规定，以及中小企业者的范围等。此外，《新能源法》进行了3次修订，修订时间分别为1999年、2001年和2002年。《关于推进采购环保产品法》是在2001年4月被颁布并施行，紧随其后，《促进资源有效利用法》开始被推行。其内容主要包括：扩大资源有效利用的范围，对废旧产品和零部件进行二次利用以及用清洁生产来减少废弃物的排放。由一个R（Recycle，原材料的再循环）变换为3R，即Reduce（废弃物的减量化）、Reuse（部件再利用）和Recycle（原材料的再循环）。

2002年，《能源政策基本法》颁布，其基本方针的内容为“供给安定、适合环境和市场”，该法规定了国家、事业单位的责任以及国民应尽的职责，并展现了日本的能源政策理念。2002年6月制定了《关于电力事业者新能源等利用特别措施法》，即强制上网配额法（简称RPS制度），该法于2003年4月生效。该法大力促进了新能源的发展。该法规定，电力公司必须按照自己销售电量的一定比例来计算购买新能源发电量的任务。在该法令中，新能源包括风能发电、地热能发电、太阳能发电、水能发电、生物质能发电以及可代替石油发电的其他能源。2002年，《强制上网配额法》相关的一系列法律法规相继颁布施行，其中包括《日本电力事业者新能源利用特别措施法施行令》以及《日本电力事业者新能源利用特别措施法实行规则》。

2010年3月，日本推出了《地球温暖化对策基本法案》，目的是为了减少温室气体的排放量。即努力降低在能源供应中对化石燃料的依存度，促进多样化的能源供给方式以及社会经济结构的转变。该法案要求，相比于1990年的全国温室气体排放，2020年将下降25%，2050年将下降80%。

---

① 6个措施的补充说明：第一，普及推广。通过量产化降低成本，促进市场的形成，实施具有示范效果的项目，检验新技术的可靠性。第二，支援地方引进新能源。第三，改善环境。剩余电力收购制度及自家输送服务的充分利用，热供给制度的顺利实施，建设清洁能源汽车燃料供给设施，太阳能电池的使用认可等。第四，技术开发。为减低新能源材料使用成本等进行的技术开发。第五，提高国民利用新能源的意识。充实民众的新能源教育，加强广告、普及启蒙活动。第六，国际合作的推进。充分利用资金援助项目推进国际合作。

日本众参两院于2011年8月颁布了《电力公司可再生能源电力调配特别措施法》，即固定价格收购制度（简称FIT制度），2012年7月开始实施。该法的目标为减少对核电的依赖，促进能源革新，激活地方经济以及减少CO_2的排放量等。该法规定电力公司有责任收购企业和个人利用新能源发电等产生的电力。收购的电力对象包括太阳能、地热能、生物质能和风能等产生的电力。2016年5月25日，修正FIT法成立，2016年10月1日开始实施。

2016年5月27日，日本修正了《有关地球温暖化对策推进的法律》（2016年法律第50号），该法明确了长期减排目标：到2050年为止，温室效应气体削减80%。

6.2.2 研发支持

日本投入巨资进行新能源的研发支持。其中，最具代表性的是通过三大计划的制定实施，即"阳光计划""月光计划"和"新阳光计划"，对新能源进行研发支持。

1974年的发展新能源计划——"阳光计划"；1978年的节能计划——"月光计划"；1989年的环境技术计划——"地球环境技术开发计划"。从目标和内容来说，以上3个计划是紧密联系的；从技术开发来说，以上3个计划有相互重复的部分。由此，日本政府于1993年将3个计划进行合并，联合制定了"新阳光计划"，也就是"能源与环境领域综合技术开发计划"，合并后进一步增加了新能源的开发利用，推进了新能源的商业化进程，并提高了能源环境高效的开发利用效率①。

6.2.2.1 阳光计划

1974年，日本政府斥资1万亿日元以上，制定且实施了"新能源开发计划"即"阳光计划"，核心为开发和利用太阳能。该超大型国家计划将发展太阳能发电和燃料电池技术定为国家战略，完成时间定于2000年。主要目的为开发太阳能、地热能、氢能以及合成天然气等新能源，从根本上解决了降低石油等传统能源供给量和环境污染问题，制定符合日本国情的新能源战略体系。根据新能源的种类不同，在阳光计划中的开发侧重点也不同。例如，阳光计划中注重对太阳能、地热能、合成天然气和氢能等领域的项目技术、高效利用、

① 吴志忠．日本新能源政策与法律及其对中国的借鉴［J］．法学杂志．2013（1）：101。

储存输送等方面的研发；而在风能和海洋能等项目领域只进行了一些基础性的研究。该计划的实施效果明显，既保持了稳定的能源供应，同时减少了环境污染。

6.2.2.2 月光计划

日本于1978年设立了“节能中心”，实行了“节能技术开发计划”，即“月光计划”。该计划的目的是对节能技术研发的支持，并对进行技术研发的企业提供资金资助。为了进一步推动节能进程，1979年，日本出台了《节约能源法》，并在1980年成立了NEDO（新能源产业技术综合开发机构）。根据该计划，截止到1989年，日本给予节能开发提供的贷款总额达到1千亿日元以上①。

6.2.2.3 新阳光计划

早在1974年，日本曾启动第一个可再生能源研发项目（太阳能、风能、地热能、生物质能以及垃圾焚烧发电等）。1992年的里约环境峰会之后，日本政府为了能兼顾能源环境和经济可持续增长的两大领域，开始注重并发展新能源，于1993年积极制定了“能源与环境领域综合技术开发计划”即“新阳光计划”。之后的两年内，日本政府制定了新能源的开发纲要，开始大力支持新能源研发。

该计划投资经费为16000亿日元，实施计划的期间为1993年到2020年，目的是在日本政府的领导下，政府、企业和大学联合，以革新性的技术开发为重点，在实现经济持续可发展的同时，解决能源环境问题以及新能源在开发过程中遇到的各种问题。该计划具体分为3个部分②。

“新阳光计划”作为日本的一项综合性很强并且长期施行的计划，其在能

---

① Joshua Meltze, After Fukushima: What's Next for Japan's Energy and Climate Change Policy? 20110907. [Online]. Available at https://www.brookings.edu/wp-content/uploads/2016/06/110907_JapaneseEnergyPolicy_Final.pdf. 2017-6-16.

② 新阳光计划：该计划具体分为3个部分。第一部分是“革新性技术开发”，其目标是防止地球温暖化进一步上升。开发的主要项目有非晶硅太阳能电池、燃料电池、超导发电机、陶瓷汽轮机、分散型电池蓄电、能量的有效利用以及能量/环境的先导基础技术等。第二部分是“国际大型合作研究”，其目标是为了推进地球再生计划。研究的主要项目有磁流体发电技术，烟气脱硫催化技术，CO_2的固定与储藏、氢能利用等清洁能源技术。第三部分是“适用技术的合作研究”，是以协助日本周边国家开展节能技术研究和节能工作为目标。主要项目有燃料电池、太阳能利用技术、风能发电、煤的汽化和液化以及生物质能利用技术。

源方面和环境方面所起的作用和贡献是巨大的。该计划的核心思想是实现经济增长、能源供应以及环境保护的三赢局面。其研究方向包括7个领域[①]。其中，再生能源技术研究范围包括：太阳能、风能、温差发电、生物质能和地热能利用技术等，而研究重点是太阳能。根据实施的效果可知，日本在太阳能研究领域方面，已经达到了世界最高水平。

受该计划的积极推动，各新能源的发展均呈直线上升趋势。相对于1997年的太阳能发电累计装机容量为91MW，2011年为4914MW，是1997年的54倍左右；2016年为42750MW，是2011年的8.7倍左右。关于风能发电累计装机容量方面，1997年是17MW，2011年为2595MW，是1997年的153倍；2016年达到3280MW，是2011年的1.3倍左右[②]。

另外，为了促进“新阳光计划”的实施，日本政府特别制定了以下配套战略。第一，新能源推广大纲。1994年12月，在此大纲中，日本政府公布了新能源发展的政策基础。其具体内容为：国家需全力推进新能源发展，地方政府需积极响应国家号召，大力宣传新能源，使民众了解该项政策。第二，新能源产业化远景构想。日本政府于2004年6月公布此构想，其设定的目标是：在2030年以前，促使太阳能等新能源产业发展成为3万亿日元的支撑型产业之一；将目前日本对石油的依赖度从能源消费量的50%减少到40%，同时新能源所占份额上升到20%。第三，新国家能源战略。日本于2006年5月推出该战略，提出2006～2031年的日本能源战略的3个目标、8个战略实施计划及相关的配套政策。其中，“支持和促进新能源合作创新计划”被列入8个战略之一。

日本在新能源研发方面，投入力度巨大。1993年后，日本政府每年拨款570多亿日元，旨在切实贯彻实施“新阳光计划”。其中，在新能源技术研发、能源输送以及储存技术相关领域的投资占到了总拨款的64%（约为362亿日元）。如果“新阳光计划”顺利达成的话，那么在2030年前，新能源产业将会发展成为年产值达3万亿日元的支柱产业。

---

① 7个领域：再生能源技术、化石燃料应用技术、能源输送与储存技术、系统化技术、基础性节能技术、高效与革新性能源技术以及环境计划。

② BP. “Statistical Review of World Energy June 2017”. [Online]. Available at https://www.bp.com/en/global/corporate/energy-economics/statistical-review-of-world-energy.html. 2017-6-16.

6.2.3 财政补贴

日本关于新能源方面的财政补贴的种类多样，根据补助对象的不同，可区分为个体、法人、团体（公共团体[①]、地方公共团体、民间团体以及非营利民间团体）和学校等。根据财政补贴的对象分为所有种类和单独种类的新能源。根据地区的分类，主要分为福岛和福岛外的两种。

表6－1列举了日本典型的财政补助类型。其中所有新能源种类的补助有9种（1～9），太阳能发电的有3种（10～12），新能源发热的有4种（13～16），地热能（17～18）和福岛地区（19～20）分别有2种，风能（21）有1种、水能发电（22～25）和生物质能（26～27）分别有2种。

需要注意的是，以下除了个别已经停止的财政补贴之外，大多数补贴的实施期间是到2018年3月，其原因是：日本相关部门在每年年底会对过去一年该政策的实施效果进行调查和评估，如果和预期效果接近的话，则继续实施该补贴计划。因此，标有2018年3月截止的补贴种类并非届时停止，而是到2018年4月才知道该计划是否继续延用。

6.2.4 税收融资

6.2.4.1 税收优惠

日本对于新能源研发和利用的税收优惠种类众多。1998年制定的“能源供给结构改革投资促进税制”当中，就包含了新能源的开发和利用。在该税制中，进行新能源开发和利用的企业在首年可获得以下减免，即免去获取利润30%的同量税额。此外，具有代表性的还有以下5种税收优惠政策：

（1）绿色投资减税

2011年，日本制定了绿色投资减税制度[②]。2016年4月1日该税制适用对象发生变动，规定适用期限到2018年的3月31日。该税制适用于收购新能源设备一年内，提出青色申告书的个人和法人。

具体减税对象和内容分别如下。对象是10KW以上的自家消费型太阳能发

---

① 日本的公共团体：为了实现行政上的某一目的，被国家赋予了行政的权限和特权的团体。种类有地方公共团体、工会等其他公团、事业团等。

② 绿色投资减税：为了使环境的能源负荷递减而推进的税制，该税制于2011年在税制改革的基础上所创立。以促进日本能源供求结构的改革和增强日本能源环境的适应为目的，从考虑能源排放CO_2的削减性和新能源所需设备投资必要性的角度所创立。2016年，其税制对象出现变更。

表 6 - 1　日本新能源(核能除外)的财政补贴种类汇总

新能源(核能除外)的财政补贴种类[①]

	名称	概要	实施期间	补助对象	符合补助对象的新能源种类	补助金额
1	环保租赁事业	新能源等低碳/环保机器设备租赁时,给予租金的补助	2011 年 4 月 ~ 2018 年 3 月	中小企业(满足环境省所规定的标准,租赁含有新能源在内的低碳化机器设备的中小企业)	太阳能发电,风能发电,小水能发电,太阳热,地热能发电	补助金额为租赁总额的 5% 以下(东北三县及熊本县为 10%) * 可与 FIT 制度并用 注:东北三县为岩手县、宫城县和福岛县
2	导入新能源发电设备等基本整备的支援事业(避难解除区域等)	在福岛县的避难解除区域内使用新能源发电设备、电池/供电线等情况时,给予补助	2017 年 4 月 ~ 2018 年 3 月	进行发电的法人、个体(提出青色申告[②])、非营利民间团体及地方公共团体等	太阳能发电(50 KW 以上) 风能发电(500 KW 以上) 地热能发电(规模无条件) 中小水能发电(1000 KW 以下) 生物质能发电(50 KW 以上)	①发电设备的补助为 1/10 以内(上限 3 亿日元);电池/电力传输线等补助为 2/3 以内(上限 7 亿日元) ②对于福岛县内有总部的中小企业等发电设备的补助为 1/5 以内(上限 6 亿日元);电池/电力传输线等补助为 2/3 以内(上限 7 亿日元) * 可与 FIT 制度并用
3	支援新能源事业者的事业费补助金	为了加速扩大区域内的新能源利用,对符合以下条件的民间利用者(个体、法人和团体),政府给予补助	热利用补助:2011 年 4 月 ~ 2018 年 3 月;发电补助:2012 年 4 月 ~ 2018 年 3 月	用于自用发热或发电,购入相关新能源设备的民间事业者[③]	①新能源热利用设备:太阳热利用、地热能利用、温度差能源利用、生物质热利用、冰雪热利用、生物质燃料制造 ②新能源发电设备:FIT 制度认定设备外的对象:太阳能发电、风能发电、生物质能发电、小水能发电、地热能发电和蓄电池(仅限于和新能源发电设备共用的对象)	①民间事业者购入相关设备:补助对象经费的 1/3 以内 ②民间事业者和地方公共团体合作购入设备:补助对象经费的 2/3 以内

① 表 6 - 1 中出现的所有“新能源”的描述,均为“核能除外的新能源”。
② 青色申告书:按实际的收入、所得税和法人税填写的申请书。
③ 事业者:根据日本的国税法令可知,事业者包含了个体、法人和团体。

续表

新能源（核能除外）的财政补贴种类						
	名称	概要	实施期间	补助对象	符合补助对象的新能源种类	补助金额
4	独立型新能源发电系统对策费用的补助金	FIT 制度适用对象外，自家消费用的新能源发电系统设备引进费用的补助	2015 年 3 月 ~ 2018 年 3 月	自用的可再生能源发电设备导入者，具体为地方公共团体、非营利民间团体和民间事业者	太阳能发电、风能发电、水能发电、地热能发电	地方公共团体等：补助其经费的 1/2 以内； 民间事业者等：补助其经费的 1/3 以内 * 总预算额：30 亿日元 * 具体经费种类：设计费、设备费用（及配套电池）、工程费等
5	促进新能源发电设备等导入的支援对策事业	为了对应东日本大地震后的电力不足，同时促进受灾地的就业和相关产业的发展，给予受灾地新能源设备导入费用的补助	2012 年 3 月 ~ 2015 年 2 月	在「特定受灾区域」（2011 年法律第 40 号第 2 条第 3 款规定）进行新能源发电设备的导入事业者（法人和个人），非营利民间团体及地方公共团体等	太阳能发电、风能发电、生物质能发电、水能发电、地热能发电	新能源发电设施：补助其经费的 1/10 以内；蓄电池・送电线：补助其经费的 1/3 以内 * 具体经费：设计费、设备费（及其附带的电池和供电线）、工程费等 *2015 年的预算额约为 316 亿日元
6	小规模地区公共团体对策技术率先导入的补助事业	小规模地区公共团体导入最先进的节能及新能源设备，政府将给予 CO_2 减排效果明显以及有全国普及启发意义的设备的必要费用的补助、对小规模地方公共团体中进行 ESCO 的民间团体给予设备导入费用的部分补助	2003 年 4 月 ~ 2014 年 3 月	①小规模的地方公共团体 ②利用 ESCO[①] 对小规模地区公共团体的设施进行节能的民间团体 ③受委托的民间团体	太阳能、地热能、生物质发热、小水能	①和②补助的上限：总事业费的 1/2；事业的补助下限额度：600 万日元

① ESCO 事业：Energy Service Company 的缩写，对顾客的光热水电费进行经费削减建议，从削减实绩中获得报酬的商业形态。

续表

新能源（核能除外）的财政补贴种类						
	名称	概要	实施期间	补助对象	符合补助对象的新能源种类	补助金额
7	新能源等导入及推进的基金事业	支援因地震和台风导致的灾害区域积极发展新能源等地域主导的自立/分散型能源导入	2012年3月～2020年3月	在防灾地域所导入新能源的地方公共团体	风能、地热能等新能源、蓄电池以及高效节能设备（照明和空调等）	①关于新能源相关的计划制定事业：定额 ②关于公共设施引进新能源事业：定额 ③关于民间设施引进新能源事业：辅助率为1/3，特定的受灾地方公共团体为1/2 ④风能・地热发电支援事业：辅助率为1/2 ＊基金总额：245亿日元
8	低碳型废弃物处理补助事业（低碳型设备等导入补助）	为了促进废弃物处理的低碳化，给予利用废弃物发热或发电的民间事业者补助	2003年4月～2018年3月	民间事业者等（废弃物处理业者）	生物质能发电，再生能源热，废弃物燃料制造	补助对象成本的1/3
9	促进上下水道系统中的CO_2排放量减少的事业	为了引进小水能和太阳能发电设备，对上下水道设施使用的小水力发电设备、污水处理厂用的太阳能发电设备的导入和改修，给予补贴	2013年4月～2019年3月	自来水事业者等	中小水能发电、太阳能发电	太阳能发电设备的补助为成本的1/3 太阳能发电设备以外的补贴为成本的1/2以下

续表

新能源（核能除外）的财政补贴种类						
	名称	概要	实施期间	补助对象	符合补助对象的新能源种类	补助金额
10	私立学校的生态校园推进事业	国库对于因考虑环境问题而利用新能源来改造校内设施的私立学校，给予补助 ＊关联工程：安装太阳光发电系统相关的受电、变电设备、电器配线和工程改造等	2009 年创立至今	私立的小学、初中、中学、高中、大学、专科学校（包括短期大学）	太阳能发电	专门学校和大学（包含短期大学）的补助费在工程费用的 1/2 之内，其余在 1/3 之内 辅助费的辅助下限为 1000 万日元，专门学校和大学（包含短期大学）以外的上限是 2 亿日元
11	针对家庭·事业者生态租赁的促进事业	从长期角度考虑温室气体的大幅削减问题，家庭·业务·运输部门的对策刻不容缓 对于导入低碳化机器时，投资金额的首付负担困难的家庭或中小企业，给予首付免除；当租赁低碳素机器时，给予租赁费用的补助 ＊如有其他符合条件的补助，只能任选其一	2011 年 4 月 ~ 2018 年 3 月	指定租赁中小企业者	对于家庭：住宅用的太阳能组件（板）；对于中小企业：高效锅炉、热电联产①、高效机械、太阳能组件、高效陈列橱、高效冰箱、混合动力建筑机械等	补助：租赁费用的 3% 或 5%，为了振兴震后区域，岩手县、宫城县和福岛县的该补助为 10%

① 热电联产：是指在同一电厂中将供热和发电联合在一起，即电厂锅炉产生的蒸汽驱动汽轮机的过程或之后的抽汽以及排汽中的热量可以继续利用进行供热，这种既发电又供热的生产方式称为热电联产，简称 CHP。较之分别生产电、热能方式更节约燃料。以热电联产方式运行的火电厂称为热电厂。

续表

新能源（核能除外）的财政补贴种类						
	名称	概要	实施期间	补助对象	符合补助对象的新能源种类	补助金额
12	降低太阳能发电成本的技术开发事业	太阳电池的转换效率提高，制造成本降低，维持管理技术的提高以及太阳能光伏板的低价再利用等技术开发	2015～2019年	私营企业、大学等受NEDO的委托或者与NEDO共同研究太阳光发电	太阳能发电	NEDO负担率为2/3或1/2
13	促进地域新能源热利用的导入对策事业	给予利用太阳热系统的地方公共团体和非营利民间团体的补助金	2011年4月～2018年3月	①地方公共团体使用规模要求：集热器总面积超过10平方米、节能率在10%以上（使用空调的情况） ②非营利民间团体使用规模要求：无；节能率在10%以上（使用空调的情况）	太阳热	补助对象成本的1/2以内、补助上限为10亿日元/年 ＊经费种类：设计费用、机器设备等购买费、工程费
14	新能源热利用事业者的支援对策事业	给予利用太阳热系统的地方公共团体和非营利民间团体的补助金	2011年4月～2018年3月	①导入太阳热利用设备的民间事业者等（法人以及进行青色申告的个体） ②集热器总面积在10平方米以上、节能率在10%以上（使用空调的情况）	太阳热	补助对象成本1/3以内，上限为10亿日元/年 ＊经费：设计费用、机器设备等购买费、工程费

续表

新能源（核能除外）的财政补贴种类						
	名称	概要	实施期间	补助对象	符合补助对象的新能源种类	补助金额
15	NZEH[①]支援事业	为了达到在2020年，新建住宅的过半数为NZEH的目标，需普及NZEH并降低其成本。为此，政府给予NZEH相关建材、设备机器以及蓄电池组合等补助	2012年5月~2018年3月	NZEH住宅的建造者和购买者	太阳热利用等（太阳能发电等新能源的发电为补助对象外）	定额补助75万日元 若使用符合要求的充电系统，给予4万日元/千瓦时的耗电量补助（有上限）
16	新能源热利用技术开发事业	为了普及新能源的热利用，以降低其成本为目的，对其进行技术的开发	2014~2018年	私营企业、大学等 ＊NEDO委托或者和NEDO共同研究	新能源发热的所有种类	NEDO负担率为2/3
17	地热能发电技术研究开发事业	为了有效利用国内地热资源，对高效发电的技术进行开发	2013~2017年	私营企业、大学等 ＊NEDO委托或者和NEDO共同研究	地热能发电	NEDO负担率为2/3

① NZEH：Net Zero Energy House的缩写，指住宅自身生成的能源多于其消费的能源。

续表

新能源(核能除外)的财政补贴种类						
	名称	概要	实施期间	补助对象	符合补助对象的新能源种类	补助金额
18	促进对地热能发电理解的事业费补助金	开展有关地热的学习和商讨会的事业、地热发电发热的活用利用事业,调查地热开发区附近的温泉是否正常运行事业,给予以上事业不同程度补贴	2013～2018年	民间团体等	地热能发电	①学习会等事业(开发规模 100 KW 以上)(全额) ②地热能利用事业 开发规模 5000 KW 以上:2/3 的补助; 开发规模超过 100 万 KW 以上,1/2 的补助 ③温泉影响调查等事业(开发规模 5000 KW 以上):全额补助 ＊可与 FIT 制度、绿色投资减税并用
19	促进福岛县新能源导入事业费的补助金(新能源关联技术的实证研究事业)	东日本大地震后,对于福岛县内进行研究开发的新能源关联技术的实证研究给予补贴	2017 年 4 月 ～ 2019 年 2 月	民间事业者、技术研究组合、大学等	新能源的全部种类	补助率:2/3 以内(上限:3 年以内)
20	福岛县新能源导入的支援事业费补助金(发电设备等)	为了促进福岛县新能源导入,给予新能源发电设备以及电池等补助	2017 年 8 月至今	进行发电事业的民间事业者(法人及进行青色申告的个体),非营利民间团体及地方公共团体等	太阳能发电(50 KW 以上) 风能发电(500 KW 以上) 地热能发电(无规模限制) 中小水能发电(5000 KW 以下) 生物质能发电(50 KW 以上)	补助率:发电设备成本的 1/10 以内(上限 3 亿日元); 电池/电力传输线等成本的 1/2 以内(上限 15 亿日元) ※可与 FIT 制度并用

续表

新能源（核能除外）的财政补贴种类						
	名称	概要	实施期间	补助对象	符合补助对象的新能源种类	补助金额
21	海上风能发电等技术研究开发	为了推进海上风电（着床式），对风况、海域、风车、变电所等的调查以及设计所需费用的补贴	2013年4月~2018年3月	风能发电事业者等	风能发电（仅限着床式海上风电）	补助对象成本的1/2
22	促进水能发电导入的补助金（设备更新工程等）	为了促进水能发电现有设备的有效利用，对其进行更新和改造	2016年4月~2018年2月	民间事业者等	中小水能发电（含一般水能发电）	补助对象成本的1/3以内
23	促进水能发电导入的事业费补助金	为了对水能发电事业开展评价所进行的调查和设计。对以上活动给予经费的补助	2016年4月~2018年2月	民间事业者等（法人，进行青色申告的个人及地方公共团体）	中小水能发电（20KW以上10000KW以下）	补助对象成本的1/2以内（上限：一个发电厂，1500万日元/年） ＊经费是对水能发电的事业性评价必要的人事费，外购费用和租赁费等 ＊可与FIT制度并用
24	促进水能发电导入的事业费补助金	给予设备更新调查事业的补助，其目的是为了增加水力发电输出功率的调查费和试验费	2016年4月~2018年2月	民间事业者等	中小水能发电（含一般水能发电）	补助对象经费2/3以内 ＊FIT制度与绿色投资减税可并用

续表

新能源（核能除外）的财政补贴种类						
	名称	概要	实施期间	补助对象	符合补助对象的新能源种类	补助金额
25	促进水能发电导入的事业费补助金（促进地域理解等关联事业）	该事业的目的是为了将来水力发电站的安定运行，现阶段促进水力发电和地域的交流、理解，进而达到水力发电与地域的共存	2016 年 4 月 ~ 2018 年 2 月	民间事业者、地方公共团体等	中小水能发电（含一般水能发电）	补助对象经费的 10/10 以内 ＊FIT 制度与绿色投资减税可并用
26	地域生物质能活用的推进事业	生物质能城市①所进行的必要的调查、设计、所需设施整备等补助	2017 年 4 月 ~ 2018 年 3 月	该城市的地方公共团体或民间团体等	生物质能发电，生物质热利用，生物质能燃料制造	补助其成本的 1/2 至 2/3 以内
27	新能源导入的计划制定事业	为了促进木质生物质能的持续的利用，给予地方公共团体关于导入新能源计划制定事业的补助	2016 年 4 月 ~ 2018 年 3 月	地方公共团体	生物质能发电 新能源发热	定额：都道府县及政令指定城市（上限 2000 万日元）；市町村及特别区（上限 1500 万日元）

资料来源：据日本经济产业省资源能源厅的新能源 · 可再生能源资料整理制成[Online]. Available at http://www.enecho.meti.go.jp/category/saving_and_new/. 2018 -1 -8。

① 生物质能城市：把某区域内所有的生物原料最大限度地开发和利用，最终将该城市建造成对环境无污染且防灾功能强大的城市。

电设备（FIT 设备认定的对象外）、风能发电设备（1 万 KW 以上）、中小水能发电设备（3 万 KW 以下）、木质生物质能发电设备（2 万 KW 以下）和地热能发电设备（1000KW 以上）。根据该税制，中小企业在收购设备一年内，可获得相当于设备收购价格（取得价值）的 7% 的税额减免[①]。

（2）固定资产税

固定资产税是针对新能源（核能除外）发电设备而实施的税收优惠举措。实施期限为 2012 年 5 月 29 日到 2017 年末。

对象是收购新能源（核能除外）发电设备的事业者。内容是自家消费型太阳能发电设备（FIT 设备认定的对象外）、风能发电设备、中小水能发电设备、木质生物质能发电设备（2 万 KW 以下）和地热能发电设备。需要注意的是，除了太阳能发电设备外，其他新能源发电设备只限于固定价格收购制度认定对象。另外，针对太阳能发电设备只限于领取新能源（核能除外）事业者支援事业费补助金的对象。

纳税标准降低仅限于固定资产税征收的前 3 年。具体内容为太阳能发电和风能发电设备的固定资产税将减免 1/3；其他新能源设备将减免 1/2。各地区根据具体情况可设定其具体数额，调控幅度不得超过正负 1/6 范围之内。

（3）生物燃料生产事业者的税收减免

该制度是针对生物燃料生产事业者所收购生物燃料生产设备时，给予的税收减免，生物燃料的种类包括沼气、木质固体燃料/生物乙醇/生物柴油。在“农林渔业生物燃料法（平成 20 年法 45 号）”的基础上，给予新增生物质能燃料制造设备的固定资产税的减免。从 2008 年 10 月开始实施，减免内容为连续 3 年减免其固定资产税的 1/2（可和 FIT 与绿色投资减税并用）。

（4）轻油税（开发地热用）的免除

日本总务省于 2014 年 11 月 4 日制定了该法。对于民间企业或组合开发地热能资源时使用的轻油[②]，给予补贴。每 1 升轻油给予 32.1 日元的课税减免。

（5）针对个人的税制

个人的住宅进行太阳能发电设备相关的工程时（包括太阳能发热、燃料电池以及一定的节能工程），可用当年的所得税额抵扣工程费用 10% 的金额。

---

① 経済産業省資源エネルギー庁の政策について.［Online］. Available at http://www.enecho.meti.go.jp/category/others/green_tax/greensite/green/. 2018-1-8.

② 轻油：是石油提炼后的一种油质的产物，又称石脑油。主要用做化肥、提炼煤气以及汽油产品的调和部分。

扣除的上限为35万日元。适用期间为2009年4月1日至2021年4月1日[①]。

6.2.4.2　融资政策

日本实施的优惠融资政策吸引了民间资本大量投入到新能源产业。例如，以中小企业[②]为对象的日本的融资制度，根据其贷款的高额性和偿还期限的长久性，极大地鼓舞了中小企业者和国民生活事业[③]者投入新能源产业的积极性。

以下整理归纳了3个比较典型的融资制度。

（1）环境/能源对策贷款

该贷款是为中小企业和个人收购/改造新能源（核能除外）设施而专门设立的资金融资。可以达到贷款条件的新能源（核能除外）设施在种类方面大致可以分为：太阳能、风能、水能和生物质能的发电设备；地热能利用设备；太阳热、温度差能源、生物质能、雪冰发热的设备；生物质能燃料制造设备。贷款期限为20年之内。贷款额度为，中小企业事业：7.2亿日元以内；国民生活事业：7200万日元以内。

针对不同的事业者和不同的新能源（核能除外）设备时，其利率并不相同，具体利率为：①基准利率（太阳能发电设备）：中小企业是1.3%；国民生活事业是1.25%～1.85%。②特别利率（地热的热利用设备）：中小企业事业是0.9%；国民生活事业是0.85%～1.45%。③特别利率（风能、地热能、水力和生物质能发电设备；太阳热、温度差能源、生物质能、雪冰发热设备；生物质能燃料制造设备）中小企业事业是0.4%；国民生活事业是0.35%～0.95%。

（2）农林渔业设施资金贷款（共用设施——促进生物质能利用）

日本政策金融公库，对于共同利用生物质能场所及设备的以下团体等给予了长期贷款优惠。团体分类为：农业协会、农业共济组合、森林工会、水产业共同组合和农林业的振兴法人等。贷款对象的新能源（核能除外）分为生物质能发电、生物质热利用、生物质燃料制造。贷款期限为20年之内。贷款额度为负担额的80%，贷款利率为0.3%（2017年4月19日）。

---

① 经济产业省资源能源厅．［Online］．Available at http：//www.enecho.meti.go.jp.2018-1-8。

② 日本的中小企业：根据中小企业基本法的规定，制造业：从业人员300人以下或资本额3亿日元以下。批发业：从业人员100人以下或资本额1亿日元以下。零售业：从业人员50人以下或资本额5000万日元以下。服务业：从业人员100人以下或资本额5000万日元以下。

③ 国民生活事业：作为地区的金融机构，专门对需要创业资金以及儿童入学教育资金的人员，提供融资服务。

（3）以中小企业和国民生活事业为对象的日本政策金融金库的融资制度

第一，以中小企业为对象的日本政策金融金库的融资制度。该融资为株式会社日本政策金融公库法第 2 条第 3 号所规定，同时对符合环境/能源对策款、环境能源对策资金（非化石能源设备相关）（日本政策金融公库）条件的中小企业提供贷款。如果中小企业者需要引进、改造或者更新利用非化石能源的设备，那么可以在这方面为其提供融资。被指定为贷款对象的仅有太阳能发热。贷款期间在 15 年之内。贷款额度分为直接贷款的 7.2 亿日元和代理贷款的 1.2 亿日元的两种类型。

第二，以国民生活事业为对象的日本政策金融金库的融资制度。该融资为日本政策金融公库的融资，提供融资的对象为符合环境/能源对策款、环境能源对策资金（非化石能源设备相关）（日本政策金融公库）条件的国民生活事业者。对该国民生活事业者为了引进非化石能源而取得的设施（包括改造和更新），给予必要设备资金的融资。被指定为贷款对象的仅有太阳能发热。贷款期间在 15 年之内，贷款额度为 7200 万日元。

6.2.5　RPS 制度

在全球范围内，推进新能源普及的政策有两种，分别为 RPS（Renewable Portfolio Standards）制度和 FIT（Feed – in Tariff）制度。

日本在 2003 年引入了 RPS 制度，而太阳能发电的 FIT 制度于 2009 年引入，此后 RPS 与太阳能发电的 FIT 制度开始并用。之后，2012 年 7 月 FIT 制度代替了 RPS 制度开始全面实施。根据图 6 – 1 可知，以上 3 种制度均在不同程度促进了新能源（核能除外）的发展利用，从其累计装机容量来看，FIT 制度导入后其增加量的幅度最为陡峭，可以判定 FIT 制度的推动效果最为明显。本节和下一节分别介绍以上两种制度。

在日本，RPS 制度又称强制上网配额法，在新能源的推广应用方面发挥了至关重要的作用。2002 年 5 月，日本的 RPS 制度，即《关于电器事业者的新能源等利用的特别措施法》出台，2003 年 4 月开始实施。该制度强制规定，电力公司需按照自己销售电量的一定比例来计算[①]新能源（核能除外）发电量

---

① 各电器事业者的新能源（核能除外）利用量的算定公式如下所示：

基准利用量 = 电器事业者的电力供给量（去年）× 基准利用目标率（今年），而利用目标率 = $\frac{\text{全国的基准利用量(今年)}}{\text{全国的电力供给量(去年)}}$。

将上述两式合并整理可得：基准利用量 = 全国的基准利用量（今年）× $\frac{\text{电器事业者的电力供给量(去年)}}{\text{全国的电力供给量(去年)}}$

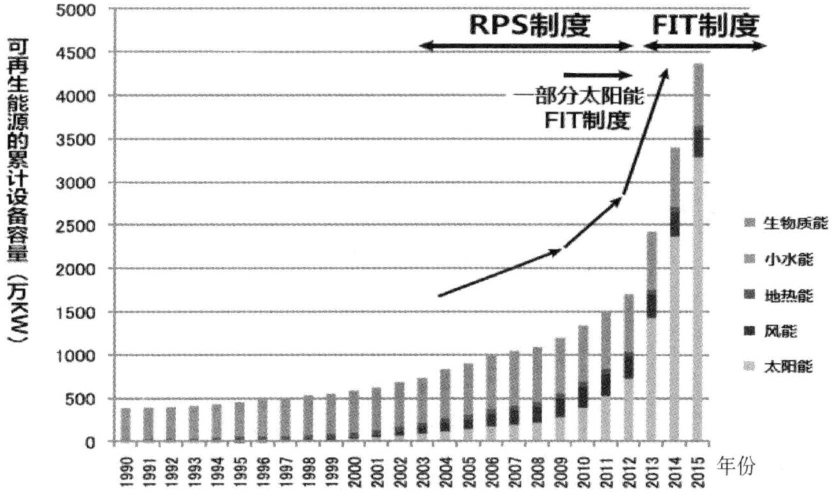

图6－1 日本新能源（核能除外）发电设备量的推移

资料来源：日本自然能源白书2017摘要版，第5页。

的任务。新能源（核能除外）的利用目标量是由经济产业部长通过采用各部门部长①的综合意见而决定的。适用的新能源种类为：风能、太阳能、地热能、水能（限于输出功率1000KW以下的水陆式水能发电）、生物质能等新能源发电（包含废弃物发电和燃料电池发电中的生物质能部分）。

该法对电力公司每年购买的新能源发电量给予了明确的配额。政府利用专门的电子账户对电力公司使用新能源的状况进行记录和管理，对于未达标的公司，给予劝告乃至罚款，最高罚款可达到100万日元。根据该法案，完成太阳能等新能源的配额成为日本电力公司的强制性任务，这对新能源产业发展有着积极的推动作用。

电力公司完成新能源（核能除外）发电任务的方式有3种：独立进行新能源发电；从其他发电事业者收购新能源（核能除外）电力；从其他发电事业者购入新能源（核能除外）的相当量②。

根据该制度，电力公司只要完成国家规定的新能源（核能除外）发电的目标量则可，因此，在RPS的制度下，日本的新能源（核能除外）推广停滞的原因是电力公司没有积极性去收购任务量之外的电力。新能源（核能除外）

① 各部门的部长：环境部长、农林水产部长和国土交通部长。

② 相当量：相当于新能源（核能除外）的价值。收购相当量是为了调整适合新能源（核能除外）产业的自然条件的地域差异。

事业者发的电再多，电力公司也不会去追加收购。

经过8年间的实施，2010年RPS制度下的新能源（核能除外）的交易价格为：风能发电是10.0日元/千瓦时、水能发电是9.0日元/千瓦时、生物质能发电是9.4日元/千瓦时[①]。而2010年的发电成本为：风能发电是9.9~17.3日元/千瓦时、小水能发电是19.1~22.0日元/千瓦时、生物质能是17.4~32.2日元/千瓦时[②]。比较上述两组数据可以发现，除了风能发电的交易价格勉强保证了成本之外，其他的均低于成本价格。

由于电力企业缺乏收购新能源（核能除外）的积极性，再加上发电的交易价格低于其成本价格，RPS在新能源（核能除外）的推广和利用方面停滞不前，因此RPS在2012年7月1日被全面废止。

6.2.6 FIT 制度

FIT制度，即固定价格收购制度，在全球很多国家盛行。最早导入该制度的是丹麦，为1992年；西班牙是1994年；德国是2000年；日本较晚，于2012年导入。新能源（核能除外）的固定价格收购制度保障了其投资的回收性，因此推动了新能源（核能除外）的快速发展。

6.2.6.1 日本太阳能发电的FIT制度（剩余电力收购制度）

2009年11月，已经是RPS制度对象的太阳能发电（住宅用10KW以下或者非住宅用[③]）同时采用了FIT制度。其原因为太阳能发电较其他新能源（核能除外）而言，成本高，仅采用RPS制度难以推广。同时太阳能发电是日本的重要产业之一，国家给予重点扶持。在FIT制度对所有新能源（核能除外）普及之前，RPS制度和太阳能FIT制度并用，除日本外，英国和意大利也并用过以上两种制度。

2009年8月，《有关促进能源供给事业者的非化石能源的利用及化石能源原料有效利用的法律》开始实施，《太阳能发电的剩余电力收购制度》在同

---

① 日本資源エネルギー庁RPS管理システム《RPS法下における新エネルギーなど電氣などにかかる取り引き価格調査結果について》.［Online］. Available at http://www.rps.go.jp/RPS/new-contents/pdf/chosa_kekka_H22.pdf. 2017-12-10.

② 国家戦略室コスト等検証委員会第8回会議（平成23年12月19日）《発電コストシート（まとめシート版)》.［Online］. Available at http://www.cas.go.jp/jp/seisaku/npu/policy09/archive02_shisan_sheet.html. 2011-7-25.

③ 非住宅用：指工厂、公司、学校等公共建筑物和公共设施。

年的11月开始实施。太阳能FIT制度适用于特定的（住宅用10KW或者非住宅用）太阳能发电，其是指所生产的电力首先自家进行消费，然后政府要求电力公司在一定的期间内，将剩余的电力用固定价格收购的义务制度，所以被称之为剩余电力收购制度。

电力公司负担太阳能发电的成本由电力用户平均分摊，费用专用名称为太阳能发电促进征收金，也称太阳能附加费。剩余电力收购制度的优点是卖电者为了提高卖电量而降低自我消费，从而提高节电意识。缺点是和全量收购制度相比，电力公司既得利益较小，成本回收时间较长。

根据表6－2和表6－4的比较可知2012年7月开始实施了全面的新能源（核能除外）FIT制度，即针对全体新能源（核能除外）的FIT制度。以全体新能源（核能除外）为对象的FIT制度与本节介绍的太阳能发电的FIT制度相比较，有以下不同：第一，针对太阳能发电的种类不同。FIT制度取消了住宅和非住宅用太阳能发电的区别，与此同时FIT制度增加了发电功率的区别，即10KW以上和10KW未满。第二，收购期间不同。相对于太阳能FIT制度下的收购时间为10年，FIT制度根据太阳能发电功率的区别，将收购时间分为10年和20年。第三，太阳能发电的收购价格方面有降低趋势①。

表6－2　　太阳能FIT制度的固定收购价格和收购时间

年度	住宅用（日元/千瓦时）	非住宅用（日元/千瓦时）	双重发电②		购买期间（年）
			住宅用	非住宅用	
2009年度	48	24	39	20	10
2010年度	48	24	39	20	10
2011年度	42	40	34	20	10

资料来源：根据经济产业省购买制度小委员会资料和东北电力（太阳能发电购入单价表）的数据制作而成。

6.2.6.2 日本的FIT制度（固定价格收购制度）

（1）FIT制度的制定

日本在2011年8月成立了《电力公司新能源（核能除外）电力调配特别

① 大平佳男．日本の再生可能エネルギー政策の経済分析——福島の復興に向けて［M］．東京：八朔社，2016年3月11日，第55页。

② 双重发电：太阳能发电和蓄电池、燃料电池组合起来的发电。其目的是补充太阳能因天气原因不能发电时的电力不足，可以确保发电的稳定性。

措施法》即固定价格收购制度（FIT），2012 年 7 月开始实施。日本 FIT 制度规定了电力公司必须承担收购新能源（核能除外）所有发电量的义务。新能源（核能除外）的收购价格由政府每年调整一次，按照调整后的价格，电力公司向新能源（核能除外）发电者全额收购新能源（核能除外）的发电量，然后卖给电力用户。而全体电力用户均摊新能源（核能除外）的发电成本，该成本以“新能源（核能除外）发电赋课金”的形式直接印刷在电费单上，每个月和其他电费一同支付给电力公司。

FIT 制度包含的新能源（核能除外）的种类有：太阳能发电（10KW 未满的太阳能发电采用剩余电力收购制度）、风能发电、水能发电（3 万 KW 未满）、地热发电和生物质能发电。全量收购的方法，加快了新能源（核能除外）发电者的高昂设备投资的回收，降低了其事业的风险性，也增强了金融机构给予新能源（核能除外）事业贷款的信心。而事实上，给予新能源（核能除外）贷款的金融机构也在不断增加。

因此，作为 FIT 制度的优点，第一是提高了新能源（核能除外）发电者对投资的预见性，即提高了对新能源（核能除外）投资的积极性；第二是增强了金融机构给予新能源（核能除外）事业者融资的信心。

新能源（核能除外）在 FIT 制度的推动下，成效显著。其中，太阳能发电在 FIT 制度导入之后，2013 年开始增长迅速，2016 年的新增量为世界第三位。2016 年的累计装机容量为世界第二位。

在日本 FIT 制度的实施过程中，有一个制度起到了非常关键的推动作用，即新能源（核能除外）的发电赋课金制度。电力公司根据 FIT 制度下制定的收购价格对新能源（核能除外）电力进行全额收购，而新能源（核能除外）的发电成本以“赋课金”的形式，由全体电力用户均摊后支付给电力公司。新能源（核能除外）发电作为电力用户使用电力的一部分，其支付也由电力用户负担。该赋课金作为独立的一项表现在电力用户的电费单上。

赋课金特征为：①由使用电力的所有用户负担；②属于电费的一部分；③负担额和电力消耗成正比；④赋课金的单价是全国统一定价；⑤赋课金经由电力公司征收，最终交付给新能源（核能除外）发电事业者；⑥赋课金的单价是由经济产业部长决定，每年调整一次。

由于 FIT 的导入，新能源（核能除外）的设备容量急速增加的同时，平均每户家庭负担的征收费用也在不断上涨。根据资源能源厅的统计数据可知，固定价格收购制度导入后的赋课金推移概况。赋课金的导入单价从 2012 年至

2017年一直在上涨，2012年为0.22日元/千瓦时，2014年为0.75日元/千瓦时，2016年为2.25日元/千瓦时，2017年为2.64日元/千瓦时。

现在以2017年为例计算某电力用户赋课金的具体算法。2017年赋课金的单价为2.64日元/千瓦时，电力用户每月负担的赋课金显示在其电费单上。赋课金＝电力消费量（千瓦时）×2.64日元/千瓦时。以月消费200千瓦时的电量，电费5000日元的家庭为例，其赋课金为200×2.64＝528（日元/月），交于电力公司的总费用为5000＋528＝5528（日元）。

综上所述，新能源（核能除外）最大限度导入的同时，也需兼顾降低国民负担的赋课金。

（2）FIT制度的现状

2012年FIT制度开始实行之后，取得了良好的实绩。根据图6－2可知，截止到2016年9月，新能源（核能除外）总体的设备认定[①]约为9740万KW。其中太阳能发电设备的认定占88%，约8482万KW。特别是10KW以上（非住宅用）的太阳能发电设备的认定为7555万KW，占到太阳能认定的89%；剩余的11%为1000KW的大规模太阳能发电，约为4000万KW。

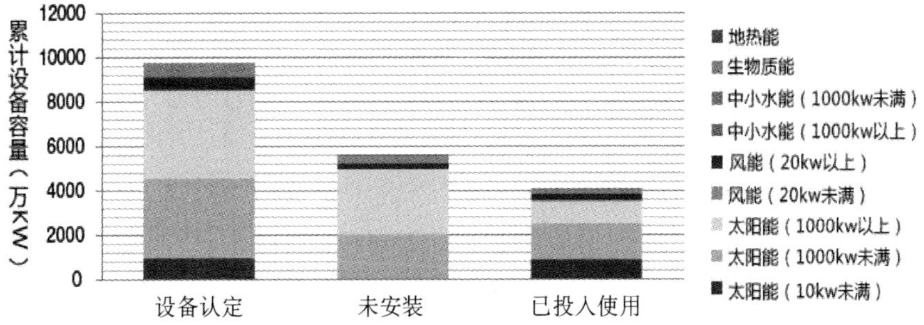

图6－2　日本FIT制度下发电设备的认定和安装情况

（包括转移认定，2016年9月截止）

资料来源：日本自然能源白书2017摘要版（日本自然エネルギー白書2017サマリー版），第12页。

认定后已安装使用的发电设备是4100万KW以上。其中，太阳能发电约占87%，62%为1000KW以下，25%是1MW以上。风能发电占7.6%，约为311万KW；生物质能发电占4.5%，约为183万KW。以上的任何一种发电设

① 设备认定：根据FIT制度，进行售电的事业者必须符合国家规定的法令条件。经过国家审核和认定，得到发电的权限后才可售电。

备的转移认定①都在90%以上。

再从2012年至2016年9月的设备安装数据出发，分析FIT制度的有效性。根据表6-3可知，2012~2015年的新能源累计装机容量分别为1059.2万KW，1774.4万KW，2767.8万KW和3725.8万KW。2015年是FIT制度实施的初始年度，即2012年的3.5倍。而截止到2016年9月，累计装机容量已达到4105万KW。

表6-3 日本FIT制度下各种新能源累计装机容量的推移 （单位：万KW）

电源种别	2012年	2013年	2014年	2015年
太阳能（不足10 KW）	566.0	696.7	788.8	864.2
太阳能（10 KW以上 1 MW以下）	75.3	455.2	1006.5	1470.3
太阳能（1 MW以上）	21.2	214.9	520.6	887.4
风能（不足20 MW）	0.0	0.0	0.0	0.1
风能（20 MW以下）	259.3	260.8	286.0	300.8
中小水能（1MW以上）	3.8	3.8	11.4	17.3
中小水能（不足1MW）	17.2	17.5	18.3	19.6
生物质能	116.3	125.4	135.6	165
地热能	0.1	0.1	0.6	1.1
合计	1059.2	1774.4	2767.8	3725.8

资料来源：日本自然能源白书2016（日本自然エネルギー白書2016），第29页。

其中，太阳能发电设备的涨幅最为明显，其他新能源（核能除外）的设备由于需要环境评定等手续，设备运转率②偏低。到2016年9月末为止的太阳能、风能、生物质能和地热能的设备运转率分别为86%、58%、37%和14%。

（3）FIT的修正

为了最大限度地导入新能源（核能除外），日本经济产业省于2015年7月16日公布了《长期能源供给展望》。其中，关于新能源（核能除外）发电构成比的目标定为，到2030年时将达到22%~24%③，届时新能源（核能除外）将成为基本能源的重要种类之一。FIT导入后新能源（核能除外）发展迅速，

① 转移认定：在FIT制度实行之前已经开始运转的发电设备需要在该制度实行后再行认定。

② 设备运转率：安装后已投入使用的设备量/设备认定量。

③ 日本経済産業省.［Online］. Available at http://www.meti.go.jp/press/2015/07/20150716004/20150716004_2.pdf. 2017-12-12.

为了完成2030年的目标，太阳能发电需要扩展到现在的2倍，其他新能源（核能除外）需要扩展到现在的3倍。

2015年新能源（核能除外）的收购费用总额为1.8兆日元，为了降低电力用户对该费用的负担，新能源（核能除外）导入促进管理制度改革小委员会（简称小委员会）[①] 对FIT制度进行了部分改正。2016年5月25日，改正FIT法成立，2017年4月开始实行。

日本经济产业省于2017年2月9日宣布，内阁会议通过了关于固定价格收购制度（FIT）的法律修正案。修正案将提交第190次例行国会，除部分条款外，其余的于2017年4月1日施行。修正案施行时，主要有以下4点变更。

第一，认定制度的变更。自2012年开始FIT制度导入以来，新能源发展迅速。新能源从设备认定到投入使用所经过的路径为：新能源（核能除外）发电事业者从经济产业省获取设备认定后，向电力公司申请接续契约，接续契约成立后决定采购价格（固定价格收购价格），最后安装工程。经济产业省认定的设备数量多，而投入使用的设备数量少，例如太阳能发电到2016年1月为止，住宅用太阳能发电的投入使用率是93%（约61万件），事业用太阳能发电的投入使用率还未到一半，仅45%（约56万件）。其原因和新能源发电者的“套钱”动机密切相关。新能源发电者和电力公司的接续契约成立后，开始采用当时的固定收购价格，而固定收购价格是逐年降低的，同时因为技术进步，发电设备的价格也在逐渐走低。新能源发电者迟迟投入安装使用可“套入”两个方面的资金。①晚一年发电却按照接续契约年度的固定收购价格售卖电，而固定收购价格逐年降低。②晚一年安装设备可以购买到更为廉价的发电设备。

为彻底消除“套钱”问题，日本针对上述的认定制度给予了严格全面的更正，本次更正适用的对象为全部的新能源（核能除外）。认证由现行的认证设备改为认证发电业务本身。新认证制度中，与电力公司签订并网协议成为一个重要事项。即设定了一定的缓冲时间，原有项目在此期间内如果不能签订接续契约协议，就不能再适用新制度，最终就不能维持在现行认证制度下获得的收购价格。由此可一举清理取得了设备认证但未投入使用的滞留项目。

本次认定基准的更正（接续契约的签订为认定基准）如下：设备的定期

---

① 新能源（核能除外）导入促进管理制度改革小委员会（以下简称小委员会）是综合资源能源调查会的下设单位。

保守、检查和废弃；遵守森林法和河流法等相关法律；认定后一定的期间内必须开始投入使用等新的基准被追加。如果不遵守以上追加条件，认定就会被取消。例如，事业用太阳能在认定后3年内不投入使用的结果是会被降低收购价格和缩短收购期间；住宅用太阳能发电在认定后一年内不投入使用的结果是认定会失效。

随着FIT制度的修正，日本的经济产业省能够在短时间内确定不投入使用的认定件数，这使得新能源（核能除外）导入量的预测更为精准，设定的收购价格也更为科学。

第二，收购价格制定方法的变更。在本次的变更中，作为收购价格决定方法之一，发电设备的认定中添加了投标手续即“竞标制度”。法令规定所有的新能源（核能除外）均为此次增加投标手续的对象，根据小委员会的报告和国会的议论决定，暂时该变更只适用于事业用的大型太阳能发电。另外，对于风能、小水能和地热能等前期准备时间较长的新能源（核能除外），认定案件的收购价格设定到了几年后。这个改革使得投资回收有了预测性，促进了新能源（核能除外）的投资。关于价格目标、投标手续等价格决定事项，均由经济产业省的经济部长在听取调配价格等算定委员会的意见后决定。

第三，收购义务者变成送配电事业者。伴随着电力系统的改革，履行新能源（核能除外）电力收购义务者从之前的电力零售商变成了一般输配电企业。该改正从2017年4月开始正式实施。另外，一般输配电企业收购的新能源（核能除外）电力要进入独立发电交易市场，经由电力批发市场是基本模式。但除经批发市场外，也可以直接提供给电力零售商等。送配电事业者收购的电力量没有上限，这从新能源（核能除外）发电者的售电和电力批发市场调配电力的角度来看，均为有利之点。

第四，大量能源消费事业者的赋课金减免制度的更正。修正案调整了赋课金减免制度应减免的条件和金额，可以通过确认节能措施等，设定相应的减免率。改正后，大量能源消费事业者的赋课金减免额度约为80%。该法案较其他更改实行较早，于2016年9月28日公布，同年的10月1日开始实行。更正前，不符合节能法的事业者也可以得到相应的减免。更正后，既符合了日本提高新能源（核能除外）关于国际竞争力的目标，同时又明确了减免对象为符合节能法的事业者。这无疑在促进新能源（核能除外）发电方面，更上了一层楼。

（4）FIT 价格的演变

伴随着新能源（核能除外）的普及和技术开发，其成本不断降低。因此，固定收购价格逐年降低。

表 6－4 是从 FIT 实施以来的固定收购价格和收购期间的汇总。由此可知，在新能源（核能除外）种类当中，收购价格下降最为显著的是太阳能发电。其原因有两个。第一是太阳能的固定收购价格设置偏高，加速了其普及的速度。第二是在所有的新能源（核能除外）当中，从事业企划到事业开始，太阳能发电所需时间最短。具体来说，住宅用的太阳能发电的话，3 个月左右就可以开始售电。而风能发电和地热能发电则需根据规模大小，需要环境评定等手续，所需时间为一年以上。生物质能需要筹备燃料类型，从事业企划到事业开始需要经过各种各样的程序审核。

固定收购价格是由经济产业省的采购价格等算定委员会计算而得，每年进行调整。2017 年以后的收购价格是在 FIT 制度修改后决定的。关于其收购价格的决定主要由以下 3 点来决定。

第一，价格目标。关于价格目标的设定，太阳能发电和风能发电的算定值参考的是，经济产业省的相关部门在 2016 年 8 月至 9 月期间举办的太阳能发电竞争力强化研究会、风能发电竞争力强化研究会的研讨结果。根据该结果，采购价格算定委员会汇总后的价格目标如下①：非住宅用太阳能在 2020 年的发电价格为 14 日元/千瓦时（20 万日元/千瓦），2030 年的发电成本降为 7 日元/千瓦时（10 万日元/千瓦）。住宅用太阳能发电成本在 2019 年为 24 日元/千瓦时（30 万日元/千瓦），2020 年以后的发电成本为 11 日元/千瓦时（20 万日元/千瓦）。风能发电的成本在 2030 年达到 8～9 日元/千瓦时②。

第二，采购价格。收购价格根据新能源（核能除外）发电设备的采购价格、维护费用而设定。并且，预测设备的采购数量会增加，采购价格会下降，因此确定了收购价格有越来越低的趋势。如表 6－4 所示，以太阳能发电为例说明，2017 年的收购价格是根据之前的设备采购价格和维护费用等而设定，2017 年之后的价格是在 2017 年价格的基础上，加入了设备导入扩大和价格低减等预测因素而制定的。

---

① 経済産業省《太陽光発電競争力強化研究会》；《風力発電競争力強化研究会》；調達価格など算定委員会《平成 29 年以降の調達価格などに関する意見》。

② 自然エネルギー白書 2016 目次．第 2 章自然エネルギー政策．第 32 页。

表 6－4　FIT 制度下新能源（核能除外）的收购价格和收购期间

<table>
<tr><th>新能源种类</th><th>规模区分</th><th>2012 年（日元/千瓦时）</th><th>2013 年（日元/千瓦时）</th><th>2014 年（日元/千瓦时）</th><th>2015 年（日元/千瓦时）</th><th>2016 年（日元/千瓦时）</th><th>2017 年（日元/千瓦时）</th><th>购买期间（年）</th></tr>
<tr><td rowspan="3">太阳能</td><td>10KW 未满</td><td>42</td><td>38</td><td>37</td><td>33</td><td>31</td><td>28</td><td>10</td></tr>
<tr><td>10KW 以上</td><td rowspan="2">40</td><td rowspan="2">36</td><td rowspan="2">32</td><td rowspan="2">27</td><td rowspan="2">24</td><td rowspan="2">21</td><td>20</td></tr>
<tr><td>10KW 以上
2MW 未满</td><td>20</td></tr>
<tr><td rowspan="2">陆地风能</td><td>20KW 未满</td><td>55</td><td>55</td><td>55</td><td>55</td><td>55</td><td>55</td><td>20</td></tr>
<tr><td>20KW 以上</td><td>22</td><td>22</td><td>22</td><td>22</td><td>22</td><td>21</td><td>20</td></tr>
<tr><td>海洋风能</td><td>20KW 以上</td><td>—</td><td>—</td><td>36</td><td>36</td><td>36</td><td>36</td><td>15</td></tr>
<tr><td rowspan="2">地热能</td><td>15MW 以上</td><td>26</td><td>26</td><td>26</td><td>40</td><td>40</td><td>40</td><td>15</td></tr>
<tr><td>15MW 未满</td><td>40</td><td>40</td><td>40</td><td>40</td><td>40</td><td>40</td><td>20</td></tr>
<tr><td rowspan="2">中小水能</td><td>1MW 以上、
30MW 未满</td><td>24</td><td>24</td><td>24</td><td>24</td><td>24</td><td>24</td><td>20</td></tr>
<tr><td>200KW 以上、
1MW 未满</td><td>29</td><td>29</td><td>29</td><td>29</td><td>29</td><td>29</td><td>20</td></tr>
<tr><td></td><td>200KW 未满</td><td>34</td><td>34</td><td>34</td><td>34</td><td>34</td><td>34</td><td>20</td></tr>
<tr><td rowspan="3">中小水能（现有导水路活用型）</td><td>1MW 以上、
30MW 未满</td><td>—</td><td>—</td><td>14</td><td>14</td><td>14</td><td>14</td><td>20</td></tr>
<tr><td>200KW 以上、
1MW 未满</td><td colspan="6">21</td><td>20</td></tr>
<tr><td>200KW 未满</td><td colspan="6">25</td><td>20</td></tr>
<tr><td rowspan="5">生物质能</td><td>沼气发酵</td><td colspan="6">39</td><td>20</td></tr>
<tr><td>未利用木材
2MW 以上</td><td colspan="6">32</td><td>20</td></tr>
<tr><td>一般木材、
20MW 未满</td><td colspan="6">24</td><td>20</td></tr>
<tr><td>废弃物</td><td colspan="6">17</td><td>20</td></tr>
<tr><td>再生木材</td><td colspan="6">13</td><td>20</td></tr>
</table>

资料来源：据日本能源白书 2016 的第 32 页和大平佳男[①]的第 57 页整理而成。

① 大平佳男．日本の再生可能エネルギー政策の経済分析——福島の復興に向けて［M］．東京：八朔社，2016 年 3 月 11 日，第 57 页。

第三，投标制度的导入。投标制度当前只适用于大规模的太阳能发电（10千瓦之上）。通过投标竞争，期待其价格有降低效果。试行的期间为2017年的4月（第一回投标）至2018年的3月（第二、三回投标）。

6.3 本章小结

本章对日本新能源产业发展政策研究做了详细的论析。日本之所以具有良好的新能源发展示范作用，与其新能源产业政策实施的特点息息相关，即明确了发展目标，制定了详细周密的计划，进而有完整的实施体系。在实施体系当中，日本有多样化的政策激励措施，除了有法律、研发制度的支持，财政、税收的补贴之外，日本最为加快其新能源发展速度的两大政策为RPS和FIT制度。

从2002年开始实施的RPS制度，在推广新能源发展中取得了一定成效之后，由于政策存在的弊端导致其作用开始停滞不前。2012年RPS制度废止两个月后，FIT制度开始导入。FIT制度从2012年至今，对日本新能源发展起到了极大的推动作用。由于在利用过程中出现的系列问题，影响到了新能源产业的持续发展。2015年，FIT制度进行了修正，修正后的FIT制度使从事新能源事业的企业和消费者信心倍增，快速地促进了新能源产业的发展。

7

日本新能源产业发展的成效以及对中国的启示

7.1 日本新能源产业发展取得的成效

日本新能源产业发展速度快，一直处于世界领先地位。新能源的出现和应用对日本的能源产业结构优化起到了很强的促进作用，对经济发展、节能减排的推动作用非常明显。日本新能源产业的飞速发展，也为其国际地位的提升奠定了坚实的基础。日本新能源产业发展所取得的成效有以下3点。

7.1.1 优化产业结构

日本在发展新能源产业时，一是不断加大资金投入，二是不断完善现有制度。利用资金上的投入力度维持产业的稳定运行，从制度入手对产业发展提供了充足的保障。新能源产业在不断发展的过程中也产生了较强的带动作用，促进了其他产业的共同发展，像技术服务业、交通运输业等多个行业都保持着较好的发展态势。新能源产业同样处于产业链条当中，下游产业诸多。下游产业的发展也为新能源产业发展注入了较强的活力，不同环节间的相互联系、相互促进为整个产业链条的发展提供了动力。新能源产业的飞速发展能够做到对整体产业结构的优化，使一些不适合社会发展、无法推动经济发展的产业被逐渐淘汰出市场。

7.1.2　促进经济发展

本书第五章的实证结果，验证了日本新能源消费量是推动日本经济增长的一个重要因素，进而得出了日本新能源产业的发展促进了日本经济发展的结论。除此之外，2013 年 3 月，日本政府规定了每年将日本 GDP 的 1.6% 作为投资额，用来发展扩大新能源产业。在投资方面，从 2011 年开始投资额度不断增加，到 2015 年投资额已达 362 亿美元。关于就业方面，在日本就业人口数目停滞不前，有间歇性负增长的背景下，日本新能源产业给日本就业带来了积极的拉动作用，2015 年的相关就业人口达到了 38.8 万人。日本目前新能源产业技术开发并不成熟，待新能源技术全面完善之后，所创造的产值将会继续扩大，就业岗位数量也会明显增加，能够使日本的就业难题得到有效缓解。

7.1.3　促进节能减排

能源消费而产生的 CO_2 占据了日本温室效应气体的大部分。相对于传统能源发电所排出的大量 CO_2，新能源作为自然的能源，发电时产生的 CO_2 排放量微乎其微。日本在新能源的减排方面很好的一个例子就是通过发展新能源产业，切实完成了《京都议定书》第一承诺期的 73% 的减排目标。除了发电发热之外，其新能源汽车的减排效果也很显著。根据丰田公司的统计，截止到 2017 年 2 月，丰田公司生产的混合动力车在全世界的销售量突破了 1000 万辆，该数量的混合动力车相比同等动力性能以及同等车身尺寸的汽油发动机车型，汽油消耗量已节省了约 290 亿升，同时 CO_2 排放量则减少了约 7700 万吨。

7.2　日本新能源产业发展问题及建议

日本政府在 2013 年制定了到 2030 年的能源目标，具体内容为：能源自给率要从 2013 年的 6% 提高到 2030 年的 25%；电力价格要从 2013 年的 9.7 兆元降低到 2030 年的 9.5 兆元；温室气体排出量在 2030 年达到比 2013 年低 26%。为了完成以上能源目标，新能源发展的速度需要加快，即新能源消费占总能源消费占比急需提高。迄今为止，新能源消费占总能源消费占比较低，2016 年仅为 9.2%，同时根据本书第五章的实证结果可知，新能源消费每增加 1% 将推动经济增长0.04%，而传统能源消费每增加1%将推动经济增长0.36%。这说明新能源在替代传统能源的道路上，任重而道远。为了推进新能源的发展，即提高新能源对传统能源的替代性，解决以下问题刻不容缓。

新能源产业发展所面临的除了新能源自身存在的特有问题之外，还有配套设施的制定和完善等相关问题。

7.2.1　新能源发展的自身问题

第一，新能源使用成本高昂且利用效率低下。由于新能源设备的价格高昂，受日照等天气影响，利用效率低下等原因，其使用成本居高不下。作为对策，首先，日本政府应对相关企事业单位提供更多政策的支持和保障，激励科研部门加大研发力度，研发出能够有效提升能源转化效率的设备，使各项新能源得到充分利用，提高其使用效率。其次，督促企事业单位推进技术开发，形成规模经济，降低新能源使用成本。最后，积极倡导民众使用新能源的相关产品，促进新能源产业发展。

第二，新能源发电输出不稳定。新能源容易受到气候、地形等诸多因素的影响，发电输出具有不稳定的特性。另外，在新能源大量导入的情况下，假日等需求较少的时期又会产生剩余电力。因此，为了持续稳定供电且不浪费剩余电力，作为对策，需加大对新能源蓄电池应用系统的研究力度。具体来说，低成本高效率的蓄电池和有发电输出抑制设置的相关研究有待加强。

7.2.2　新能源产业配套设施的问题

第一，电力零售全面自由化——重视新能源发电的新电力公司售电艰难。目前，日本电力市场为区域垄断的状态。各电力公司具备的基础设施已完成，拥有自己专门负责的市场区域。随着新能源的出现，电力企业想要获得长远的发展，就必须大力发展新能源，而受新能源不稳定性的影响，为了改善以及解决该问题，电力公司的投资量将不断增加。另外，传统的设备并不具备接纳新能源的能力，必须要进行重新改造，改造费用也需电力公司完全承担。成本数额的不断增加，导致电力公司压力不断上升，在一定程度上降低了电力公司发展新能源的积极性。

日本从2016年4月开始实施电力零售自由化之后，涌现出一批重视新能源发电的新电力公司。受此影响，十大电力公司[①]的垄断性开始逐步减弱。一般家庭和小规模企业可以选择十大电力公司之外的新电力公司。截止到2016年7月为止，从十大电力公司利用变更到新电力公司利用的申请有150万件左右，达到了全体用电者的2.4%。在新电力公司当中，重视新能源发电的公司在网页上宣传了新能源发电的优点。然而电力用户选择发电公司时，主要参考的是电力价格，并不关注是传统能源发电还是新能源发电，而只选发电便宜的新电力公司。

作为该问题的对策，新电力公司有义务将各类型电力价格的详细内容和电源构成等彻底公开，具体表现在将发电公司、配送电公司和电力批发市场的信息公开等。在此基础上，电力用户可以根据自己每月的用电明细或网页查询可知，自己使用电价的详细内容和用电构成。进而，新电力公司将新能源的发电信息更为具体地公开。例如新能源在哪里发电，如何交易以及如何输送到电力用户那里等。关于新能源发电越详细的介绍越会使电力用户了解新能源发电，这会极大地提高其选择新能源发电的可能性。

第二，电力系统改革刻不容缓——新能源优先接续的费用高于传统能源的接续费用。作为推进新能源产业发展的重要一环，电力系统改革刻不容缓。在电力系统改革方面可以效仿欧洲，欧洲已实施发送电所有权分离，新能源优先给电、新能源优先接续的制度。日本现阶段仍然是发送电不分家，电力改革的目标是在2020年达到发送电所有权分离。发送电所有权分离意味着电价制定会更为合理且有降低趋势，因为电力公司不再是一条龙服务，即不再是一条龙垄断。优先给电的制度是在整个地区，包括新能源在内的发电量的供给超过需求的时候，根据发电所的种类，规定了电力输出的顺序。为了优先新能源给电，OCCTO[②]制定了《送配电义务指南》，该指南公布了电力系统接续的各种手续以及接续后优先给电的规章制度。

优先接续首要解决的是接续费用的问题。2015年11月之前，日本的接续费用作为“特定负担”由发电者全额承担。之后，日本政府规定接续费用改为“一般负担”，作为社会整体的基础设施费用由社会整体来承担，这样减少了发电者的成本负担即降低了电力用户所承担的电价。然而OCCTO在2016年

① 日本大型电力公司有：北海道电力、东北电力、东京电力、中部电力、北陆电力、关西电力、中国电力、四国电力、九州电力和冲绳电力的十个电力公司。现阶段日本的发送电为一体，电力改革的目标是到2020年，达到发送电分离。

② 电力广域运营推进机关（OCCTO）：职能是保护电力的稳定供给，互联网，http://www.occto.or.jp. 2018-1-18。

3 月规定的“一般负担”上限额仅为火力发电的一半，这直接导致了新能源发电者的积极性低于传统能源发电者。

为了促进新能源发电，无论是发送电所有权分离、优先接续还是优先给电，都是电力系统改革的必经之路。欧洲在以上 3 个方面已发展成熟①，日本在已改革程度的基础上，密切关注相关方面的发展状况，做到及时调整及时修正。在优先接续方面，接续费用由“特定负担”变更为“一般负担”，直接减少了发电者的负担，降低了电力用户负担的电价，是政府推动新能源的一个大的举措。然而，“一般负担”的上限仅为火力发电的一半左右，又打击了新能源发电者的积极性。因此，接续费用作为“一般负担”，无论是降低传统能源的负担上限还是提高新能源的负担上限，其最终目标是新能源的接续费用要低于传统能源的接续费用。

7.3 中国新能源产业发展概况

7.3.1 中国能源消费结构的变化

中国的经济发展从 1978 年的改革开放之后，进入了迅速增长阶段。在该阶段中，对能源的消费需求也与日俱增。以下数据是以 10 年为一个跨度来比较能源消费总量的变化汇总。1978 年消费量为 396.6MTOE；1988 年为 643.1MTOE，是 1978 年的 1.6 倍左右；1998 年为 941.6MTOE，为 1988 年的 1.5 倍左右；2008 年为 2229MTOE，为 1998 年的 2.4 倍左右；2016 年为 3053MTOE，为 2008 年的 1.4 倍左右。可以看出每一个 10 年的能源消费变动至少在 1.4 倍以上，说明中国能源需求一直处于刚需状态。

近些年来，中国能源消费势头逐渐转向新能源，新能源消费占总能源消费的比例也在逐步上升。2016 年的总能源消费量达到 3053MTOE，较 2015 年增长了 1.57%。传统能源消费量为 2655.6MTOE，较 2015 年增加了 0.18%。传统能源中煤炭、石油和天然气的消费量分别为 1887.6MTOE、578.7MTOE 和 189.3MTOE。在传统能源消费当中，最为明显的是煤炭依然占比最高，占传统

① 欧洲根据 1996 年的 EU 电力指令，开始实施电力系统自由化和发送电分离。现在，欧洲已实现了可再生能源电力的优先给电和优先接续，可再生能源的利用比例已经超过 20%，其目标定为超过 30% 以上。

能源消费的71.1%；天然气仅占传统能源消费的7.1%，约是煤炭的1/10；石油占21.8%。

2016年新能源消费量为397.4MTOE，较2015年增加了11.9%。其中，核能、水能和可再生能源的消费量分别为，48.2MTOE、263.1MTOE和86.1MTOE。其中，水能明显高于其他新能源，约占新能源消费总量的66.2%，；可再生能源消费占21.7%；核能占12.1%。从占总能源消费的比例来看，2016年传统能源消费占总能源消费的比例为87%，较2015年减少了1.4%；新能源消费占总能源消费的比例为13%，较2015年增长了10.2%①。

中国能源的消费在很长一段时间主要是依赖传统能源和水能发电，其中，最主要是依赖煤炭，煤炭在能源消费的比重中占到71%以上。在开采和消费煤炭的过程中，对自然生态的破坏力是巨大的，这也让我们的正常生活受到了极大的挑战。新能源的出现和发展不仅改善了生态环境，也改善了中国的能源消费结构，实现了结构的整体优化，新能源消费在总能源消费中占的比例也逐渐提高。尽管新能源在以较快的速度发展，然而在总能源消费中所占的比例仍然较低。

7.3.2 中国新能源开发利用情况

新能源产业发展是中国推进能源生产和消费革命、推动能源转型的重要措施。中国可再生能源在“十二五”期间的迅速发展，对中国能源结构调整起到了重要的作用。中国政府曾在2015年6月向联合国气候变化框架公约秘书处提交的《强化应对气候变化行动——中国国家自主贡献》中提到，到2030年，中国应对气候变化的行动目标是，单位国内生产总值CO_2排放量较2005年下降60%~65%，新能源占一次能源消费比重达到20%左右。国家发展改革委、国家能源局在2016年12月29日印发的《能源生产和消费革命战略（2016~2030）》中明确提出新能源的发展目标：到2020年新能源占比达到15%；在2021~2030年间，新能源占总能源消费量的比重达到20%左右；2050年，新能源占比超过一半，建成现代能源体系。“十三五”时期是中国推

① BP. “Statistical Review of World Energy June 2017”. [Online]. Available at https://www.bp.com/en/global/corporate/energy-economics/statistical-review-of-world-energy.html. 2017-6-16.

进“四个革命，一个合作”[①] 能源发展战略的关键时期。为了在 2020 年和 2030 年实现能源战略发展目标，即非化石能源分别占一次能源消费比重的 15% 和 20%，中国需进一步促进能源结构转型升级，推进新能源产业快速发展。

然而，在 2015 年和 2016 年的中国能源消费结构中，新能源仅占总能源消费的 12% 和 13%。因此对于完成以上目标仍然任重而道远。

7.3.2.1　中国核能开发利用情况

20 世纪 70 年代末，中国开始对核能领域予以重视。在资金投入、技术投入力度不断增强的前提下，中国核能产业得到了良好发展。1985 年，中国开始施工建造第一座核电站，在 6 年后实现了并网发电，1994 年投入商业运行。秦山一期工程核电站是中国的第一座自行设计建造和营运的原型核电厂，它不仅为中国核电运行奠定了坚实的基础，且至今为止仍在投入使用，为中国创造出了巨大的经济效益。截至 1994 年，中国核电总净装机容量仅为 2100 MW，发电量和装机容量与发达国家相比差距非常明显。在中国不断加大技术投入、资金投入的基础上，中国自主研发、创新能力显著提升，现在不仅具备了设计高标准核电站的能力，在核电的主要设备、组件的设计制造上也有了较大的突破，整体加工能力不断增强，逐步形成了比较完整的核燃料循环工业体系。

根据国际原子能机构调查可知中国的近况如下：2012 年总净装机容量达 12860MW，占全球的 3.43%。截至 2017 年 12 月，运核反应堆有 38 个（包含台湾的 6 个在内），正在建造的有 19 个，总净装机容量达 33384MW，占全球的 8.5%，总净装机容量较 2012 年增长了约 1.6 倍。2016 年的发电量为 210.52TWH，占国内发电总量的 3.6%，该发电比例为 1998 年的 3 倍，2008 年的 1.7 倍左右[②]。

从中国公布的核电发展规划中可以看出，其制定的发展目标为 2020 年核电装机规模达到 58000 MW，总装机规模为 88000MW。2030 年，核电装机规模将达到 160000MW 至 200000 MW，核电能源占一次能源消费总量的比重将提高到 5% –6%。

---

① 四个革命，一个合作：2014 年 6 月 13 日，在中央财经领导小组召开第六次会议上，习近平总书记提出推动能源消费、能源供给、能源技术和能源体制四方面的“革命”。习总书记还提出，要全方位加强国际合作，实现开放条件下的能源安全。

② IAEA PRIS. [Online]. Available at https://www.iaea.org/PRIS/CountryStatistics/CountryDetails.aspx?current=CN. 2017 – 12 – 19.

7.3.2.2 中国太阳能开发利用情况

从地理分布情况来看，中国基本处于温带和亚热带气候区，受气候和地理位置的影响，具备了非常丰富的太阳能资源。根据统计结果显示，中国各地太阳光辐射年总量大致在 3.35 × 103 ~ 8.40 × 103 MJ/m^2，其平均值约为 5.86 × 103 MJ/m^2。数值非常可观，说明了中国太阳能资源非常丰富。且从各区域情况来看，全国仅有 1/3 左右的地区光照条件相对较差，整体发展情况较好。

太阳能的利用主要包含两个方面：发电和热利用。20 世纪 70 年代，中国开始利用太阳能发电，1982 年以后，太阳能发电开始迅速发展。到 2007 年，中国的太阳能发电量已经居于世界首位，并且这种趋势一直保持了 5 年之久。同时，中国的太阳能电池产业一直占有较多的国际份额，整体发展情况良好。

"十二五"期间，中国太阳能的发电组件产量达到了 4600 万 KW，这个产量占到了全球市场份额的 70%。在此期间，太阳能发电电池及组件的成本有了明显的下降，太阳能发电的成本降至 7 元/瓦左右。与此同时，随着中国太阳能产业体系的完善，技术水平的提升，太阳能发电产品占有的国际份额不断增加，国际影响力增强。并且，中国太阳能发电应用形成了东中西部共同发展的格局，集中化程度较高。同时与农业、养殖业等产业的融合度不断提升，多元化发展趋势开始显现。根据数据统计显示，"十二五"时期中国太阳能发电制造产业规模进一步扩大，创造的经济产值明显提升，提供了 170 万个就业岗位，解决了中国巨大的就业压力，整体趋势表现良好，并具备了较强的发展潜力。

随着太阳能热利用规模的不断扩大，其应用范围也广泛拓展。2015 年年底的调查结果显示，中国的太阳能生产能力、应用规模将继续扩大，占全球总量的比重不断上升。这种优势的存在和发展，奠定了中国在太阳能热利用产品制造方面的国际地位。同时也为中国进军国际市场奠定了坚实的基础。在不断的发展过程中，太阳能与其他产业的融合趋势进一步加强，供热、制冷等技术水平不断提升，整体发展向多元化生产领域不断拓展，而且向建筑供暖、工业供热和农业生产等领域扩展，并投入使用。

从累计装机容量来看，1998 年太阳能发电的累计装机容量为 5MW，2008 年为 190MW，2015 年为 43530MW，2016 年为 78070MW，2016 年累计装机和年度新增装机容量均居全球首位。中国 2015 年的累计装机容量和新增装机容量均超过第二位的德国，2016 年的累计装机容量是第二位日本的近两倍。

2016 年的累计装机容量较 2015 年增长了 79.3%，是 2008 年的 411 倍。从发电量来看，2003 年的太阳能发电量为 0.1TWH，2008 年为 0.2TWH，2015 年为 38.5TWH，2016 年为 66.2TWH。2016 年较 2015 年增长了 71.9%，占世界第一位，是 2008 年的 331 倍。

在 2016 年 12 月国家能源局发布的《太阳能发展“十三五”规划》中，明确了太阳能发展的新目标。到 2020 年底，太阳能发电累计装机容量达到 1.1 亿 KW 以上。太阳能发电的电价水平将进一步下降，计划控制在当前价格的 50% 左右。该价格将满足民用需求，并可推动太阳能发电的进一步扩展①。

7.3.2.3 中国风能开发利用情况

中国是一个风能资源非常丰富的国家。从空间分布上看大致分为丰富区、较丰富区、可利用区和贫乏区 4 个类型。其中，丰富区、较丰富区、可利用区主要分布于西北、华北北部、东北及东南沿海地区。按照全年有效风能密度和有效风速进行计算，陆地风能为 2.53 亿 KW②。近海风能资源实际可开发利用量约为 7.5 亿 KW。相加得出中国风能总利用量在 10 亿 KW 左右。1958 年，中国开始在风能发电方面加大技术投入，并研制小型的风能提水发电装置，并取得了成效。随着经济的不断发展，对电力需求的不断提升，1986 年中国建设了第一个并网风能发电场③，为当时的电力消费问题提供了切实的保障。在“九五”期间，中国加大了对大型风能发电站的建设力度，这些发电站提供的电能资源不断上升，均保持在 50% 以上的增长速度，基本满足了中国不断上升的电力需求。2000 年底，中国累计建成风能发电场 26 个，总装机容量达到 34.4 万 KW。随着技术、资金投入力度的增加，中国的风能发电场数量在不断增加，总装机容量也在不断提升，并在 2012 年风能发电累计装机容量达到了世界第一位，这种良好的发展态势也得到了较好的保持，迄今为止中国在风能发电方面的竞争力非常强，国际实力显著。

中国的风能发电装机规模在“十二五”期间得到迅速的增长，连续 5 年领跑全球，风能发电新增装机容量在此期间累计新增 9800 万 KW，占同期新增装机总量的 18%。从累计装机容量的数据来看，1997 年为 146MW，2008 年

---

① 国家能源局关于印发《太阳能发展“十三五”规划》，互联网第 11 页，http://zfxxgk.nea.gov.cn/auto87/201612/t20161216_2358.htm. 2017-12-21。

② 姚兴佳、刘国喜、朱家玲等．可再生能源及其发电技术［M］．北京：科学出版社，2010：130。

③ 蒋莉萍．2005 年中国风能发电开发情况综述［J］．电力技术经济，2006（3）：6。

为12174MW，2015年为129340MW，2016年为148640MW。2016年较2015年增长了14.9%，占世界第一位，是2008年的12倍左右。

风能发电在电源结构中的占比逐年增加，从2010年到2015年年底，风能发电提高了2.1%，风能发电装机容量达到了1.29亿KW，年发电量为1863亿KWH，占全国总发电量的3.3%。继煤电、水能发电之后，风能发电成为中国的第三大电源。从风能发电量的数据来看，1992年为0.1TWH，1998年为0.4TWH，2008年为13.1TWH，2015年为185.8TWH，2016年为241.0TWH。2016年较2015年增长了29.7%，占世界第一位，是2008年的18.4倍左右。

国家能源局于2016年12月发布了《风能发电发展“十三五”规划》。该规划明确地制定了风能发展的新目标，即到2020年，风能发电累计装机容量为2.1亿KW以上。海上风能发电并网装机容量将达到500万KW以上，风能发电年发电量数值将达到4200亿KWH，大约占到全国总发电量的6%①。

7.3.2.4 中国水能开发利用情况

中国蕴含丰富的水资源，中国水资源可开发装机容量约为6.6亿KW，如按照100年来计算，这个总量约等于1000亿吨标准煤的发电量。这说明水资源发电在传统能源资源的剩余可开采总量中，仅次于煤炭，具有巨大的开发潜力。

中国水能的发电量在1978年为43.2TWH，1988年为109.2TWH，1998年为198.9TWH，2008年为637.0TWH，2015年为1114.5TWH，2016年为1162.8TWH。相比2015年，2016年的数值增长了4.3%，比2008年增长了82.5%，这表明中国水能发电在近年来发展迅速。

到2016年，中国水能发电装机容量和年发电量突破30万MW和1000TWH，分别占全国的20.9%和19.4%，水资源总量、投产装机容量和年发电量均居世界首位，与此同时，中国在水能发电领域形成了集规划、设计等诸多环节为一体的产业链，具备了较强的综合实力，水能发电工程技术领先世界水平。中国与80多个国家建立了水能发电规划、建设和投资的长期合作关系，并成为推动世界水能发电发展的重要力量之一。然而，中国水能发电开发

① 国家能源局关于印发《风能发电发展“十三五”规划》，互联网第7页，http://www.nea.gov.cn/135867633_14804706797341n.pdf. 2017-12-21。

程度尚不足，仅为37%（按发电量计算），相比发达国家[①]仍然存在差距，仍有很大的发展空间。中国抽水蓄能电站装机容量为2303万KW，占全国电力总装机容量的1.5%。中国将在“十三五”期间加快抽水蓄能电站的建设步伐，进一步适应新能源大规模开发的需要，从而保障电力系统的安全运行。

国家能源局于2016年12月发布了《水能发电发展“十三五”规划》。该规划确定了水能发电的三大具体目标。第一，全国新开工常规水能发电和抽水蓄能电站的装机容量各为6000万KW左右。第二，到2020年水能发电总装机容量达到3.8亿KW，其中常规水能发电为3.4亿KW，抽水蓄能为4000万KW，年发电量为1.25万亿KWH，折合标准煤约为3.75亿吨。第三，在非化石能源消费中的比重能够维持在50%以上。伴随着“西电东送”能力的显著增强，到2020年水能发电送电规模将达到1亿KW。预计到2025年，全国水能发电装机容量将要达到4.7亿KW，其中常规水能发电为3.8亿KW，抽水蓄能约为9000万KW；年发电量为1.4万亿KWH[②]。

7.3.2.5 中国地热能开发利用情况

中国对地热能的普查、勘探和利用始于20世纪70年代。到90年代我们开始建设地热能发电站，并在全国多个城市开展了地热能的直接利用工作，如在旅游中的应用（温泉等），在种植养殖方面的应用（养殖热带鱼等）。进入新世纪后，中国加强了对浅层地热能的开发利用工作，也取得了较为显著的成果。

根据国家资源部门所统计的结果显示，中国具有非常丰富的地热能资源，经过计算现有的地热能资源，可以折合为7亿吨标准煤。其中，水热型地热资源储备量非常丰富，除此以外还有深埋的干热岩资源，这些资源如果能够得到充分的开采与利用，对经济产生的促进作用将会非常可观。

在长期发展过程中，中国地热供暖技术已经基本成熟。2004年后的年增长率超过了30%，2015年底全国地热能供暖（制冷）面积进一步上升，达到1.02亿平方米。其利用率也明显增加，对改善民生起到了很大的保障作用。然而，中国在地热能装机容量方面的发展非常缓慢。2008年地热能装机容量

① 发达国家水能资源开发程度总体较高，如瑞士达到92%、法国88%、意大利86%、德国74%、日本73%、美国67%。与此相对应的是发展中国家水能发电开发程度普遍较低。

② 国家能源局水能发电发展“十三五”规划，互联网，http：//www.nea.gov.cn/135867663_14804701976251n.pdf.2017－12－19。

为24MW，2015年为27MW，7年间没有发生显著增长。2015年与2008年相比较，装机容量仅增长了13%①。

国家发展改革委公布的《地热能开发利用“十三五”规划》表明，在新的改革时期内，中国将继续增加地热能发电装机容量，继续增加地热能供暖面积，目标为到2020年，实现地热能发电装机容量为530MW，地热能供暖（制冷）面积为16亿平方米。同年，地热能年总利用量和供暖年利用量分别为7000万吨标准煤和4000万吨标准煤。京津冀地区的能源紧缺现状也随着地热能装机容量的提升，将得到有效的缓解。“十三五”规划的具体目标为：在改革时期形成新的政策体系和管理体系，为地热能的发展提供切实的制度保障。并加大研发力度，早日掌握开发利用的核心技术，初步形成地热能开发利用设备制造、工程建设等标准体系，为建设活动、生产活动提供明确的标准，并做到对生产、建设活动的有效监督。

7.3.2.6　中国生物质能开发利用情况

中国生物质能资源丰富，主要分布在东部和华南地区。中国可作为生物质能利用的种类有：农作物秸秆、农产品加工剩余物、生活垃圾等。如果将生物质能总量折合成煤炭资源的话，基本在4.6亿吨左右。可以看出这部分剩余资源所能够创造出的能源总量非常可观，如果能够得到全面开发与利用，将会大幅度缓解中国能源紧张的现状。根据统计结果显示，截至2015年中国生物质能的利用量在3500万吨标准煤左右，其中一半左右能够实现商品化。

生物质能因转化方式较多，应用的范围也十分广泛，既能够供热也能够发电，同时还能作为燃料存在。据中国生物质能装机容量和发电量数据显示，2005年中国生物质能发电总量约为200万KWH，2010年达到550万KWH，2015年上升至1030万KWH。2015年的发电量是2010年的1.9倍左右。从2015年的生物质能不同类型的发电量来看，农林生物质直燃发电约530万KWH，垃圾焚烧发电约470万KWH，沼气发电约30万KWH，年发电量约520亿KWH，通过数值可以看出，中国对生物质能的利用已经予以了充分关注，发电技术也逐渐成熟，发电量增速明显。

生物质能发电在长期的发展过程中已经形成了一定的规模，其他的应用，

---

① BP. “Statistical Review of World Energy June 2017”. [Online]. Available at https://www.bp.com/en/global/corporate/energy-economics/statistical-review-of-world-energy.html. 2017-6-16.

例如生物天然气、生物质成型燃料等仍处于初步发展阶段，然而整体来看发展前景广阔，具备较强的发展潜力。截于2015年，中国生物质成型燃料年利用量约800万吨，主要用于城镇供暖。随着成型燃料机械制造、燃料燃烧等技术的逐渐发展，生物质能成型燃料产业的规模也开始逐渐扩张，进入了初步产业化发展阶段。从燃气来看，中国沼气产量在2015年达到了190亿立方米，用户沼气产量、工业产量都呈现出上升的趋势。沼气尚处于发展阶段，整体发展趋势也表现良好。截至2015年，燃料乙醇年产量约为210万吨，生物柴油年产量约为80万吨。此外，生物柴油目前处于产业发展的初期，纤维素燃料乙醇正在加快示范，中国自主研发的生物航煤已经成功应用于商业化载客飞行示范领域。

2016年12月国家能源局发布的《生物质能发展“十三五”规划》中制定的生物质能发展目标为，生物质能到2020年基本实现商业化利用。在技术不断投入的基础上，装机容量和发电量将继续增加，并且燃料范围得以扩张。生物质能直燃发电、生活垃圾焚烧发电、沼气发电等多项技术继续发展，发电量继续增加。从具体数值来看，目标为：农林生物质直燃发电达到700万KWH；城镇生活垃圾焚烧发电达到750万KWH等。除此以外，针对当前已经基本发展成熟的生物液体燃料、生物质能发电等领域，将继续加大资金投入，尽早实现商业化利用，为居民生活提供有效保障①。

7.4　中国新能源产业发展中的问题

7.4.1　政府的引导滞后和宣传不足

在新能源的利用引导方面，中国政府比较滞后。例如，在2017年12月5日中办国办②发布的《党政机关公务用车管理办法》中，公布了党政机关公务用车需带头使用新能源汽车的内容，然而并未详细规定新能源汽车应占比例的多少。而日本环境省在《2016年、2017年的目的、目标和实施计划》中明确

---

① 国家能源局关于印发《生物质能发展“十三五”规划》的通知，互联网，http://www.gov.cn/xinwen/2016-12/06/content_5143612.htm. 2017-12-21。

② 中办国办：中国共产党中央委员会办公厅、中华人民共和国国务院办公厅的简称。

规定了 2016 年和 2017 年政府公务用车的 100% 全部是新能源汽车[①]。这说明，中国政府的先行引导严重滞后。另外，中国关于新能源的种类、作用和特点等在社会上宣传不足。在电视中的公益广告和中小学生的教科书中，新能源的宣传和解释微乎其微。

7.4.2 新能源辅助配套法律的缺失

中国的《可再生能源法》（全称为《中华人民共和国可再生能源法》）于 2005 年被颁布以来，新能源相关的一系列法律法规陆续出台。中国新能源在该法律法规的促进下有了一定的进展。国家在制定法律法规之后，并未对其及时制定更加具体、细致的相关辅助配套的法律法规，这就导致了最初颁布法律法规的可操作性、实施性及其完善性的滞后，不能完全跟上新能源发展的需要和步伐。由此导致了中央和地方在新能源发展战略方面协调不一致，中国新能源推广速度缓慢，技术发展迟缓，仍然停留在以国家投资为主，民间资本投资有限的局面。

7.4.3 新能源费用征收机制不透明

中国于 2009 年开始采用固定价格收购制度，不同的新能源种类实施的年份不同。2009 年是陆上风能发电，2010 年是生物质能发电，2011 年是太阳能发电，2014 年是海上风能发电。风能发电和太阳能发电均是按照地区划分价格，风能发电分为 4 个区域价格，太阳能发电分为 3 个区域价格。

新能源发电价格高出传统能源发电价格，该差额部分在全国范围内进行分摊，政府在销售电价中征收了新能源电价这部分。之后，政府将新能源电价征收费用作为其发展基金，对新能源发电的相关企业给予补贴。然而，由于新能源电价征收费用并未作为单独的一项列入电费单中，电力用户并不知道自己缴纳的电费的多少比例是属于新能源发电的部分，这就导致了一个严重的问题，即电力用户对自己缴纳的关于新能源电费的数额并不清楚，甚至很多电力用户根本不知道自己所缴纳的电费中含有新能源的发电费用这一项目，这样的机制下何谈推广新能源的开发利用。

① 日本環境省の《平成 28 年度、29 年度目的、目標及び実施計画》. [Online]. Available at http://www.env.go.jp/info/manage/mp.html. 2018-1-8.

7.4.4　国家级新能源研究机构缺失

在中国，在不同部门之间传达新能源政策的指令之后，由于部门之间不是垂直管理的原因，导致了相关政策在实施过程中会遇到有效监督力度的不足，合作分工效率低下的问题。

例如国家能源局、国家发改委其他司局和工信部等机构之间并非垂直管理，因此，在各部门、各地出台了一系列政策措施之后，该政策措施取得成效的同时，也存在一些局限和不足。具体来说，相关政策在实施过程中所达到的准确性和能效性会出现偏差。中国现阶段的情况属于政策的制定和研发分散在上百个部门和大学中，战斗力不凝聚。因此，中国需建立一个介于政府、产业、民间之间的中间组织以及政府的区域性直属机构来确保新能源相关的各项政策得到彻底落实。在多数发达国家都设有专门的国家级新能源研究机构，例如，日本的 NEDO，该机构的作用是介于政府、产业和民间之间，专门从事新能源政策、技术发展路线和关键技术的研究。

7.5　日本新能源产业发展对中国的启示

日本新能源产业发展的起步早，政府扶持的力度大，尤其是 2012 年引入 FIT 制度以来，其发展速度快，成效高。根据日本成熟的发展经验，可以给中国的新能源开发利用诸多启示。

7.5.1　改变能源消费结构、降低传统能源消费量

和发达国家相比，中国现在仍然处于“高污染、高能耗、高排放”的经济发展阶段。中国发展新能源产业的前提是要降低中国的“三高”，对以煤炭消费为主的能源消费结构进行调整。中国能源消费结构中煤炭占比相当大，就 2015 年和 2016 年来说，煤炭占一次能源消费量高达 64% 和 62%，而日本的煤炭在 2015 年和 2016 年占比均为 27%。并且中国煤炭消费占比较世界平均水平高出约 40%。中国应从整体能源发展的高度出发，以改变能源消费结构为起点，积极发展新能源产业。并要大力降低煤炭消费的比重，逐步提高新能源占总能源消费比重，同时，在发展新能源产业当中，也要实现新能源消费多样化，使各新能源产业平稳发展。

党的十九大报告中也明确提出了我国能源领域存在结构不合理，新能源比重低的观点，并提出“两个15年”的总体安排。第一，在2020～2035年之间，推动新能源的产业规模化发展和技术进步，并推动新能源的开发成本优势。第二，到2035年，将新能源在一次能源消费占比达到60%，在电力消费中的比重达到80%，成为能源供应的主体力量，确保中国在此之前全面完成能源转型。以上的发展目标对于中国现阶段来说，任重而道远。因此，中国应积极扩大新能源产业规模，快速推动新能源产业发展，贯彻落实绿色发展理念，加强生态文明建设①。

7.5.2 完善新能源产业政策在实施过程中的细则

中国通过制定和实施《新能源法》和《新能源发展“十三五”规划》，已初步建立了中国新能源产业发展的政策框架体系。例如，法律法规、财政补贴和税收融资以及电价扶持等。然而由于新能源政策在实施过程中缺乏系统的政策实施细则，导致中国新能源政策在实施过程中与预期大相径庭。例如中国早在2009年就引入了FIT制度，然而由于该制度在具体实施过程中缺乏相关实施细则的制定，实施效果并不明显。而日本在2012年引入了FIT制度后，新能源发展迅速，所有新能源根据具体分类而制定的收购价格，收购期限等实施细则一目了然，通俗易懂②。因此为了保证各种政策实施的有效性，政策的实施细则必须备受重视，从小从细做起，这样才能保障中国新能源产业的持续健康发展。

党的十九大报告中明确指出在新能源发展当中，全额保障性收购政策即FIT制度尚未得到有效落实，并提出了要严格落实新能源发电的FIT制度的实施。这说明中国政府已经意识到了FIT制度在实施方面存在的诸多问题。也期待政府部门会迅速制定、修改及完善其相关的政策制度，以促进新能源产业的积极发展。

7.5.3 增强政府引导、企业参与和社会宣传力度

日本从开发太阳能以来，从太阳能技术开发的角度来讲，企事业单位积极参与；从太阳能发电、发热利用的角度来讲，无论政府还是企事业单位和家庭，都将其利用作为应履行的义务，积极响应，各群体努力加强新能源的推广

---

① 国家能源局，互联网，http：//www. nea. gov. cn/2017－11/16/c_ 136757141. htm. 2018－1－8。

② FIT制度下新能源的收购价格和收购期间：详见本书表6－4。

工作。另外，日本政府以身作则，先行引导工作非常到位。将公务用车中新能源汽车所占比例在 2016 年和 2017 年的目标全部确定为 100%。

中国要借鉴日本政府的先行引导、企业的积极参与和社会的广泛宣传等经验。首先，政府交通出行要以新能源汽车为主，并制定新能源汽车占据整体公务用车的详细比例。李克强总理在 2018 年 3 月 5 日的第十三届全国人民代表大会第一次会议上指出要加快开发和普及新能源汽车，并明确表明新能源汽车车辆购置税优惠政策再延长 3 年①。其次，通过给予企业和民间组织相关的政策支持，提高其参与新能源研发和应用的积极性。另外，将新能源的相关知识从小开始普及，让孩子从小认识并了解新能源的概念和特点。例如，将新能源相关知识放入中小学生课程中，增加学生参观新能源的相关工厂和设施等机会。最后，政府通过电视、网络、报纸等媒体和环境社团的广泛宣传，提高人民的环保与节能理念，培养国民树立低碳意识；提高民众对新能源的认知、认同程度以及对太阳能发电板等新能源产品的购买力度；倡导绿色能源消费理念，营造一个发展新能源的良好氛围。

7.5.4　提升新能源发电征收费用公开度和透明度

新能源对政策的依赖度非常高，国内外的研究普遍认为政策制定和有效实施对于促进新能源快速发展来说，是最有效的方法之一。现阶段，由于技术和推广等原因，中国新能源（风能、太阳能、生物质能）的发电成本相对于传统能源价格仍偏高，度电补贴强度较高，补贴资金缺口较大。日本 FIT 制度从 2012 年实施以来，取得了巨大的成功。中国需参照日本 FIT 制度的实施与调整，尤其是新能源电价附加费用列于电费单②的这个透明方法。日本的电费单中专门有新能源电费收费这一项，电力用户明确知道自己每个月电力费用支出的多少比例是用于新能源发电。这样的做法有两个意义。第一，宣传并普及了新能源。每个用电者都知道新能源切实地发生在自己身边，推进了电力用户对新能源的了解和认识。第二，投资新能源的群体对其回报率有了信心，促进了对新能源的投资。因此，中国需参照日本 FIT 制度，提高新能源发电费用的公开度和透明度，使得无论是企业还是家庭的电力用户不仅明白自己的职责，同时也明确自己的具体电力花销去向。

---

① 中华人民共和国国防部，《2018 年政府工作报告全文》，互联网，http：//www. mod. gov. cn/shouye/2018 -03/05/content_ 4806024. htm. ［2018 -3 -16］.

② 新能源发电赋课金，详见本书 6. 2. 6. 2 的内容。

7.5.5 注重新能源法律法规的可操作性和适应性

日本的政策当中，法律法规对新能源推动的作用不容忽视。日本新能源的立法有两大特点，即可操作性强和可适应性强。可操作性强表现在两个方面：一是规定具体的量化指标，以此保证法律目标的细致性。例如，RPS 中的收购数量和 FIT 中的收购价格、购买期间等；二是相关配套法规的制定迅速，颁布及时。一个新能源的主干法律在制定后，日本政府会及时制定其配套法规，并通常以《施行令》《施行规则》等形式颁布。旨在保证最初制定的法律法规实施的有效性，并且对其给予了具体细致的辅助作用。例如，为了推动日本新能源产业的积极发展，日本在 1997 年 4 月颁布了其主干法律，即《促进新能源利用特别措施法》，为与此衔接配套，便于执行，2 个月后其相关的、一系列的《施行令》《施行规则》等相关配套法规和实施细则被相继颁布并执行。具体来讲包括，1997 年 6 月的《促进新能源利用特别措施法施行令》、2002 年 6 月的《日本电力事业者新能源利用特别措施法》、2002 年 11 月的《日本电力事业者新能源利用特别措施法施行令》、2002 年 12 月的《日本电力事业者新能源利用特别措施法施行规则》等法规相继颁布并施行[①]。另外，适应性强表现在日本制定并实施一项法律法规之后，会进行定期的效果调查和监督，根据实际需要和形势发展变化，将会持续地修订和完善相关法律法规。例如，2011 年 8 月制定、2012 年 7 月实施了 FIT 法之后，根据其发展需要，2016 年 5 月修正 FIT 法成立，2017 年 4 月开始实行。[②]

相比较而言，在中国制定的新能源相关的法律法规中，立法比较笼统分散，指导性的规定占据大多数，可操作性和适应性不强。例如，某一项主干法规颁布并实施后，存在其相关的配套法规的制定、实施的滞后，并未根据该主干法规的实施效果，及时地修订或完善其不足等问题。由于上述缺陷，中国新能源法律法规的功效被大打折扣。因此，中国应借鉴以上日本在保障立法有效性的两点经验，即及时制定、颁布并实施与主干法律衔接配套的法律法规和实施细则；根据实际需要和形势发展变化，及时修订和完善法律法规来保障和提高法律的有效性。

---

① 吴志忠．日本新能源政策与法律及其对中国的借鉴［J］．法学杂志，2013（1）：100 - 107。

② FIT 法的制定和完善详见本书 6.2.6 的内容。

7.5.6　建立与新能源相关的政产民间的中间组织

为了提高政府、企业和民间，各部门、各地区和各领域之间政策的协调性、落实性，日本成立了 NEDO（新能源产业技术综合开发机构），该机构的职能为负责政府和研究机构/产业界之间在政策立案、制度设计、课题研究、技术创新等方面进行中间的联络工作。同时该机构也对新能源事业技术开发和普及提供相关信息、金额补助以及技术指导。另外，日本的经济产业省为了彻底落实新能源产业政策方面的独立性和有效性，特意在全国设置了 8 个区域性直属机构。在中国，一些政策制定并实施之后，其有效性存在一些局限和不足。这是因为，中国的各部门之间，并非垂直管理，缺乏有效监督执行其产业政策的行政机制。例如国家能源局、国家发改委其他司局、工信部等。中国需参考日本的两大做法：第一是建立一个政府、产业和民间的中间组织；第二是建立政府的区域性直属机构。通过上述的机构来确保各项政策得到彻底落实。

7.6　本章小结

日本新能源产业在发展中产生的成效显著，问题也很突出。除了新能源自身的问题之外，其配套设施方面也存在新能源发展受限的因素。因此，解决新能源的问题必须考虑电力改革，日本电力改革刚刚起步，计划到 2020 年完成发供电分离。中国的新能源产业发展迅速，新能源消费占总能源消费比重不断增加，然而，由于新能源相关宣传的不足，相关制度的不公开不透明，尤其是在 FIT 制度下新能源电力的收费问题方面，电力用户并不知道自己承担电费的多少比例是用于新能源发电等。因此，在日本新能源产业发展研究的基础上，得出了一些中国可以参考的启示，其中最为重要的一点就是电力用户应该了解自己所支付电费比例的构成，即其中有多少是针对新能源发电而支付的。这就要求该数额显示在电费单上，只有电力用户了解了该点之后，新能源才能从源头开始被认可，继而被推广。

参考文献

[1] 蔡华，陈庆杰．新能源消费对经济增长影响的研究［J］．物流科技，2017（3）：98－101.

[2] 曹玲．日本新能源产业政策分析［D］．吉林大学，2010（5）：17－32.

[3] 陈钢．中国新能源产业的政府补贴研究［D］．浙江财经学院，2012（1）：19－35.

[4] 陈海嵩．日本新能源开发政策及立法探析［J］．淮海工学院学报（社会科学版），2009，7（4）：36－39.

[5] 陈柳钦．欧盟2020年能源新战略：欧盟统一路线图［J］．决策咨询通讯，2012（2）：1－5.

[6] 陈燕武，吴承业．台湾地区GDP和能源消费的长期均衡关系分析［J］．华侨大学学报（哲社版），2003（3）：1－6.

[7] 陈幼松．欧美各国鼓励利用新能源的政策［J］．太阳能，1993（1）：28－30.

[8] 陈昭玖，翁贞林．新能源经济学［M］．北京：清华大学出版社，2015：5－6.

[9] 丁芸．促进新能源产业发展的财税政策选择［J］．税务研究，2016（6）：14－19.

[10] 杜伟杰，陈钢，高宇．新能源产业补贴作用机理、现状与改进思路［J］．经济论坛，2011（5）：183－184.

[11] 樊长在，何雨格．部分国家支持新能源企业融资的模式借鉴［J］．经济纵横，2012（2）：114－116.

[12] 范玲玲．国外可再生能源财税支持政策的做法及对中国的借鉴［J］．市场周刊（理论研究），2007（9）：94－96.

［13］付实．西部新能源产业自我发展能力量化分析及提升路径［J］．经济体制改革，2015（3）：188－193.

［14］傅国华．循环经济学［M］．北京：中国林业出版社，2007.

［15］高静．美国新能源政策分析及中国的应对策略［J］．世界经济与政治论坛，2009（6）：58－61.

［16］郭超英．中国新能源产业发展政策研究［D］．西南石油大学，2011（6）：13－60.

［17］郭四代．中国新能源消费与经济增长关系的实证研究［D］．中国地质大学（北京），2012（6）：p10.

［18］郭四代．中国新能源消费与经济增长关系的实证研究［D］．中国地质大学（北京），2012.

［19］过启渊．美国新能源开发战略［J］．世界经济文汇，1985（5）：22－26.

［20］韩智勇，魏一鸣，焦建玲，范英，张九天．中国能源消费与经济增长的协整性与［J］．系统工程，2004（12）：17－21.

［21］红光．日本钢铁产业低碳化发展研究［M］．北京：人民出版社，1984：p57.

［22］黄德明，黄晓燕．新能源视角下的2009年《欧盟第三次能源改革方案》［J］．暨南学报（哲学社会科学版），2011（5）：85－91.

［23］黄玲，张映红．德国新能源发展对中国的战略启示［J］．资源与产业，2010（3）：48－53.

［24］黄韬．中国新能源消费与经济增长影响关系的实证分析［J］．经营管理者，2016（6）：178－179.

［25］姜雅．日本的新能源及节能技术是如何发展起来的［J］．国土资源情报，2007（7）.

［26］蒋莉萍．2005年中国风能发电开发情况综述［J］．电力技术经济，2006（3）：p6.

［27］雷鸣．日本节能与新能源发展战略研究［D］．吉林大学，2009（5）：101－127.

［28］李水清．英国发展新能源和再生能源的政策与战略［J］．全球科技经济瞭望，1994（11）：6－9.

［29］林琳．福建省新能源消费与经济增长关系的实证研究［J］．福建省

社会主义学院学报，2012（1）：101－106.

[30] 刘朝明，曾胜，刘博．中国能源消费与经济增长的关联模型分析[J]．华东经济管理，2006（11）：29－34.

[31] 刘红玫，陶全．大中型工业企业能源密度下降的动因探析[J]．统计研究，2002（9）：42－48.

[32] 刘兰剑，董涛．中国新能源技术创新政策成效及其优化分析[J]．技术经济，2012（7）：1－6.

[33] 刘若霞，李宇飞．中国新能源产业创新驱动发展路径研究[J]．科技进步与对策，2015（17）：73－76.

[34] 刘志雄，王玥．中国新能源发展分析及路径选择[J]．中国矿业，2012（6）：1－4.

[35] 吕江．英国新能源法律与政策研究[M]．武汉：武汉大学出版社，2012.

[36] 吕重犁．中日“新能源”产业发展及经济贡献对比研究[D]．贵州财经学院，2010.

[37] 罗国强，叶泉，郑宇．法国新能源法律与政策及其对中国的启示[J]．天府新论，2011（2）：66－72.

[38] 罗涛．德国新能源和可再生能源立法模式及其对中国的启示[J]．中外能源，2010（15）：34－45.

[39] 麦多斯．增长的极限[M]．成都：四川人民出版社，1984：75.

[40] 潘文轩，吴佳强．新能源税收政策的国际经验及对中国的启示[J]．当代经济管理，2012（4）：70－73.

[41] 钱伯章．可再生能源发展综述[M]．北京：科学出版社，2010.

[42] 邵琳．中日韩新能源产业发展政策探析[J]．现代日本经济，2014（3）：88－94.

[43] 邵琳．中日韩新能源产业发展政策探析[J]．现代日本经济，2014（3）：p9.

[44] 史丹，杨丹辉．中国新能源产业国际分工中的地位及提升对策[J]．中外能源，2012（8）：29－35.

[45] 宋双勇．中国新能源经济发展过程中的制度创新问题研究[D]．吉林大学，2010（5）：28－46.

[46] 唐恒，董洁，梁芝兰，王立群．中国新能源领域专利技术现状及发

展对策［J］. 科技管理研究，2003（1）：67－69.

［47］汪旭晖，刘勇. 中国能源消费与经济增长：基于协整分析和Granger因果检验［J］. 资源科学，2007（05）：58－61.

［48］王国栋. 低碳经济——中国用行动告诉哥本哈根［M］. 北京：石油工业出版社，2010.

［49］王海建. 耗竭性资源管理与人力资本积累内生经济增长［J］. 管理程学报，2000（3）：11－13.

［50］王会青，谷志红，牛东晓. 能源消费与经济增长的实证及预测［J］. 统计与决策，2009（05）：109－110.

［51］王蕾. 目标零核电：福岛核事故后日本核能政策解析［J］. 东北亚学刊，2014（7）.

［52］王明远. 清洁生产法的含义与本质辨析［J］. 现代法学.2006（6）.

［53］王谋，潘家华，陈迎.《美国清洁能源与安全法案》的影响及意义［J］. 气候变化研究进展，2010（4）：307－312.

［54］王如松，周涛，陈亮等. 产业生态学基础［M］. 北京：新华出版社，2006：14－15.

［55］王士伟. 新能源项目融资模式创新分析［J］. 河南财政税务高等专科学校学报，2011（6）：36－38.

［56］吴杰，顾梦迪. 可再生能源支持政策的国际比较及启示［J］. 经济纵横，2006（11）：48－50.

［57］吴志忠. 日本新能源政策与法律及其对中国的借鉴［J］. 法学杂志，2013（1）：p101.

［58］肖英. 全球新能源技术发展：以技术垄断与技术扩散为视角［J］. 可再生能源，2007（8）：88－92.

［59］邢少文. 新能源产业的财政补贴之路［J］. 南风窗，2011（2）：78－81.

［60］徐小斌，李传昭，徐锦秀，徐小凤. 中国东西部省份能源消耗与经济增长关系比较研究——基于面板数据的协整分析［J］. 科技管理研究，2008（05）：132－134.

［61］杨飞虎，何源明. 江西新能源产业发展态势与对策［J］. 江西社会科学，2016（9）：70－74.

［62］杨凤华．江苏沿海地区新能源产业发展现状与对策［J］．资源开发与市场．2014（6）：702－706.

［63］杨美蓉．循环经济、绿色经济、生态经济和低碳经济［J］．中国集体经济．2009（3）：72－73.

［64］杨泽伟．《2009 年美国清洁能源与安全法》及其对中国的启示［J］．中国石油大学学报（社会科学版），2010（1）：1－6.

［65］杨泽伟．发达国家新能源法律与政策研究［M］．武汉：武汉大学出版社，2011.

［66］姚梦媛．中国新能源和可再生能源发展政策研究——基于政策工具的视角［D］．上海师范大学，2011（3）：13－48.

［67］姚兴佳，刘国喜，朱家玲等．可再生能源及其发电技术［M］．北京：科学出版社，2010：p130.

［68］易广斌，董瑞斌．生态足迹理论及其应用［J］．江西科学，2003.

［69］尹炼．地位、问题、对策——对中国新能源战略的评估与对策探讨［J］．科技导报，1993（7）：36－38.

［70］尹硕，张耀辉，潘捷等．中国新能源产业发展趋同问题研究［J］．经济纵横，2013（12）：63－66.

［71］张建三，张艳贺．天津市新能源产业发展现状及竞争力分析［J］．科技管理研究，2014（4）：115－119.

［72］张亮．中国节能与新能源行业的融资模式［J］．发展研究，2009（7）：38－41.

［73］张倩．中国新能源产业共性技术创新平台构建研究［J］．当代社科视野，2011（7－8）：50－54.

［74］张宪昌．中国新能源产业发展政策研究［D］．中共中央党校，2014.

［75］赵刚．德国大力发展新能源产业的做法与启示［J］．中国科技财富，2009（19）：104－107.

［76］中国能源中长期发展战略研究项目组．中国能源中长期（2030、2050）发展战略研究可再生能源卷［M］．北京：科学出版社，2011.

［77］中央党校课题组：曹新等．中国新能源发展战略问题研究［J］．经济研究参考，2011（52）：2－19.

［78］周宏春．循环经济与循环经济学［J］．科技中国，2005（9）．

[79] 朱世伟．中国新能源发展战略［J］．数量经济技术经济研究，1990(5)：10－15.

[80] 朱志刚．加快迈向新能源时代——构建有利于新能源发展的财税制度研究［M］．北京：中国环境科学出版社，2008.

[81] A. Graham, Davis, Brandon, Owens. Optimizing the level of renewable electric R&D expenditures: using real options analysis [J]. Energy Policy, 2003 (15): 1589-1608.

[82] Apergis, N. and Payne, J. E. Renewable energy consumption and growth in Eurasia [J]. Energy Economics, 2010a, 32 (6): 1392-1397.

[83] Asafu-Adjaye, J. The relationship between electricity consumption, 105 electricity prices and economic growth: time series evidence from Asian developing countries [J]. Energy Economics, 2000 (22): p16.

[84] Asafu-Adjaye, J. The relationship between energy consumption, energy prices and economic growth: time series evidence from Asian developing countries [J]. Energy Economies, 2000 (22): 615-625.

[85] Berry, T. The renewable portfolio standard: design considerations and an implementation survey [J]. Energy Policy, 2001, 29 (4): 263-277.

[86] Bettina. B. F. Wittneben. The impact of the Fukushima nuclear accident on European energy policy [J]. Environmental Science & Policy, 2012, 15 (1): 1-3.

[87] Boulding, Kenneth E. The Economics of the Coming Spaceship Earth, in H. Jarrett (ed.) Environmental Quality in a Growing Economy, Johns Hopkins University Press, 1966: 3-14.

[88] Brown, Lester R. Building a Sustainable Society [M]. Washington D. C., ERIC Clearinghouse, 1981.

[89] Chakravorty, U., Roumasset, J., Tse, K. Endogenous substitution among energy resources and global warming [J]. Journal of Political Economy, 1997, 105 (6): 1201-1234.

[90] Chien, Tai-chen and Hu, Jin-li. Renewable energy and macroeconomic efficiency of OECD and non-OECD economics [J]. Energy Policy, 2007 (12).

[91] Cooper, T. Creating an economic infrastructure for sustainable product

design [J]. The Journal of Sustainable product Design, 1999 (8): 7 - 17.

[92] Daryll, E. R. Biomass and bioenergy applications of the POLYSYS modeling framework [J]. Biomass and Bioenergy, 2000, (18): 29 - 35.

[93] Dirk Assmann, Ulrich Laumannsand Dieter, Uh. Renewable energy: a global review of technologies, policies and markets [M]. Routledge, 2006.

[94] Fisher - Vanden, K., Jefferson, G. H., Liu, H. and Tao, Q. What is driving China' s decline energy intensity [J]. Resource and Energy Economics, 2004 (26): 77 - 97.

[95] Gastaldo, S. and Ragot, L. Sustainable development through endogenous growth models [J]. Models of Sustainable Development, 1996 (5): 369 - 385.

[96] Gerlagh, Reyer. Van der Zwaan, Bob. Options and instruments for a deep cut in CO_2 emissions: carbon dioxide capture or renewables, taxes or subsidies [J]. Energy Journal, 2006, 27 (3): 25 - 48.

[97] Giuseppe, D. V. Natural resources dynamics: exhaustible and renewable resources and the rate of technical substitution [J]. Resources Policy, 2006, 31 (3): 172 - 182.

[98] Gregory F. Nemet, Daniel M. Kammen. US energy research and development: Declining investment, increasing need, and the feasibility of expansion [J]. Energy Policy, 2007, 35 (1): 746 - 755.

[99] Grimaud and Rouge, L. Non - Renewable resources and Growth with vertical innovations: Optimal, equilibriumand economic policies [J]. Journal of Environmental Economics and Management, 2003, 45 (3): 433 - 453.

[100] Hill, Lawrenee J. Hadley, Stanton W. Federal tax effects on the financial attractiveness of renewable versus conventional power plants [J]. Energy Policy, 1995, 23 (7): 593 - 597.

[101] Hillring. National strategies for stimulating the use of bioenergy: Policy instruments in Sweden [J]. Biomass and Bioenergy. 1988 (14): 45 - 49.

[102] Hvelplund, F. Innovative democracy and renewable energy strategies: a full - scale experiment in Denmark 1976 - 2010 [M]. EnergyPolicy, and the Environment. Springer New York, 2011: 89 - 113.

[103] Joshua Meltzer. After Fukushima: What's Next for Japan's Energy and Climate Change Policy? [M]. Brookings Institution, 2011.

[104] Judith A. Cherni and Joanna Kentish. Renewable energy policy and electricity market reforms in China [J]. Energy Policy, 2007, 35 (7): 3616 -3629.

[105] Judith Lipp. Lessons for effective renewable electricity policy from Denmark, Germany and the United Kingdom [J]. Energy policy, 2007, 35 (11): 5481 -5495.

[106] Kellett, Jon. Community - based energy policy: A practical approach to carbon reduction [J]. Journal of Environmental Planning and Management, 2007, 50 (3): 381 -396.

[107] Kraft, J. and Kraft, A. On the relationship between energy and GNP [J]. Journal of Energyand Development, 1978 (3): 401 -403.

[108] Langiness, Oleand Ryan, Wiser. The renewable portfolio standard in Texas: An early assessment [J]. Energy Policy, 2003.

[109] Laura Dí az Anadón. Missions - oriented R&D institutions in energy between 2000 and 2010: A comparative analysis of China, the United Kingdom, and the United States. Research Policy, 2012, 41 (10): 1742 -1756.

[110] Lee, Chien - Chiang and Chang, Chun - Ping. Energyconsumption and economic growth in Asian economies: A more comprehensive analysis using panel data [J]. Resource & Energy Economics, 2008 (30): 50 -65.

[111] Lee, Chien - chiang. Energy consumption and GDP in developing countries: Acointegrated panel analysis [J]. Energy Economics, 2005 (27): 415 -427.

[112] Lewis Joanna and Ryan Wiser. Wind industry development incentives through utility tenders in Quebec: Lessons for China [J]. San Francisco: Center for 109 Resource Solutions and The Energy Foundation, 2006.

[113] Magali A. Delmasand Montes - Sancho, Maria J. US state policies for renewable energy: Context and effectiveness [J]. Energy Policy, 2011, 39 (5): 2273 -2288.

[114] Malaki, A. , Ghannouchi, E. , Wartiti, M. E. Climate Change And The Need For Renewable Energy Sources, Desertification and Risk Analysis Using High and Medium Resolution Satellite Data [M]. Springer Netherlands, 2009: 19 -26.

[115] Manne, A. and Richels, R. Buying green house insurance the econom-

ic cost of CO_2 emission limits. MIT Press, 1992.

[116] Martine A. Uyterlinde and Martin Junginger. Implications of technological learning on the prospects for renewable energy technologies in Europe [J]. Energy Policy, 2007 (2).

[117] Masih, M. and Masih, R. On the temporal causal relationship between energy consumption, real income and prices: some new evidence from Asiaenergy dependent NICs based on a multivariate cointegration vector error – correction approaeh [J]. Journal of Policy Modeling, 1997, 19 (4): 417 –440.

[118] Meadows Donella H., Meadows Dennis. and Randers Jorgen. Limits to Growth [M]. New York: Chelsea Green Pub Co, 2004: 3 –20.

[119] Mehrzad Zamani. Energy consumption and economic activities in Iran [J]. Energy Economics, 2007, 29 (6): 1135 –1140.

[120] Menanteau, P., Finon, D., Lamy, M. L. Prices versus quantities: choosing policies for promoting the development of renewable energy [J]. Energy policy, 2003, 31 (8): 799 –812.

[121] Mitchell, C. and Connor, P. Renewable energy policy in the UK 1990 –2003 [J]. Energy policy, 2004, 32 (17): 1935 –1947.

[122] Mitchell, Catherine. Connor, Peter. Renewable energy policy in the UK 1990 - 2003 [J]. Energy Policy, 2003 (19): 1935 –1947.

[123] Morthorst, P. E. The development of a green certificate market [J]. Energy Policy, 2000, 28 (15): 1085 –1094.

[124] Nelson, C. R. and Plosser, C. I. Trends and random walks in macroeconomic time series [J]. Monetary Economics, 1982 (10).

[125] Nordhaus, William D. The 1974 Report of the President's Council of Economic Advisers: Energy in the Economic Report [J]. American Economic Review, 1974, 64 (4): 558 –565.

[126] Nordhaus, William D. The allocation of energy resources [J]. Brookings Papers on Economic Activity, Economic Studies Program, The Brookings Institution, 1973b, 4 (3): 529 –576.

[127] Nordhaus, WilliamD. World dynamics: measurement without data [J]. Economic Journal, 1973a, 83 (332): 1156 –1183.

[128] Norman, G. Evaluating the impacts of human capital stocks and accu-

mulation on economic growth [J]. Bulletin of Economics and Statistics, 1996, 58 (3): 9 -28.

[129] Paul Komorand Morgan Bazilian. Renewable energy policy goals, programs, and technologies [J]. Energy Policy, 2005, 33 (14): 1873 -1881.

[130] Peidong Zhang, Yanli Yang, Yonghong Z, et al. Opportunities and challenges for renewable energy policy in China [J]. Renewable and Sustainable Energy Reviews, 2009, 13 (2): 439 -449.

[131] Rainer Hinrichs - Rahlwes. Sustainable energy policies for Europe: towards 100% renewable energy [M]. Boca Raton: CRC Press, 2013.

[132] Rasche, R. H. and Tatom, J. A. The effects of the new energy regime on economic capacity, production [J]. Federal Reserve Bank of St. louis Review, 1997 (5): 2 -12.

[133] Rave. Wind power and the finance industry [J]. Renewable Energy Worle, 1999 (9): 23 -31.

[134] Reiche, D. , and Bechberger, M. Policy differences in the promotion of renewable energies in the EU member states [J]. Energy policy, 2004, 32 (7): 843 -849.

[135] Rolf Wüstenhagen and Michael Bilharz. Green energy market development in Germany: effective public policy and emerging customer demand [J]. Energy Policy, 2006, 34 (13): 1681 -1696.

[136] Sadorsky, P. Renewable energy consumption and income in emerging economies [J]. Energy Policy, 2009b, 37 (10): 4021 -4028.

[137] Schirmer, Matthias. Biomass and waste as a renewable and sustainable energy source in Vietnam [J]. Journal of Vietnamese Environment, 2014, 6 (1): 4 -12.

[138] Simone, B. , Pulselli, R. M. and Pulselli, F. M. Models of withdrawing renewable and non - renewable resources based on Odum's energy systems theory and daly's quasi - sustainability principle. Ecological Modeling, 2009, 220 (16): 1926 -1930.

[139] Sokona, Y. , Humphreys, S. and Thomas, J. P. The Clean Development Mechanism, What Prospects for Africa? Environnementet développementdu Tiers Monde (ENDA - TM), Dakar, Sénégal, 1999: 25.

[140] Solangi, K. H. and Islam, M. R. , Saidur, R. , et al. A review on global solar energy policy [J]. Renewable and Sustainable Energy Reviews, 2011, 15 (4): 2149 -2163.

[141] Soubbotina, T. , etal. Beyond economic growth - meeting the challenge of global development [J]. 2000 (8): 75 -77.

[142] Stern, D. I. Energy use and economic growth in the USA: a multivariate approaeh [J]. Energy Economies, 1993, 15 (2): 137 -150.

[143] Stock, J. H. and Watson, M. W. Interpreting the evidence on money - in - come causality [J]. Econometrics, 1989 (40) .

[144] Suani, Coelho Marly. Policiesto improve Biomass - electricity Generationin Brazil [J]. Renewable Energy, 1999 (16): 18 -22.

[145] Tahvonen, O. and Salo, S. Economic growth and transition between renewable and nonrenewable energy resources [J]. European Economic Review, 2001, 45 (8): 1379 -1398.

[146] Tocchi, Leonilde. Sustainable energy: strategic planning and economic programs in Lazio region [J]. Social and Behavioral Sciences, 2016, 223: 879 -883.

[147] Ugur, Soytas. Ramazan, Sari. Bradley, T. Ewing. Energy consumption, income, and carbon emissions in the United States [J]. Ecological Economics, 2007 (62): 482 -489.

[148] Valente, S. Sustainablwe development, renewable resources and technological progress [J]. Environmental and Resource Economics, 2005, 30 (3): 115 -125.

[149] Vera, I. and Langlois, L. Energy indicators for sustainable development [J]. Energy, 2007, 32 (6): 875 -882.

[150] Vidadili Nurtaj, Suleymanov Elchinand Cihan Bulut. Transition to renewable energy and sustainable energy development in Azerbaijan [J]. In Renewable and Sustainable Energy Reviews December 2017 (80): 1153 -1161.

[151] Weidou, N. and Johansson, B. Energy for sustainable development in China [J]. Energy Policy, 2004, 32 (10): 1225 -1229.

[152] Wiser, Steven H. Financing investments in renewable energy: the impacts of policy design [J]. Renewable and Sustainable Energy Reviews, 1998, 2

(4): 361 -386.

[153] World Commission On Environment and Development. Our Common Future [M]. New York: Oxford University Press, 1987: 43 -66.

[154] World Commission On Environment and Development. Our Common Future [M]. New York: Oxford University Press, 1987: 147 -167.

[155] Yu, E. S. H. and Choi, J. Y. The causal relationship between energy and GNP: An international comparison [J]. Journal of Energy and Development, 1985, 10 (2): 249 -272.

[156] Yu, E. S. H. and Hwang, B. K. The relationship between energy and GNP: Further result [J]. Energy Economies, 1984, 6 (3): 186 -190.

[157] Zhang Xing - Ping, Cheng Xiao - Mei. Energy consumption carbon emissions, and economic growth in China [J]. Ecological Economics, 2009, 68 (10): 2706 -2712.

[158] [日] 小宫 隆太郎，奥野 正宽，铃村 兴太郎. 日本的产业政策 [M]. 黄晓勇等. 译. 北京：国际文化出版公司，1988，47 -48.

[159] 大平 佳男. 日本の再生可能エネルギー政策の経済分析——福島の復興に向けて [M]. 東京：八朔社，2016年3月11日，72 -76.

[160] 植田 和弘，山家 公雄. 再生可能エネルギー政策の国際比較——日本の変革のために [M]. 京都：京都大学学術出版会，2017年2月25日，237 -250.

[161] 植田 和弘. 山家 公雄. 再生可能エネルギー政策の国際比較——日本変革のために [M]. 京都：京都大学学術出版社，2017年2月，251 -252.

[162] 大平 佳男. 日本の再生可能エネルギー政策の経済分析——福島の復興に向けて [M]. 東京：八朔社，2016年3月11日，p55.

[163] 舘野 淳. 経済成長とエネルギー消費（特集環境・エネルギー・開発）. 企業研究 [J]. (11), 1 -18, 2007.

[164] 池野 那沖，片谷 教孝. 国別エネルギー消費量と産業構造の関連の分析 (3)((2)温室効果ガス削減・エネルギーモデル，Session 8 エネルギー評価・経済）. 日本エネルギー学会大会講演要旨集 (14)[J].362 -363，2005 -08 -04.

[165] 村上 朋子.2017年の原子力発電の展望と課題エネルギー経済

[J]. 43 (1). 2017 -3 -1.

[166] 柳 澤明, 吉岡 孝之, 鈴木 秀徳. 2014 年度までの経済・エネルギー需給見通し - 回復軌道に乗る日本経済と増加に転じるエネルギー消費 - 及び最新の国際石油・ガス情勢の展望. エネルギー経済 [J]. 39 (3), 1 -14, 2013 -09.

[167] 庄司 太郎. エネルギー・エンサイクロペディア (17) 将来の経済成長率でエネルギー消費量を予測するだけでは長期エネルギー政策は成立しない. エネルギー 42 (4) [J]. 98 -101, 2009 -04.

[168] ジャン=マリー・シュヴァリエ著 ; 林昌宏訳. 世界エネルギ場: 石油・天然ガス・電気・原子力・新エネルギー・地球環境をめぐる21 世紀の経済戦争. 作品社 [J]. 2007 -08.

[169] 高野 茂, 小幡 英二. 経済指標によるGDPと最終部門エネルギー消費量の予測—京都議定書におけるマクロ経済行動—: 京都議定書におけるマクロ経済行動. 日本エネルギー学会誌 [J]. 85 (2), 119 -125, 2006.

[170] 馬場 正弘. 経済成長とエネルギー消費の関係における技術革新の役割. 敬愛大学研究論集 [J]. 65, 1 -30, 2003.

[171] 井村 秀文, 白土 廣信, 藤倉 良. アジア地域の経済成長とエネルギー消費構造に関する研究. 環境システム研究 22 [J]. 369 -375, 1994.

[172] 野村 浩二. 我が国における資本ストック推計の諸問題と固定資本ストックマトリックスの時系列推計. 経済統計研究 [J]. 東京: 経済産業統計協会, 1973.

[173] 大川 一司 (著), 石渡 茂 (著), 山田 三 (著), 石弘 光 (著). 長期経済統計—推計と分析 [M]. (3) 資本ストックオンデマンド (ペーパーバック), 2014 年 6 月 4 日.

[174] 資源エネルギー庁エネルギービジネス戦略研究会 (柏木 孝夫、伊藤 敏憲、大橋 弘、冨山 和彦、延岡 健太郎). 日本発! エネルギー新産業グローバルで勝つ3つのヒジネス戦略 [M]. 日経 BP 社, 2013 年 10 月 17 日.

[175] 井田 徹治, 末吉竹二郎. グリーン経済最前線 [M]. 岩波書店, 2012 年 5 月 23 日.

[176] 花田 真一. 再生可能エネルギー普及政策の経済評価 [M]. 東京: 三菱経済研究所, 2012 年 7 月 10 日.

［177］環境エネルギー政策研究所（著），法政大学サステイナビリティ研究所（その他）．地域の資源を活かす再生可能エネルギー事業［M］．東京：株式会社きんざい，2014 年 6 月 3 日．

［178］井手 秀樹．次世代のエコカー「天然ガス自動車」—ポスト・フクシマの選択［M］．東京：エネルギーフォーラム出版社，2013 年 3 月 1 日．

［179］西岡 秀三．日本低炭素社会のシナリオ—二酸化炭素 70% 削減の道筋［M］．東京：日刊工業新聞社，2008 年 6 月 1 日．

［180］藤野 純一．岩渕 裕子，榎原 友樹．低炭素社会に向けた12の方策［M］．東京：日刊工業新聞社，2009 年 9 月 1 日．

［181］諸富 徹．浅岡 美恵．低炭素経済への道［M］．東京：岩波書店出版社，2010 年 4 月 21 日．

［182］北野 大．篠原 亮太，及川 紀久雄．低炭素社会と資源・エネルギー［M］．東京：三共出版，2011 年 4 月 1 日．

［183］諸富 徹．再生可能エネルギーと地域再生［M］．東京：日本評論社，2015 年 10 月 22 日．

［184］漆原 次郎．原発と次世代エネルギーの未来がわかる本［M］．東京：日本評論社，2011 年 5 月 23 日．

［185］吉田 文和．グリーン・エコノミー – 脱原発と温暖化対策の経済学［M］．東京：中央公論新社，2011 年 6 月 24 日．

［186］茅 陽一，永田 豊，秋元 圭吾．低炭素エコノミー—温暖化対策目標と国民負担［M］．東京：日本経済新聞出版社，2008 年 11 月 1 日．

［187］大聖 泰弘．展望次世代自動車—実用化と普及拡大に向けて［M］．東京：化学工業日報社，2008 年 5 月 1 日．

后 记

光阴似箭、日月如梭！四年的博士学习终成正果。四年前有幸拜入陈建老师的师门，跟随陈老师开启了我的博士学习生涯。陈老师高屋建瓴的学术视野、严谨求实的治学态度、睿智的思维和渊博的知识，均给我营造了一个优越的求学环境。千里之行，始于足下！从论文的题目确定到开题报告，再到预答辩，最后到最终答辩的每一个环节，陈老师耐心指点、启发引导，对论文一次次修改完善，倾注了大量的心血。尤其当我在论文写作中处于彷徨时，老师每次都会给予我鼓励和肯定，使我信心倍增，得以坚持！

不仅在学术培养方面，在为人处世方面，陈老师开朗的性格、坦荡的胸怀、义气的情谊都让学生充满敬佩。陈老师不仅是我博士求学生涯中的指导者和引路者，也是我生活中和工作中的学习楷模。师如雨露，挥洒甘霖；师如春蚕，吐露千丝。师恩莫大，铭记在心。在这里，借此机会和老师道一声：您辛苦了！谢谢恩师！

这里，还要感谢我的师母李晓肃老师。感谢师母在我的学习和生活中给予悉心的引导、关照和支持。师母的淳淳教导，牢记在心。同时，感谢师门中的诸位师兄师姐、师弟师妹给予我的关照和帮助！

中国人民大学名师辈出，俊彦云集。感谢在人大学习过程中给予我指导和帮助的老师们：班主任关权教授、韩玉军教授、赵国庆教授和杨斌教授等；论文预答辩时给予宝贵意见的赵勇教授、范志勇教授和石慧敏教授；论文最终答辩时提出评审意见的罗肇鸿研究员、仲鑫教授、白宇飞教授、宋利芳教授和关权教授。

感谢内蒙古财经大学校党委杨劼书记，杜金柱校长及党委袁广德副书记，徐福全、王立、侯淑霞、金桩副校长；嘎日迪、张晓敏部长、柴国君教授、额尔敦陶克涛教授的大力支持。特别感谢经济学院的郝春虹教授、史俊宏教授、马旭东教授、张建斌教授和纪红丽教授等多位老师的支持、指导和帮助。同时也感谢斯琴塔娜教授和王春枝教授的关照和支持。

还要感谢在写作过程中指导、支持、帮助我的亲人们，朋友们和姐妹们，在这里就不一一罗列，你们对我的情谊都在心里。

养儿方知父母恩。感谢父母对我的养育之恩和无私奉献，尤其从我生育后，为了让我全心攻读博士学位，本应颐养天年的父母与我同住一个屋檐，开启了照顾孩子和我的生活模式。也感谢婆婆的辛勤付出，正因为有两位妈妈帮我照看孩子，做我坚强的后盾，我才得以有充足的时间潜心撰写论文。感谢爱人对我学业的支持，对我生活的照顾。感谢二叔、二婶一直以来对我的关心和支持，特别是给我提供了独立的办公室，我才得以静心写作。最后，感谢亲爱的弟弟和亲爱的宝宝！谢谢你们给我带来的快乐和幸福。因为你们，生活变得更加美好、幸福！

天行健，君子以自强不息。在今后的生活和工作中，我将不忘初心，继续前行！谨此向所有关心、支持与帮助我的老师同学、亲人和朋友们致以最诚挚的敬意和感谢！

白秋菊

2018 年 10 月于呼和浩特